海洋科技出版工程
哈尔滨工程大学本科教材立项建设资助

潜艇强度

主编　许维军　李陈峰　王晓天
主审　任慧龙

哈爾濱工程大學出版社
Harbin Engineering University Press

内容简介

本书主要介绍了潜艇耐压船体(环肋圆柱壳、圆锥壳)和耐压液舱的应力及稳定性计算的相关问题。本书不仅对潜艇强度进行理论分析和数学推导,而且对若干复杂的计算提供了简化公式、图谱或附表,以使其适用于工程计算。通过对本书的学习,学生不仅可以了解潜艇耐压船体的计算理论和方法,而且可应用图谱或使用计算机进行应力及稳定性计算。

本书可作为高等院校船舶与海洋工程专业本科生和研究生教材,也可供从事潜艇结构设计和制造的工程技术人员参考。

图书在版编目(CIP)数据

潜艇强度/许维军,李陈峰,王晓天主编.—哈尔滨:哈尔滨工程大学出版社,2020.1

ISBN 978-7-5661-2366-4

Ⅰ.①潜… Ⅱ.①许… ②李… ③王… Ⅲ.①潜艇结构-结构强度 ②潜艇结构-稳定性 Ⅳ.①U663

中国版本图书馆 CIP 数据核字(2019)第 192756 号

选题策划 薛　力
责任编辑 薛　力
封面设计 博鑫设计

出版发行 哈尔滨工程大学出版社
社　　址 哈尔滨市南岗区南通大街 145 号
邮政编码 150001
发行电话 0451-82519328
传　　真 0451-82519699
经　　销 新华书店
印　　刷 北京中石油彩色印刷有限责任公司
开　　本 787 mm×1 092 mm　1/16
印　　张 11.25
字　　数 288 千字
版　　次 2020 年 1 月第 1 版
印　　次 2020 年 1 月第 1 次印刷
定　　价 60.00 元
http://www.hrbeupress.com
E-mail:heupress@hrbeu.edu.cn

前　言

本书经过哈尔滨工程大学教材建设指导委员会评选，并列入学校本科教材立项建设规划。本书可作为高等院校船舶与海洋工程专业本科生和研究生教材，也可供从事潜艇结构设计和制造的工程技术人员参考。

“潜艇强度”是船舶与海洋工程结构力学的重要组成部分，是潜艇潜器设计与制造相关方向学生的必修课程。学生在学习本课程前，应该掌握杆和杆系以及板的弯曲与稳定性的基础知识，并已熟悉潜艇的船体结构。因此，本课程主要叙述潜艇结构采用的薄壳（环肋圆柱壳、圆锥壳）基本理论和计算方法，附有计算所需的各种图表，并通过一些实例计算和具体指导，使学生掌握潜艇结构的计算方法。本书的理论分析经过了作者十几年的探索和研究，更加完善，特别是对应力特征方程解的形式及稳定性规律研究具有独到的见解。另外，本书数学推导严密，物理意义明了，为我国潜艇结构设计提供了理论依据。遵照教育部关于新编教材一律采用国际单位制的规定，在本教材中采用了国际单位制，但鉴于目前国内工程单位制尚未完全消除，故在本书中也附上工程单位制计算结果，以供对照。

本书由哈尔滨工程大学许维军、李陈峰、王晓天在原规划教材《潜艇强度》（石德新、王晓天编著，哈尔滨工程大学出版社出版，2007 年修订版）的基础上修订，由许维军统稿，任慧龙审定完成。此次修订增加的主要内容有：现代潜艇结构设计中强度与稳定性校核方面的知识，现行潜艇结构设计规范中关于强度和稳定性方面的计算方法以及耐压壳体结构的有限元建模知识和计算等。

本书由黑龙江省教育科学规划课题（课题编号：GBC1317173 和 GJC1316080）、国家自然科学基金（Grant No. 51679055）和哈尔滨工程大学本科教材立项建设资助。

由于编者水平有限，本书一定有不少缺点，希望广大读者和使用本教材的兄弟院校师生提出宝贵意见。

编　者

2019 年 12 月

目　　录

第 *1* 章

潜艇的一般概念和外力计算

1.1 潜艇的分类

潜艇是指能够在水下运行的舰艇。各种潜艇由于其任务及战斗技术因素各不相同,世界各国对潜艇的分类方法也各不相同,而且不同的历史阶段也有不同的分法。但这些并不影响对潜艇本质的了解。

潜艇的分类通常是按潜艇的某些特征如排水量的大小、动力装置的类型、武备的种类、所担负的任务及结构形式等来区分。

1.1.1 按排水量的大小分类

潜艇按排水量的大小可分为三类:排水量在 2 000 t 以上的称为大型潜艇(主要是军用),这类潜艇一般具有较大的自持力、续航力,能携带较多的武器装备,能在远海、远洋进行长期活动。排水量在 600 ~ 1 500 t 的称为中型潜艇,它主要活动于中海、远海,其自持力、续航力比大型潜艇要小,所携带鱼雷也少些,但活动较为灵活,生产也比较方便,因而这种潜艇在目前世界各国常规潜艇中占有相当大的比例。排水量在 100 ~ 600 t 的称为小型潜艇,它主要活动于近海及浅水区,其自持力、续航力均较小,武器装备相对也较少,这种潜艇体积小,活动灵活,使用隐蔽而且建造成本低,便于战时批量生产。

1.1.2 按动力装置类型分类

潜艇按动力装置类型通常分为常规动力潜艇与核动力潜艇两种。日前常规动力潜艇原动机主要采用柴油机 - 蓄电池系统的混合动力装置。最新研究表明,燃气轮机 - 蓄电池系统的混合动力装置也将成为未来发展的一种可能。核动力潜艇是由核裂变反应产生热,由热蒸汽推动蒸汽透平机带动推进器,因此实际上它属于单一发动机。核动力的出现使潜艇真正做到了不依赖大气而能在水下进行长期活动,实现了人们多年来所寻求的目标,因此发展迅速。由于核动力技术复杂、价格昂贵以及受排水量的限制,因此,尽管有很多无可争辩的优点,但仍不能完全代替常规动力潜艇。

1.1.3 按武器种类分类

潜艇上通常装备有多种武器,而且随着武器装备的发展,所装备的武器也在不断地改变。第一次世界大战前后建造的潜艇主要的武器是鱼雷和火炮,到第二次世界大战火炮的作用逐渐减少,二战后,各国潜艇相继拆除了火炮。随着导弹武器的发展,潜艇上逐步装上了导弹。因此就目前来说按主要武器来分,一般分为两种,以鱼雷作为主要攻击武器的称之为鱼雷潜艇,以导弹作为主要攻击武器的称之为导弹潜艇。装备在潜艇上的导弹一般有两种,即飞航导弹与弹道导弹。这里要说明的是,现在潜艇分类趋向于把动力装置与武备相结合的观点:如常规攻击潜艇指的是装备鱼雷或飞航式导弹的常规动力潜艇,攻击型核潜艇指的是装备鱼雷或飞航式导弹的核动力潜艇,而导弹核潜艇则指装备弹道导弹的核动力潜艇。

1.1.4 按船体结构形式来分类

1.1.4.1 单壳体潜艇

单壳体潜艇只有一层耐压船体(图 1-1(a)),这种船体过去一般用于小型潜艇。但现在有的中型潜艇甚至核潜艇也有采用单壳体的。

1.1.4.2 个半壳体潜艇

这种潜艇除了耐压船体以外,在它的周围还布置非耐压船体,但非耐压船体只包覆耐压船体一部分(图 1-1(b))。这种结构形式过去通常用于中型潜艇,现在已很少采用。

1.1.4.3 双壳体潜艇

双壳体潜艇的耐压艇体全部被耐压和非耐压的外壳体所包覆,这层外壳除了在舯部有一段是耐压的,其余都是非耐压的轻外壳(图 1-1(c)),由于非耐压船体可以做成良好的流线型,从而减少水下航行阻力,因此现代中、大型潜艇广泛采用这种形式。

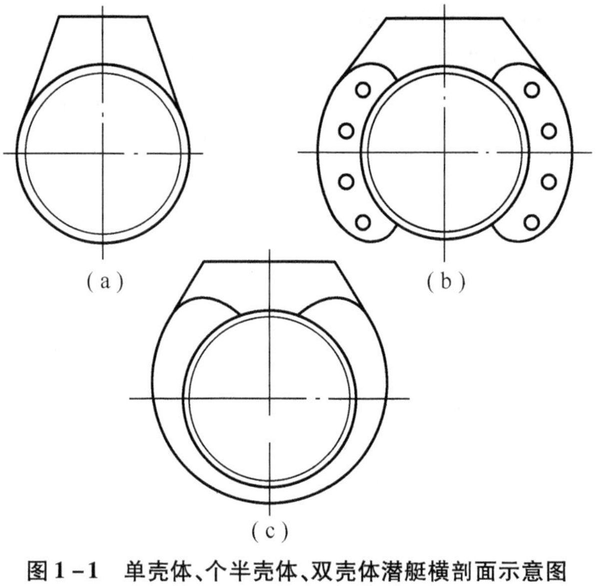

图 1-1 单壳体、个半壳体、双壳体潜艇横剖面示意图

1.1.4.4 单壳体结构的特点

(1)结构简单

与双壳体潜艇相比,单壳体潜艇因为少了一层外壳体,也没有了双壳体潜艇复杂的舷

侧空间结构，所以结构相对简单。在工程施工量上要比双壳体潜艇少。就单纯的工程角度而论，单壳体潜艇的建造工时、占用人工和建造材料都会比双壳体潜艇少。如设计要求相同，则采用单壳结构有利于减少建造时间，扩大建造产量，降低单艇建造成本。

（2）水下快速性好

与双壳体和个半壳体以及混合壳体结构相比，在耐压舱室容积相同的前提下，单壳体潜艇的湿表面积最小。因为单壳体潜艇的耐压艇体外没有包覆物，耐压艇体直接裸露，湿表面积就是耐压艇体的浸湿面积。而其他的壳体结构，在耐压艇体外或多或少都包覆有比耐压艇体直径更大的轻外壳，大大增加了艇体的浸湿表面。湿表面积越大潜艇在水下与水接触的面积越多，摩擦阻力也就越高。潜艇的总阻力值中摩擦阻力占比 84% 左右，湿表面积大的潜艇阻力大，水下快速性差。单壳体潜艇因为最小的浸湿表面积，水下快速性也最佳。

（3）下潜速度快、艇表开口少艇体光顺度好、声反射面积小隐蔽性好

单壳体潜艇的主压载水舱容积小，只有艏艉端有两组主压载水舱，储备浮容积不过 13% 左右。相比双壳体潜艇的十几个主压载水舱，单壳体潜艇从水面状态转入水下状态的时间少下潜速度快。

单壳体潜艇的压载水舱少，上层建筑等非耐压非水密部位的容积也小，这些部位的艇表开口数量也就比双壳体潜艇要少得多，艇表开口较为容易控制，在改善艇表光顺度上比较有利。这对于提高潜艇的水下快速性，降低高航速下的流体噪音，提高本艇声呐有效工作距离有利。

在相同耐压舱室容积下，单壳体潜艇的湿表面积最小。浸湿表面积小，意味着声反射面积小，敌主动声呐入射强度就低，敌对我潜艇的搜索距离和跟踪距离就小。便于规避敌反潜兵力的搜索和鱼雷末主动导引头的搜索跟踪，对于提高潜艇隐蔽性，规避敌方反潜武器攻击都较为有利，能提高战时潜艇的生存力。

（4）储备浮力小、不沉性差、生命力低

单壳体潜艇的耐压艇体直接暴露在外，耐压艇体没有任何保护。在发生撞击事故和遭受反潜武器打击下，耐压艇体容易破损并导致舱室进水。单壳体潜艇的主压载水舱又小，储备浮力只有 13% 左右。潜艇要靠排除压载水舱所获得的浮力重新上浮到水面很难，失事潜艇容易丧失自救能力后座沉海底，给潜艇和艇内官兵的安全带来较大的威胁。

单壳体潜艇的主压载水舱少而且过于集中，艏艉段两组压载水舱如同时遭到损失，潜艇将立刻失去所有储备浮力，潜艇的不沉性将彻底丧失。如果潜艇失事时航速较高，事故潜艇的艏倾角度往往难以挽回，造成潜艇撞击海底或者突破极限深度，出现严重的安全事故。

所以单壳体潜艇与其他壳体结构特别是双壳体潜艇相比，生命力要差得多，同样这也是壳体结构特性所决定的。

（5）均衡难度大、操作要求高、肋骨内置、对线形适应能力差

单壳体潜艇主压载水舱少，又分布在艏艉端，潜艇进行均衡的难度较大，在上浮下潜和潜航过程中，艇体均衡的操纵能力较差，对操作要求较高。这就对潜艇操纵的自动化有了较高的要求，对舵信人员和指挥部门长也有较高的业务要求。

单壳体潜艇耐压艇体上的环形抗压肋骨是内置的，当潜艇进行内装时，大量的电缆、管路要进行穿肋作业，增加了工艺复杂性，提高了工程难度。突出的环形抗压肋骨又占据了宝贵的耐压舱室容积，也会影响舱室内一些设备的布置。

单壳体潜艇对线型的适应能力差，要把又厚又硬的耐压壳体板，加工成带复杂曲率的线型（比如纯水滴型）在施工工艺和施工难度上要求都很高。采用纯水滴线型的单壳体潜艇耐压舱室短，带曲率的耐压舱室形状也较为复杂，给舱室的功能性安排和舱室内的设备布置都带来了很多困难。这对于提高潜艇作战性能，改善艇员生活环境，控制建造成本，降低建造难度都非常不利。

1.1.4.5 双壳体结构的特点

（1）耐打击能力强、抗沉性好、生命力优秀

双壳体潜艇在整个耐压艇体外多了一层完整的外壳体，使得耐压艇体多了一个保护壳，耐压艇体在事故中遭到撞击后破损进水的概率就要比单壳体潜艇低得多。由于双壳体潜艇的舷侧空间较大，在舷间又有众多的支撑加固结构，加上压载水舱中水的阻隔，双壳体潜艇面临鱼雷攻击时耐压艇体遭受的损伤也要比单壳体潜艇好得多。

双壳体潜艇的主压载水舱多，一般有十几个艏艉和中组压载水舱，其储备浮力往往高达30%左右。所以双壳体潜艇的压载水舱损失冗余大，在一般情况下破损一两个主压载水舱不会对双壳体潜艇的生命力造成重大影响。

双壳体潜艇的生命力在所有壳体结构中是最优秀的，这取决于双壳体结构特有的储备浮力大，压载水舱多的结构特点。

（2）均衡性能好、作战环境适应性好、工业门槛低

双壳体潜艇的主压载水舱多，且从艏至艉都有大小不等的压载水舱，水下均衡就较为方便。在潜浮过程中的操纵也较为容易，可以使用二次潜浮法，在充分调整好潜艇的纵倾平衡后再进行潜浮动作，潜艇上浮下潜时的安全性好。对潜艇自动化操纵水平要求较低，对相关操纵人员的业务素养也没有单壳体潜艇要求的那么苛刻。

双壳体潜艇因为有外壳体保护，所以在北冰洋等高纬度高冰区域航行时，耐压艇体不容易被浮冰、碎冰撞击受损。双壳体潜艇在这些区域航行的安全性就有较大保证，对于作战环境的适应性好，部署区域更广阔。

双壳体潜艇轻薄的外壳体加工成型较为方便，线型适应度好。可以根据潜艇的线型设计需要来加工，不像单壳体潜艇那样受到施工难度的约束。外壳体内的耐压艇体则可以根据施工难度最小、最经济的形状来加工，即降低了建造难度，也控制了施工风险，对于国防工业能力不是很强的国家来说，也就降低了工程建造上的门槛。

双壳体潜艇因为有外壳的包覆，所以艇体上的一些突出物和开口较为容易处理。对于苏联这样精细加工能力一般的国家来说，双壳结构更容易提高潜艇光顺度。而单壳体潜艇因为耐压艇体直接暴露，耐压艇体上的突出物和开口要进行处理就较为复杂，要提高潜艇表面光顺度，就对设计能力和施工工艺要求都较高，比较适合工艺水平高、精细加工能力强的西方发达国家。

（3）湿表面积大、快速性和隐蔽性差

双壳体潜艇的非耐压壳体直径一般要比耐压艇体大1.6～2 m，个别的甚至可以达到3 m左右。所以在同等耐压艇体容积下，双壳体因为舷侧空间的影响，非耐压壳体直径的增大作用，其湿表面积要比耐压艇体裸露的单壳体潜艇大得多。湿表面积大必然会导致艇体摩擦阻力值大，潜艇的水下快速性就差。

浸湿表面积还影响着潜艇反射声波的强度值，湿表面积越大的潜艇，反射声波的区域

越大,艇体反射声波的强度值越高,敌方主动声呐搜索和跟踪的距离就比较远。

(4)同等吨位下,耐压艇体容积小

双壳体潜艇的压载水舱多,储备浮容积大,相比单壳体潜艇,双壳体潜艇在水下要多带近20%左右的压载水和自由液体(非耐压非水密空间内的水)。所以,水下吨位相同时,双壳体潜艇的耐压艇体容积要比单壳体潜艇小得多。

对于作战潜艇来说,耐压艇体容积大一些对于提高潜艇性能是非常有利的。耐压艇体大,艇内设备布置空间就更为宽裕,一些体积大性能好的设备就可以装艇使用。在这点上来讲,双壳体潜艇的弊端是较为突出的。

(5)艇表开口多、小分舱结构对艇内设备布置不利

双壳体潜艇的上层建筑容积大压载水舱多,这些部位上的流水孔、通海阀的格子板等开口都较多。容易增加潜艇水下航行时的艇体阻力值,和高速航行下的艇体流噪。当然也可以给流水孔开口处设置密闭盖板来改善,但是盖板传动机构的布置,密闭装置的启闭操作机构,都会增加潜艇的设计和建造时的复杂性。从根本上来说单壳体结构潜艇在减小艇表开口,控制开口面积上还是最理想的。

双壳体潜艇的生命力好必须要结合小分舱结构来实现,但是小分舱结构的舱室容积小,对舱室功能性安排和舱室内设备的布置都会带来较多的不便。较小的舱室,对艇内人员生活的舒适性也有不利影响。分舱中众多的耐压和非耐压隔壁又给潜艇内部大量的电缆、管系的纵向布置带来了极大的麻烦。这些也都会提高潜艇建造中的复杂性,增加施工时间,给潜艇后期内部施工带来诸多不便。

(6)双壳体潜艇舷侧结构复杂,后勤维护较为烦琐

双壳体的舷侧空间较为复杂,在后勤维护中,要进行相关的维修比较困难。部分舷侧两层壳体间的间距不足 80 cm,人员要进入到这样狭窄的空间中去进行维修工作,操作环境相当恶劣,提高了后勤维护的难度。双壳体潜艇的上层建筑和非耐压非水密部位较多,这些轻型结构在长期浸泡海水后,随着潜艇的潜浮,频繁的处于海水和空气两种环境的互换,容易导致这部分壳板的腐蚀和损坏。所以双壳体潜艇在服役期间对上层建筑和部分外壳体板进行拆卸更换的次数较多,增加了后勤维护的工作量。

1.2　潜艇结构和基本要求

潜艇是一种既能在水面又能潜到深水中航行与战斗的特殊舰艇,它的特殊使命和受力特性决定了潜艇的结构形式与水面舰船大不相同。通常把它划分为基本结构和专门结构两大部分(图 1-2)。

1.2.1　基本结构

1.2.1.1　耐压结构

现代潜艇一般可下潜到几百米甚至上千米的深水中,能够承受相应的巨大水压力的结构称为耐压结构。它包括耐压船体、耐压液舱和耐压指挥室,以及耐压船体前后两端的耐压舱壁。耐压结构是潜艇上最主要的部分,是本书程研究的主要对象,后面我们还要详细地讨论。

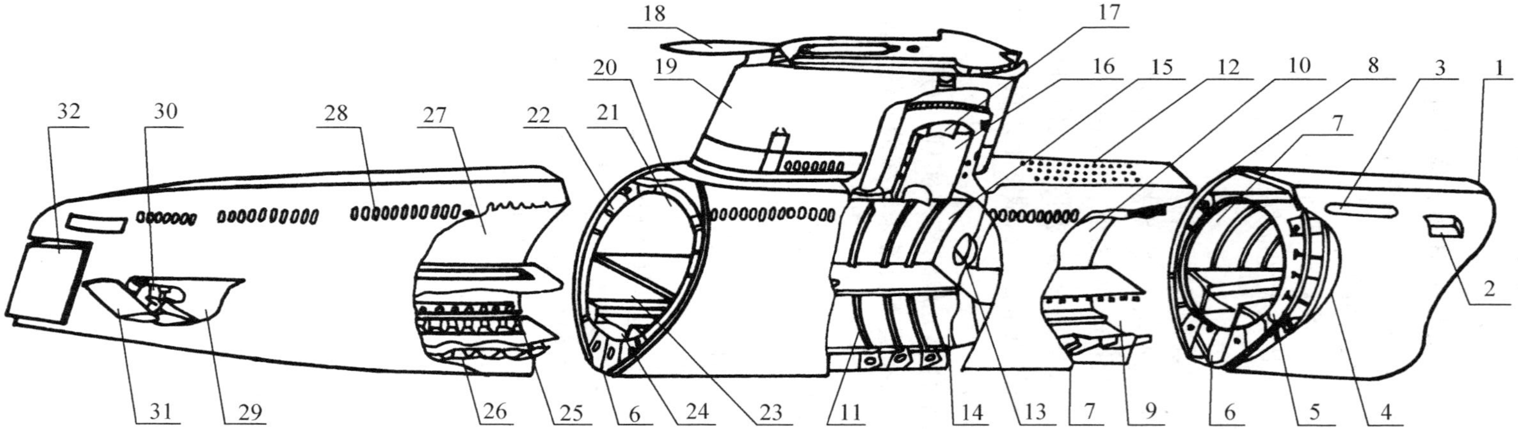

图1－2　潜艇结构分布图

1—拖船孔；2—锚孔；3—艏升降舵；4—外壳板；5—耐压壳板；6—龙骨立板；7—艏鱼雷舱；8—主压载水舱；9—舰首蓄电池舱；10—居住舱；11—肋骨；12—上甲板；13—圆形水密门；14—耐压舱壁；15—中央舱；16—耐压指挥室；17—升降口；18—柴油机水下排气管；19—指挥室围壳；20—上层建筑；21—舰尾蓄电池舱；22—主压载水舱；23—居住舱；24—燃油舱；25—柴油机基座；26—燃油舱；27—柴油机舱；28—上层建筑流水孔；29—稳定翼；30—螺旋桨；31—尾升降舵；32—方向舵

1.2.1.2　非耐压结构

非耐压结构包括非耐压水密结构，主要指舷侧压载水舱或燃油舱外壳结构。当潜艇在水面航行、停泊时，它是水密船体，能承受较小的水压力。当潜艇下潜时灌注了舷外海水，并始终与舷外水相连通，内外水压力平衡，因此它是非耐压的。另外，上层建筑，艏艉端结构和指挥室围壳属于非水密结构，在非水密结构开有大量的流水洞和通气孔，使潜艇在潜浮过程迅速自动排水和灌水，并始终与结构外海水连通，内外水压力平衡。潜艇上设置非耐压结构的用途是：构成潜艇光顺的外形以减小阻力，提高航速与改善机动性；构成耐压船体之外的空间，用于布设各种油、水舱柜，武备和水声装置系统等，以解决耐压船体内部容积与布置的矛盾；增加储备浮力改善潜艇的水面不沉性。

1.2.1.3　耐压船体的内部舱壁

耐压船体内部舱壁包括非耐压舱壁和耐压舱壁。非耐压舱壁的功用与水面舰艇舱壁功用相同。其主要作用是保证潜艇在水面状态的不沉性，提高潜艇的生命力；增强潜艇耐压船体的强度；把耐压船体内的空间分隔成各个不同用途的舱室；防止火灾与毒气的蔓延等。耐压舱壁除了同样具有上述功用外，还可以组成失事救生舱室，使艇员在潜艇水下破损坐沉海底后，只要在一定深度之内，还能进行抢修自救或待机脱险。非耐压舱壁能承受略高于潜望镜航行深度的水压力，而耐压舱壁承载能力则由艇内人员可以自救脱险的深度决定。

1.2.2　专门结构

专门结构是指潜艇上为某些专门用途而设置的结构。专门结构种类很多，在潜艇上分布很广，归纳起来有下列三类。

1.2.2.1　耐压船体上开孔加强结构

如出入舱口、耐压可拆板等。

1.2.2.2　非耐压船体上的凹穴和凸出品结构

如鱼雷发射管前的减阻板、水声仪器导流罩、锚穴及稳定翼等。

1.2.2.3　各种基座结构

如主机座、电机座等。

1.2.3　基本要求

潜艇船体结构之所以要采取这样或那样的形式，这种或那种的构造方法，是由多方面因素所决定的。这些因素都对结构提出了要求，这些要求主要有下列几方面。

1.2.3.1　结构应具有足够的强度和刚度

潜艇在使用过程中，船体各部分结构受到各种外力的作用。各种结构在一定的外力条件下应该不被破坏，不超过允许的变形或丧失稳定。这是结构赖以长期工作并发挥其作用的基础,因而也是最基本的要求。

1.2.3.2 结构应力求质量轻、尺寸小

从某些意义上说,要满足结构的强度和刚度(稳定性)这是比较容易做到的,因为只要加大结构构件的尺寸就能达到目的,但这并不是人们所希望寻求的目标。一个优良的结构设计,其中一项重要的指标,就是在满足强度和刚度的条件下,结构质量最轻、尺寸最小,这就要求选择合理的结构形式及构造方法。例如耐压船体采用带肋圆柱壳结构比其他形式的结构,在同等强度条件下,能使结构的质量最轻。

1.2.3.3 流体动力性能和整体布置的要求

结构形式及外形的选择,应充分考虑艇体的流体动力性能和总体布置的要求。潜艇上采用这样或那样形式、形状的结构,在很大程度上与艇体的流体动力性能(如快速性、操纵性等)和总体设计布置有关。有时为了减少阻力、改善操纵性以及满足布置上的要求,不得不牺牲某些质量、尺寸以及增加一些制造工艺上的困难。例如,做成各种复杂形状的艏艉形,主要是为了减少阻力及改善操纵性。又如耐压指挥室从强度或工艺观点来看,做成圆柱形的最为有利,但是为了不增加指挥室围壳的宽度(这里主要是考虑水下航行的阻力),而又能布置必要的设备(如潜望镜等),很多潜艇都做成椭圆形的。

1.2.3.4 生产技术水平的要求

结构应符合现代造船工艺的要求,同时也要考虑现有的工业生产水平和技术条件(人员的技术水平,生产设备的能力)。现代潜艇建造普遍采用"分段"或"总段"建造法。这种建造方法就是首先将船体结构建造成一个一个的分段,然后合拢成整体。这样不仅能有效地保证质量,而且能够大大地提高劳动生产率,缩短船台周期,达到高速优质生产的目的。为了适应分段(总段)建造的特点,每一分段的结构应该具有相对独立性,能维持(分段)结构自身的强度和刚度。此外,每一分段、总段的质量还要和船厂的起重、运输能力相适应。现代潜艇建造的另一特点是广泛地采用自动切割、自动焊接或半自动焊接,这就要求结构构件尺寸及排列上尽量做到整齐统一。

1.2.3.5 平时管理保养、设备装拆的要求

结构应充分考虑平时管理保养、设备装拆方便等因素。例如双舰体或一个半舰体潜艇的舷间空间宽度应不小于 800 ~ 1 200 mm。在主机舱、电机舱、蓄电池舱顶部耐压船体应设有可拆钢板,以便修理时吊放主机、电机、电池之用。

1.2.3.6 结构应力求经济节约

过去有一种误解,认为军用舰船可以不考虑经济性,因而设计或修理时,为了追求某些指标,常常不计成本,显然这是片面的。对于军用舰船,在保证一定的战术、战术指标下,力求经济节约同样是非常重要的,因为这样可将节省下来的材料、经费用于制造更多更新的舰船,这一点对于我国目前情况更有重要意义。当然,结构上的经济节约与前面所述的各项要求有密切联系。例如,当结构满足精度条件又使质量最轻,自然就能节约材料,当结构最大限度地满足自动化、半自动化生产要求,就能提高劳动生产率、缩短周期,因而也就节

约了建造经费。

此外，结构还应注意美观大方，布置排列整齐，符合国家标准的有关规定。

综上所述，潜艇结构的优劣由多方面的因素构成，这些因素既有联系又有矛盾。因此，当认识某一结构的构造原理和构造方法时，应该有全面的观点，根据具体情况分析决定结构的主要因素，从而达到正确设计结构，正确理解结构的目的。

1.3　潜艇耐压结构的受力

潜艇在服役过程中，总要经历下水、停泊、航行、战斗以及检修等过程。在这些过程中，潜艇和船体会受到各种外力的作用，这些外力按其性质可分为两类：

(1)静力　船体以及各种设备的重力、静水压力和坞墩木反作用力等。

(2)动力　波浪冲击力、机械工作时由于不平衡而产生的惯性力，各种武备发射时的后坐力、炸弹冲击波压力及碰撞等。

在潜艇结构设计中，主要以静力作为强度计算的依据。至于动力强度只是在静力强度计算的基础上做某些校核，是辅助性的。因此，下面主要介绍潜艇受静力作用的一些特性。

1.3.1　潜艇在水面状态的受力情况

潜艇在水面状态包括静水中与波浪中两种情况，作用在船体上的力主要是重力与浮力。船体上全部重力与浮力总是大小相等、方向相反并作用在同一铅垂线上处于平衡。但由于重力和浮力在船长方向上分布不均匀，单独取出一段来看是不平衡的，或重力过剩，或浮力过剩，这些每一段局部的不平衡力就成为作用在船体上的载荷，把整个潜艇看作漂浮在水面的变断面空心梁，在上述载荷作用下产生剪力与弯矩。潜艇在波浪中重力分布不变，但由于波浪的影响引起浮力分布的改变，因而载荷、剪力与弯矩也相应改变。这种纵向总弯曲力矩的计算方法与水面舰船完全一样，这里不再详述。

1.3.2　潜艇在深水中的受力情况

潜艇下潜到深水中，作用在船体上的外力主要是深水静压力，压力分布沿高度方向成线性变化。我们可以将此压力分为两部分，如图 1－3 所示。这两部分分别均布载荷和三角形分布荷载。

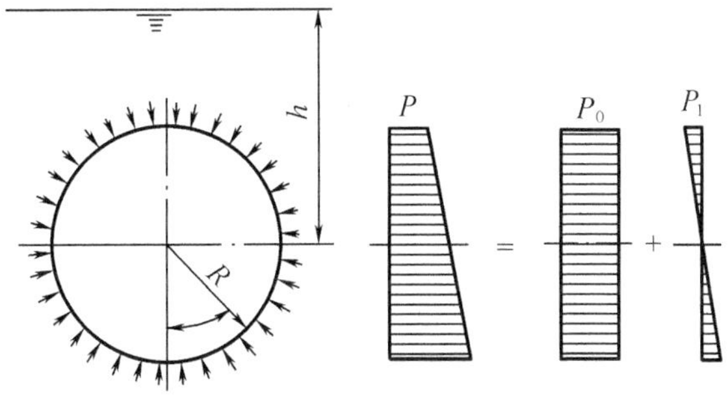

图 1－3　潜艇在水下受力

1.3.2.1 均布载荷 P_0

$$P_0 = \gamma h$$

式中 γ——水的密度，MPa/m^3；

h——自由水面到耐压船体轴线的距离，即下潜深度，m。

1.3.2.2 三角形分布载荷 P_1

$$P_1 = \gamma R\cos\alpha$$

式中 R——耐压船体半径，m；

α——决定耐压船体各点位置的角度，度。

因此，作用在耐压船体上的载荷为

$$P = P_0 + P_1 = \gamma h + \gamma R\cos\alpha$$

比较上述两部分载荷可知：P_1/P_0 的最大比值为 R/h，对于现代潜艇耐压船体半径一般为 2 ~ 4 m，而下潜深度达 200 ~ 400 m，R/h 在 1% 左右，在强度计算中可以忽略 P_1 不计，误差很小。

另外，潜艇下潜时可能产生纵倾，因此耐压艇体的各个断面所处的深度是不同的，如图 1－4 所示。

$$h_x = h + \varphi x$$

式中 x——耐压船体艏艉端离船中的距离，通常取耐压船体长度一半；

φ——可能产生的纵倾角，一般为 6° ~ 9°。

对于现代潜艇耐压船体长度一般为 50 ~ 80 m，因此 $\varphi x/h < 2\% \sim 3\%$，同样，为了计算方便忽略了纵倾的影响。

由此可见，潜艇在深水中受力，相当于耐压船体受到一个均匀载荷，其值等于耐压船体轴线的船中处至自由水面高度的水柱压力。即

$$P = \gamma h$$

在潜艇强度计算中，水的密度 γ 常用水柱压力为 0.009 8 MPa/m 即 0.1 $kgf/cm^2 \cdot m$ 来表示，而将上式改写为

$$P = 0.009\,8h\ \text{MPa} = 0.1h\ \text{kgf/cm}^2$$

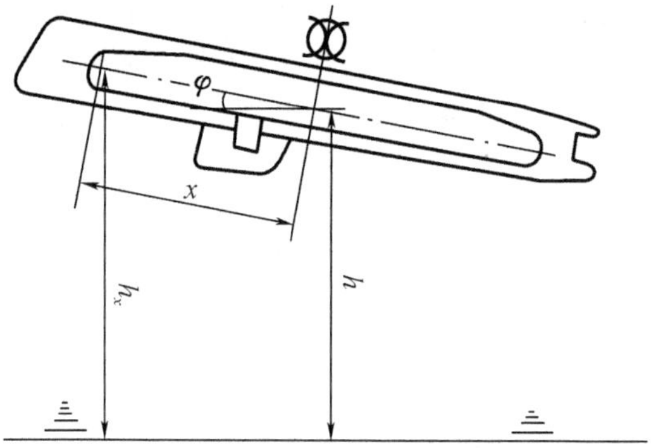

图 1－4 潜艇在深水中纵倾

1.3.3 决定耐压船体强度的主要载荷

由上面分析可以看出，纵向总弯曲力矩的作用与深水压力的作用对船体破坏是不同的。前者力图使船体沿纵向破坏，而后者将使船体沿横向破坏。但使用实践及计算表明，如果耐压船体在深水压力作用下横向强度有保证，那么，在纵向总弯力矩作用下强度也一定有保证。下表列举了某艇在水面（波浪中）、深水中结构内部的最大应力。

由表 1－1 可以看出，纵向弯曲应力比周向应力小得多。此外，潜艇停放在坞中，由于各段船体的重力与墩木反力不平衡，船体也受到纵向总弯曲力矩，只要墩木布置适当，船体强

度也能得到保证。

表 1-1 某艇结构中最大应力

工作状态	纵向应力 σ_1 MPa(kgf/cm^2)	周向应力 σ_2 MPa(kgf/cm^2)	壳板失稳理论临界力 σ_E MPa(kgf/cm^2)
深水中	168 (1 710)	336 (3 420)	$\sigma_E=\dfrac{P_E R}{t}=608$ (6 200)
水面波浪中(中拱)	74.1 (755)		$\sigma_E=\dfrac{Et}{R\sqrt{3(1-\mu^2)}}=1\ 050$ (10 700)
水面波浪中(中垂)	11.1 (113)		$\sigma_E=\dfrac{Et}{R\sqrt{3(1-\mu^2)}}=1\ 050$ (10 700)

因此,潜艇在设计计算中都以深水压力作为强度计算的依据。

1.4 耐压船体计算载荷的确定

1.4.1 计算深度、计算载荷的概念

在潜艇设计时,按潜艇的战术技术要求通常规定了潜艇的工作深度和极限深度。

工作深度是指潜艇在正常使用过程中所能达到的最大深度。在工作此深度上,潜艇能做任意次的、长期的停留而不引起耐压船体永久变形。工作深度 h_0 与极限深度 h_e 之间的关系为

$$h_0=(0.8\sim0.9)h_e$$

一般对于常规潜艇,K 取 1.45;对于核动力潜艇 K 取 1.5;对于潜器 K 取 1.5。

极限深度是指潜艇下潜的最大深度。在此深度上,潜艇只能作短时的、有限次的(在整个服役中一般不超过 300~500 次)停留而不引起耐压船体永久变形。潜艇下潜至极限深度通常为了回避攻击或由于操纵偏差造成,因此,相应于极限深度的静水压力是偶然的。

潜艇在服役过程中既然允许它有限次的在极限深度上做短时停留,说明极限深度不是它的破坏深度。这是因为在设计计算耐压船体强度时考虑了一定的强度储备,以比极限深度更大的深度作为计算依据,此深度称为计算深度。相应于计算深度下的静水压力称为计算载荷。结构强度储备通常用安全系数 K 来表示,因此计算深度 h_c 与极限深度 h_e 的关系为

$$h_c=Kh_e$$

一般对于常规潜艇,K 取 1.45;对于核潜艇 K 取 1.5;对于潜器 K 取 1.5。

图 1-5 表示了工作深度、极限深度与计算深度之间的关系。

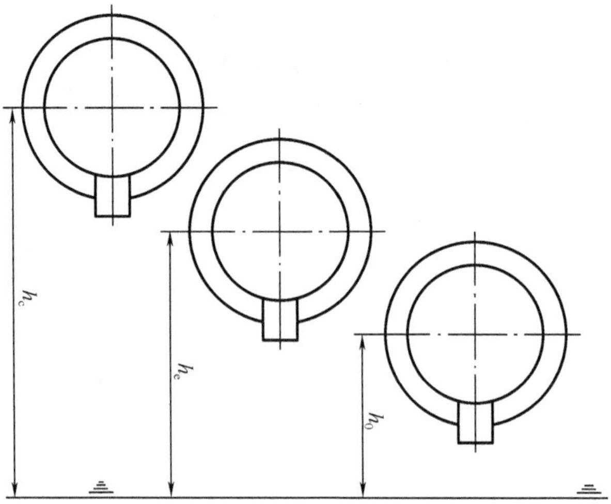

图 1-5　潜艇的潜水深度

1.4.2　结构强度计算中对安全系数处理的基本方式

结构强度储备通常用安全系数来表示。根据结构破坏的不同形式及工作特点、安全系数的处理有不同的方式。

1.4.2.1　许用应力法

这种方法是将安全系数考虑在许用应力中。用这种方式进行经度计算时，首先根据外载荷计算出结构中最大应力 σ_{max}，根据材料的危险应力（一般取 σ_s），以适当的安全系数确定材料的许用应力[σ]，按 $\sigma_{max}<[\sigma]$ 条件进行检验。

这种方法只有当结构中的应力与载荷呈线性关系时，结构才具有所要求的强度储备。如果结构中应力的增加比载荷增加得快，那么按许用应力法计算的结构将导致实际强度储备不足。

如图 1-6 所示，当应力与载荷呈线性关系时（直线 OA），名义强度储备为

$$K_0=\frac{\sigma_0}{\sigma_j}$$

式中　σ_0——危险应力，MPa；

σ_j——计算应力，MPa。

实际强度储备为

$$K_1=\frac{P_0}{P_j}$$

式中　P_0——破坏载荷，MPa；

P_j——计算载荷，MPa。

由图 1-6 可以看出：

因为

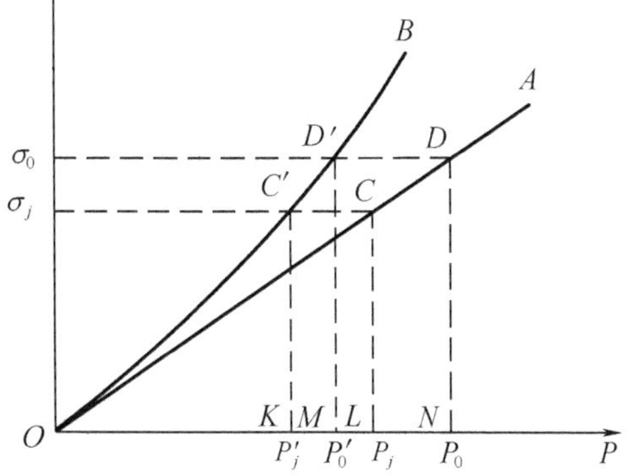

图 1-6　结构中应力与载荷的关系

$$\frac{\overline{OD}}{\overline{OC}}=\frac{\overline{ON}}{\overline{OL}}$$

所以

$$\frac{\sigma_0}{\sigma_j}=\frac{P_0}{P_j}$$

即

$$K_0=K_1$$

因此,结构的名义强度储备为实际强度储备。

当应力与载荷不成线性关系时(曲线 OB),由图 1-6 中可以看出:

$$K_0=\frac{\sigma_0}{\sigma_j}=\frac{\overline{OD}}{\overline{OC}}$$

$$K_1=\frac{P'_0}{P'_j}=\frac{\overline{OM}}{\overline{OK}}$$

因为

$$\frac{\overline{OD}}{\overline{OC}}>\frac{\overline{OM}}{\overline{OK}}$$

所以

$$K_0>K_1$$

即实际强度储备小于名义强度储备。

1.4.2.2　危险应力法

这种方法将安全系数考虑在载荷中。用这种方法进行强度计算时,首先根据作用于结构上的载荷,以适当的安全系数确定计算载荷。按计算载荷计算出结构中的最大应力小于材料的危险应力作为检验标准。

按这种方法计算的结构,不论应力与载荷是否呈线性关系,都可以保证结构具有所需要的强度储备。

1.4.2.3　混合法

潜艇耐压船体强度计算中安全系数处理的一般原则:潜艇耐压船体结构主要承受深水压力。在正常工作条件下,其最大载荷 $P_e=\gamma h_e$。在事故状态下,潜艇可能超过极限深度甚至接近破坏深度,而耐压船体结构强度基本上是以壳板稳定条件作为控制破坏的基础,其应力的增加远比载荷增加快,因此,主要的是将安全系数计入载荷中。但是,由于结构中各个构件在抵抗外力中所起的作用不同,结构的重要性及各部位应力的性质不同,因此,目前潜艇强度计算中,一部分强度储备统一考虑在载荷中,一部分强度储备分别考虑在应力中,并根据不同的结构制定不同的许用应力标准。统一考虑在载荷中的强度储备即为安全系数 K。

1.4.3　构成安全系数 K 的一些主要因素

安全系数 K 的确定,要考虑可能影响结构强度的各种因素。主要的有下列几方面。

1.4.3.1 材料方面的影响

材料方面的影响通常包括：

(1)材料几何尺寸的偏差主要是指轧钢厂提供的船用钢材，按国家标准允许材料实际的几何尺寸与名义尺寸之间有一定的偏差。目前潜艇计算规则中，计算厚度一般按最大负偏差考虑(通常将名义厚度减去0.75~1.0 mm)，因此，在安全系数中不再考虑由材料几何偏差引起的影响。

(2)机械性能方面影响通常包括弹性模数 E、泊松比 μ、屈服点 σ_s 及屈强比 σ_s/σ_b 等。在强度计算中，σ_s、E 一般都取材料试验的最低值，因此是偏于安全的。但随着潜艇下潜深度增大，高强度钢材的采用，σ_s/σ_b 要提高，这对结构的抗爆能力及低周疲劳是不利的，因此在安全系数中应该考虑这些不利因素。

1.4.3.2 所采用设计计算公式的可靠性

在《潜艇结构设计计算方法》(GJB/Z 21A—2001)中所采用的强度和稳定性计算公式，一般都是经过大量的实物和模型试验证明是可靠的，因此安全系数中一般可以不考虑这方面的影响。

1.4.3.3 生产建造方面的影响

生产建造方面的影响因素是很复杂的，但主要的是结构的残余应力和几何形状的偏差。

(1)残余应力的影响从材料加工到船体装配焊接，在结构内部不可避免将会产生残余应力。残余应力对结构强度的影响，目前还不能用计算方法来确定。但是由于强度计算公式都是建立在实物和模型试验的基础上，而试验的模型本身亦具有残余应力，因此这种影响一定程度上可以认为在计算公式中已经作了考虑。

(2)几何形状偏差的影响是指潜艇在建造过程中不可避免地会产生各种偏差(壳体与肋骨不圆度，板壁差异，肋骨位置偏差，肋骨腹板不垂直度及焊缝的局部变形等)。其中壳板与肋骨的初挠度对耐压船体的强度和稳定性有明显的影响。根据对实艇建造实测统计分析，肋骨初挠度一般不大于0.25R%，壳板初挠度一般不大于0.2 t。在此范围内的偏差对强度和稳定性的影响，已在计算公式中考虑了几何非线性的修正。至于个别超过上述范围的偏差则由超差加强给予弥补。

1.4.3.4 管理使用方面的影响

(1)潜艇在服役过程中，由于种种原因常有失事超深的可能。现代潜艇水下航速增大，对高速航行的潜艇因失操应急挽回而引起的附加深度必将增大，根据对某些工况的计算，认为取极限下潜深度的25%~35%比较合适。

(2)潜艇在使用过程中，由于各种原因耐压船体受到腐蚀。耐压船体腐蚀量的大小与材料的性能、海区的自然条件及平时的维修保养有关。根据统计，潜艇耐压船体壳板腐蚀量一般为(0.1~0.125) mm/年，而一般潜艇服役期限为20~30年，因此在服役期中可能出现蚀量。为了保证潜艇在一定的服役期内极限下潜度保持不变，有的在强度计算的基础上把壳板厚度额外增厚几毫米，也有的把腐蚀对强度的影响计入安全系数中。由于腐蚀量只与材料的腐蚀率及服役期有关,因此对于极限深度大、耐压船体尺寸大的潜艇,由于壳板厚度大,考虑腐蚀的安全系数时相对可以取小些,反之则大些。

由上述分析可以看出,安全系数的确定是很复杂的,主要是考虑潜艇的失事超深及腐蚀的影响。当然也要考虑由于实艇与模型试验差别而又不能通过理论分析所能估计的一些不利因素。因此,安全系数的确定除了根据试验、分析的结果,还必须根据以往建造潜艇的使用实践经验来综合确定。对于现代潜艇,安全系数 $K = 1.4 \sim 1.6$,因此潜艇的计算载荷为

$$P_c = (1.4 \sim 1.6) P_e$$

第 2 章

耐压船体的应力计算

2.1 耐压船体结构概述

潜艇为了能在深水中航行、战斗，必须设有坚固的船体以承受巨大的深水压力。耐压船体的主要功能就在于承受深水压力，保证舱室内部人员和各种设备的正常工作。同时组成一个水密空间，给潜艇提供80% ~85%的固定浮容积，为潜艇在水下维持重力等于浮力的平衡条件提供基础。为了保证耐压船体具有上述功能，就应该合理地选择其结构形式，使耐压船体具有足够的强度和稳定性。

2.1.1 耐压船体横剖面形状

历史上耐压船体横剖面形状多种多样，曾出现过圆形、椭圆形、矩形以及圆柱截剖体等形状。但从抵抗深水压力的观点来看，以圆形最为有利。因此圆形剖面的耐压船体从一开始就被广泛地采用，并且一直沿用到今天。圆形剖面的耐压船体，其受力之所以最好，是因为它在均匀外压作用下只产生均匀收缩变形，这样壳板内部只有均匀压缩应力而无弯曲应力，材料能得到充分利用，从而能做到结构质量轻、材料省。椭圆形、矩形等其他横剖面形状，由于它们不是一个纯圆，在深水压力作用下除了产生压缩应力外，还有弯曲应力，这样为了达到同样的强度，势必要增大结构的尺寸，增大船体质量。现代潜艇下潜深度日益加大，因此绝大多数潜艇的耐压船体横剖面采用圆形。但有时为了满足舱室设备布置的需要，也有采用圆形组合体“8”字形横剖面结构。其组合形状的型式是多种多样的。“8”字形结构在上下两圆相交处要承受巨大的侧向力，为了保证其强度和紧密性，相交性必须有专门的加强措施来保障，这给施工装配、焊接带来许多不便。此外，“8”字形的存在也影响了潜艇外形的光顺。因此这种横剖面的结构形式只能用于耐压船体的某一局部区域（如蓄电池舱、导弹舱等）而不可能用于整个耐压船体上。目前在潜艇的设计制造中，很少采用这种横剖面的结构形式。

2.1.2 耐压船体纵剖面形状

耐压船体的纵剖面形状，一般有以下几种。

2.1.2.1 直线形

在耐压船体中部采用平行柱体，艏艉两部分采用截头圆锥形，如图 2－1(a)所示。现代潜艇由于下潜度增大，耐压船体壳板厚度增大，材料机械性能提高，再做成双曲率的壳体加工困难增大。特别是随着潜艇排水量增大双舰体结构形式被广泛地采用，因此目前广泛地采用“直线形”耐压船体。

2.1.2.2　直线局部扩大形

在某些情况下，为了布置上的需要，在圆柱体的局部长度上，采用扩大圆柱形或“8”字形。另外在艏艉部，还可能采用不同锥度的圆锥形组合，如图 2－1(b)所示。

2.1.2.3　光顺曲线形

在一些单舰体潜艇上，为了改善航海性能，常常采用更接近流线型的光顺曲线形状，如图 2－1(c)所示，由于过去潜艇及现代一些小型潜艇下潜深度较小，壳板相对较薄，且纵向曲率变化不大，因此加工时容易做成曲线形。在结构设计与计算中，对曲线形耐压船体的某一舱室(段)，可以近似地按圆柱形或圆锥形壳计算。

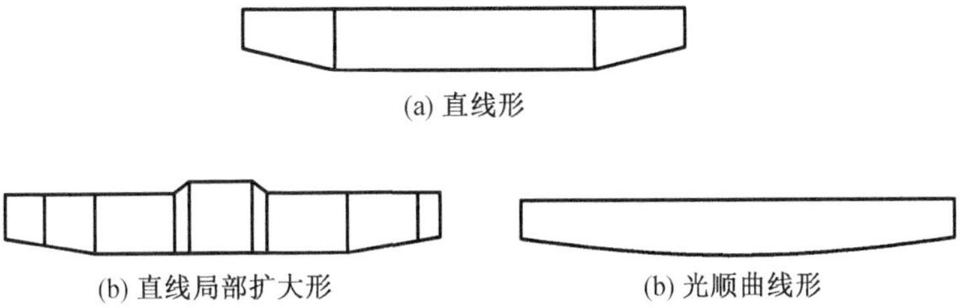

图 2－1　耐压船体纵剖面形状

2.1.3　耐压船体的结构形式

如果耐压船体承受内均匀压力是不需要设置加强筋的，但是由于深水压力是外压力，为了有效地提高耐压船体在外水压力作用下的稳定性，必须在壳板上设置一系列横向加强筋。这些加强筋按其大小和作用的不同，分别称为耐压船体的肋骨、特大肋骨和中间支骨，如图 2－2 所示。

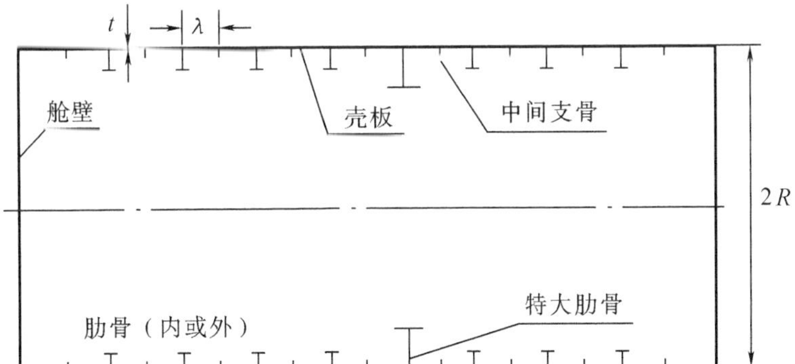

图 2－2　耐压船体典型结构形式

从结构力学的观点来看,潜艇耐压船体中部是以一系列横向加强筋加强的圆柱壳,其结构形式一般有以下两种:

(1)在横舱壁之间设置一系列等间距同刚度的肋骨,如图2-3(a)所示。

(2)在横舱壁之间除设置一系列等间距同刚度的肋骨外,在每一肋骨跨度中间还安置一根剖面较小的中间支骨,如图2-3(b)所示。

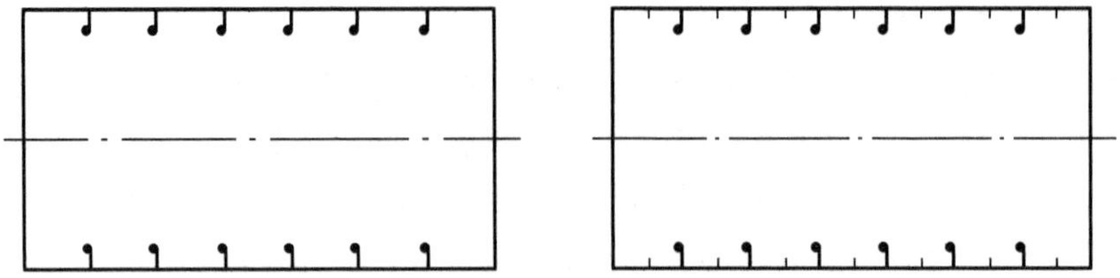

(a)　　　　(b)

图2-3　耐压船体一般结构形式

由上所述,潜艇耐压船体中部的强度计算,可以归结为这两种结构形式的圆柱壳在均匀外压力作用下的应力计算和稳定性计算。耐压船体的艏艉部,则是同类结构形式的圆锥壳和锥柱结合壳的计算。下面,我们首先讨论这些壳体的应力计算,并在第3章中讨论它们的稳定性计算。

2.2　圆柱壳的弯曲微分方程及其通解

2.2.1　基本概念和假设

以两个曲面作为界限的物体,且其曲面之间的距离远小于物体的其他尺寸者,称为壳体。

与壳体的两个界限曲面等距离的各点轨迹所组成的曲面,称为壳的中面。

如果壳体除了它的两个界限曲面以外,不再有任何其他边界,这样的壳体称为封闭壳,否则称为非封闭壳。非封闭壳也可以看作是从封闭壳上截割下来的一部分。切割总是靠移动一根垂直于中面的直线来完成的,因此非封闭壳的边界总是一个与壳体中面正交的曲面。

在壳体中面任意点作垂线,垂线被两个界限曲面所截割的线段长度,称为壳的厚度。一般说来壳厚度可以是变量,但工程上应用最广泛的是等厚度壳。在下面的研究中,除非特殊说明(在圆柱壳、球面壳边界上局部加厚,在圆锥壳上分段改变厚度,都加以注明),一般都是等厚壳。

如果壳体厚度与其中面的曲率半径之比的最大值,与1相比可以忽略不计时,这种壳体称为薄壳。如果按通常工程计算允许的相对误差为5%,则所有厚度不超过中面曲率半径1/20的壳体,均归之于薄壳一类。在潜艇上所用的壳体,其厚度一般不大于壳中面曲率半径的1/100,因而下面研究的壳体,全部是薄壳。

薄壳理论和薄板理论一样,是以克希霍夫的直法线假设作为基础的。这个假设可以归结为下列两点:

(1)变形前垂直于壳中面的直线,在壳变形后仍保持为直线并垂直于挠曲了的中面,且长度不变;

(2)平行于中面的面积上的正应力与其他应力相比为微量,可忽略不计。

克希霍夫的直法线假设包括以下三点:

(1)垂直于面方向的正应变极其微小,可以不计;

(2)中面的法线保持为直线,且中面法线及其垂直线段之间的直角保持不变,即该两方向的剪应变为零;

(3)与中面平行的截面上的正应力(即挤压应力)远小于其垂直面上的正应力,因此,它对变形的影响可以不计。

于是所研究薄壳的应力状态,与结构力学中研究板弯曲的应力状态相似。

在研究薄壳的变形时,采用曲线坐标系为最适宜。在这种坐标系中,壳中面上任意点的位置,仅须用两个坐标来确定。在圆柱壳的研究中,我们采用圆柱坐标系,如图 2-4 所示。

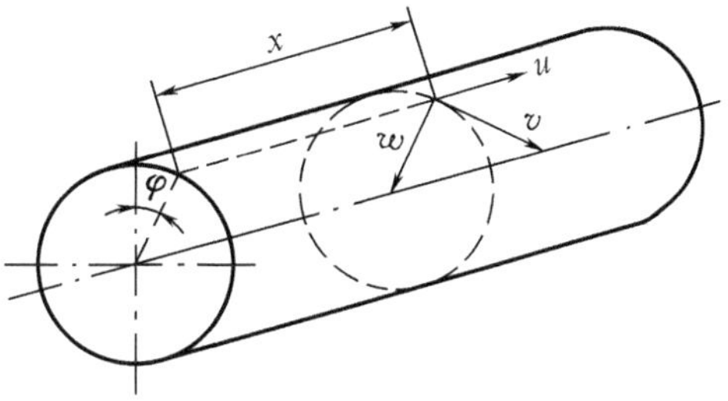

图 2-4　圆柱坐标系

壳中面上任一点 M 的位置,可以用两个坐标 x 和 φ 来表示。其中:

x——所研究点与垂直于圆柱中心轴某一给定平面之间的距离;

φ——经过所研究点作直径面,与给定直径面之间的夹角。

令坐标 φ 不变,变化坐标 x,在圆柱面(壳的中面)上画出的直线称为母线。如令坐标 x 不变,变化坐标 φ,则在圆柱面上画出的曲线(圆)称为子线。母线和子线就是圆柱坐标系的标线。

令符号 u、v、w 分别代表所研究点沿母线方向、子线的切线方向及中面法线方向上的位移,并分别以向坐标 x、φ 增大的方向和向圆柱中心轴方向取为正号。

其他代表符号:

P——作用在圆柱壳上的均匀水压力,以外压力为正号,MPa;

R、t、l——圆柱壳中面的曲率半径,壳板厚度及肋骨间距,cm;

A、A_i——肋骨与中间支骨的型材剖面积(不含带板),cm^2;

I、i——肋骨与中间支骨(计及带板)的惯性矩,cm^4。

所采用的坐标系和代表符号,同样也适用于第 3 章。

2.2.2　受力分析

当圆柱壳受均匀正压力作用时,由于结构和载荷对称于中心轴,在失稳之前,壳的变形也必然对称于中心轴。即壳体仅产生均匀拉伸或均匀压缩(由壳上所受力是内压力还是外压力而定)。壳上任意点的应力和位移与坐标 φ 无关。因此,对圆柱壳变形的研究,可以通过两个假想的直径面切出一条单位宽度($ds = Rd\varphi = 1$)的梁带来研究。整个壳体可以看作是许许多多梁带所组成,所有梁带的应力和位移都是相同的,仅须研究其中的任意一根梁带,如图 2-5 所示。

作用一梁带上的力有:

(1)作用在梁带外表面上的均匀正压力 P。

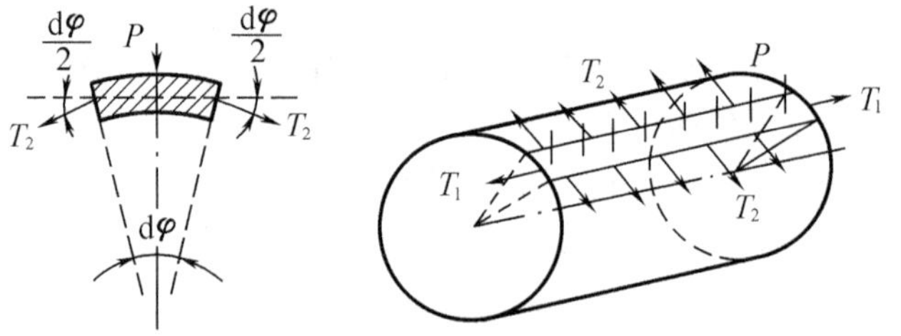

图 2-5　梁带受力示意图

(2)由于均匀正压力作用在壳两端的横舱壁上而在梁带内引起纵向(母线方向)压缩力 T_1。由平衡条件不难求得

$$T_1 = \frac{\pi R^2 P}{2\pi R} = -\frac{1}{2}PR \tag{a}$$

(3)作用在梁带两侧边界上的力(即梁带之间的相互作用力)T_2,其合力的方向与法向外力一致,因此应该将这个合力也包括在所讨论的横载荷中去。由于单位宽度梁带经线面之间的角度为

$$d\varphi = \frac{ds}{R} = \frac{1}{R}$$

所以 T_2 的合力等于

$$2T_2 \frac{d\varphi}{2} = T_2 d\varphi = \frac{T_2}{R}$$

因而单位宽度梁带上横载荷的总强度为

$$P + \frac{T_2}{R}$$

梁带上的侧向力 T_2,是当壳体在外压力作用下产生均匀压缩时,所研究梁带与两侧相邻梁互相挤压而产生的。在壳体不同的横剖面上,挠度 w 不同,即压缩变形不同,该力的大小也随之而变化。它是超静定力,不同于纵向力 T_1,必须通过变形的几何关系和虎克定律,才能求得该超静定力。

圆柱壳处于双向应力状态,因而有

$$\varepsilon_2^0 = \frac{1}{E}(\sigma_2^0 - \mu\sigma_1^0) \tag{b}$$

式中 σ_1^0、σ_2^0、ε_2^0 分别表示壳中面在母线方向和子线切线方向上的正应力以及沿子线切线方向上的线应变,均以拉伸为正号,E 为材料的杨氏模量,μ 为泊松比。

由于 $T_1 = \sigma_1^0 t$,$T_2 = \sigma_2^0 t$ 代入(b)式,即得

$$\varepsilon_2^0 = \frac{1}{Et}(T_2 - \mu T_1) \tag{c}$$

壳中面沿子线方向的线应变可以通过几何关系确定

$$\varepsilon_2^0 = \frac{2\pi(R-w) - 2\pi R}{2\pi R} = -\frac{w}{R} \tag{d}$$

令(c)式和(d)式相等即可求得

$$T_2 = -Et\frac{w}{R} + \mu T_1 = -Et\frac{w}{R} - \frac{\mu}{2}PR \tag{e}$$

2.2.3　梁带的弯曲微分方程

由上所述，圆柱壳的变形可以截取单位宽度的梁带来研究。该梁带同时受到横载荷 $P + T_2/R$ 和纵向力 T_1 的作用，处于复杂弯曲状态。该梁带的抗弯刚度为

$$D = \frac{Et^3}{12(1-\mu^2)}$$

因而梁带的弯曲微分方程为

$$Dw'''' - T_1 w'' = P + \frac{T_2}{R} \tag{f}$$

将(a)及(e)式代入(f)，则微分方程为

$$Dw'''' + \frac{PR}{2}w'' + \frac{Et}{R^2}w = P\left(1 - \frac{\mu}{2}\right) \tag{2-1}$$

该微分方程就其结构而言，是一个连续弹性基础梁的复杂弯曲方程。弹性基础的刚性系数为

$$k = \frac{Et}{R^2}$$

2.2.4　微分方程的解

在微分方程(2-1)中，以 D 除所有各项，将该方程改写成

$$w'''' + 2mw'' + n^2 w = \frac{P}{D}(1 - 0.5\mu) \tag{g}$$

式中

$$\left.\begin{aligned} 2m &= \frac{PR}{2D} = \frac{6PR}{Et^3}(1-\mu^2) \\ n^2 &= \frac{Et}{R^2 D} = \frac{12(1-\mu^2)}{R^2 t^2} \end{aligned}\right\} \tag{h}$$

微分方程(g)的解，可以由该方程的任意一个特解，加上相应于这个方程的齐次式的通解组成。

很容易看出，该非齐次方程有一常数特解为

$$w_1 = \frac{P}{n^2 D}(1 - 0.5\mu) = \frac{PR^2}{Et}(1 - 0.5\mu) \tag{i}$$

相应于微分方程(g)的齐次式方程表达式为

$$w''''_0 + 2mw''_0 + n^2 w_0 = 0 \tag{j}$$

它的特征方程为

$$S^4 + 2mS^2 + n^2 = 0 \tag{k}$$

特征方程有四个根，它们是

$$S_i = \pm\sqrt{-m \pm \sqrt{m^2 - n^2}} \tag{l}$$

随着 m 和 n 值的不同，这四个根可以是实数（当 $m<0$ 和 $m^2>n^2$ 时），可以是纯虚数（当 $m>0$ 和 $m^2>n^2$ 时），也可以是复数（当 $n^2>m^2$）。

对一般潜艇结构尺寸而言，n 总是大于 m，四个根都应该是复数根，可以写成如下的形式，即

$$S_i = \pm(\alpha_1 \pm i\alpha_2) \tag{m}$$

式中 $i=\sqrt{-1}$。令 $(m)=(l)$ 式，将等式两边各自平方，并使实数部分和虚数部分各相等，得到

$$\left.\begin{aligned}\alpha_1^2-\alpha_2^2 &= -m\\ 4\alpha_1^2\alpha_2^2 &= n^2-m^2\end{aligned}\right\} \tag{n}$$

解联立式(n)，即可求得 α_1、α_2 为

$$\alpha_1=\sqrt{\frac{1}{2}(n-m)} \qquad \alpha_2=\sqrt{\frac{1}{2}(n+m)} \tag{o}$$

引入符号

$$\left.\begin{aligned}\alpha &= \sqrt{\frac{n}{2}}=\sqrt[4]{\frac{3(1-\mu^2)}{R^2t^2}}\\ \gamma &= \frac{m}{n}=\frac{1}{2}\sqrt{3(1-\mu^2)}\frac{P}{E}\left(\frac{R}{t}\right)^2\end{aligned}\right\} \tag{p}$$

对钢材取弹性模数 $E=1.96\times10^5$ MPa，$\mu=0.3$ 则

$$\left.\begin{aligned}&\alpha_1=\alpha\sqrt{1-\gamma} \quad \alpha_2=\alpha\sqrt{1+\gamma}\\ &\alpha=\frac{1.285}{\sqrt{Rt}} \quad \gamma=\left(\frac{0.205R}{100t}\right)^2 P\end{aligned}\right\} \tag{q}$$

由于其特征方程式的四个根是(m)式，因而齐次方程(j)的通解可以写成为

$$\begin{aligned}w_0 &= C_1\mathrm{ch}\alpha_1x\cos\alpha_2x+C_2\mathrm{sh}\alpha_1x\cos\alpha_2x\\ &\quad +C_3\mathrm{ch}\alpha_1x\sin\alpha_2x+C_4\mathrm{sh}\alpha_1x\sin\alpha_2x\end{aligned} \tag{r}$$

微分方程(2－1)之全解为

$$\begin{aligned}w=w_0+w_1 &= \frac{PR^2}{Et}\left(1-\frac{1}{2}\mu\right)+C_1\mathrm{ch}\alpha_1x\cos\alpha_2x+C_2\mathrm{sh}\alpha_1x\cos\alpha_2x\\ &\quad +C_3\mathrm{ch}\alpha_1x\sin\alpha_2x+C_4\mathrm{sh}\alpha_1x\sin\alpha_2x\end{aligned} \tag{2-2}$$

式中积分常数 C_1、C_2、C_3 和 C_4 应该由圆柱壳的边界条件确定，将在下节具体讨论。

下面我们来讨论 γ 值的力学意义，由(p)式得知

$$\gamma=\frac{m}{n}=\frac{3PR(1-\mu^2)/Et^3}{2\sqrt{3(1-\mu^2)}/Rt}=\frac{PR/2t}{\dfrac{E}{\sqrt{3(1-\mu^2)}}\cdot\dfrac{t}{R}}=\frac{\sigma_1^0}{\sigma_E^{(1)}}$$

式中 $\sigma_1^0=\dfrac{PR}{2t}$ 是均匀外压力 P 作用下，壳板横剖面上的轴向中面应力；$\sigma_E^{(1)}=\dfrac{E}{\sqrt{3(1-\mu^2)}}\cdot\dfrac{t}{R}$ 是圆柱壳轴压下失稳的欧拉应力（经典小挠度解）。显然，σ_1^0 一定小于 $\sigma_E^{(1)}$，否则要引起轴向失稳，由此可得结论 $\gamma<1$。

不同的结构尺寸及外载荷的变化，γ 值会出现下述不同的情况。

$\gamma<0$，即 $m<0$，是当潜艇建成后，在厂内进行内压试验的情况，因为压力 P 是以外压力为正的，由于是内压，压力 P 为负，因而 $\gamma<0$，但一般情况下 $\gamma>-1$。

$\gamma=0$，是为了简化计算而不计“梁柱效应”，即弯曲微分方程(2－1)中略去“$\dfrac{PR}{2}w''$”项不

计，这是为了简化计算人为地略去 γ 不计，实际只要压力 P 存在，γ 不会等于 0。

$0<\gamma<1$，是一般潜艇承受深水压力的情况，由于静水压力是外压，所以 $\gamma>0$，又由于 $\gamma=\sigma_1^0/\sigma_E^{(1)}$，$\sigma_1^0$ 一定要小于 $\sigma_E^{(1)}$，否则壳将由轴向压力失稳而破坏，故 $\gamma<1$。

$\gamma^2>1$，当大型潜艇采用高强度钢材时，由于钢材高强度，壳板厚度可以减薄，同时为了保证稳定性，肋骨间距相对减小，此时可能出现 $\gamma>1$ 的情况。这时虽然 $\sigma_1^0>\sigma_E^{(1)}$，而不会引起轴向失稳，原因是肋间距小，圆柱壳轴压下失稳的欧拉应力公式已起了变化，这时欧拉应力公式相当于四边自由支持，长边边长为 $2\pi R$，短边边长为 l，并沿短边受压平板的欧拉应力公式，故虽出现 $\gamma>1$ 而圆柱壳并没有发生轴向失稳。

因此，在对耐压船体的结构设计与计算中，应注意 γ 的变化对其特征根的影响。

这里需要说明的是，“梁柱效应”来源于土木结构中，在高层框架和框剪结构中，柱和剪力墙承受很大的轴向压力，从而引起杆件的轴向变形，这就是轴向力的第一效应。轴向力不仅引起杆的轴向变形，而且引起杆的弯曲，造成杆件刚度的改变，这就是轴向力第二效应或梁柱效应。

2.3　一般环肋圆柱壳的应力计算

现代潜艇耐压船体中部最常用的结构形式，是在两端横舱壁之间设置一系列环向肋骨的圆柱壳，这些环向肋骨常常是刚度相同和等间距布置的。应该指出，在圆柱壳上设置这些肋骨，目的完全是为了提高壳的稳定性。但同时却破坏了壳的无力矩状态，在壳的母线方向上产生弯曲。这里暂不讨论圆柱壳的稳定性问题，圆柱壳的稳定性问题在下章专门研究。现在讨论以等间距同刚度环向肋骨加强的圆柱壳的应力和位移的计算。

2.3.1　边界条件

在均匀外压力的作用下，圆柱壳产生对称于中心轴的均匀压缩变形，产生径向挠度 w。由于在壳上设置一系列环向肋骨，这些肋骨阻碍壳的压缩变形，使壳受到反力，因而壳在母线方向产生弯曲。壳的径向位移在肋骨跨度中点为最大值 w_{max}，而在跨端（肋骨断面处）为最小值 w_l。且由于壳的结构和载荷对称于每一肋骨断面，壳的位移也该对称于肋骨断面，因而在肋骨断面处壳的转角 w' 等于零，壳板在均匀外压力作用下，它在母线方向的弯曲形状如图 2-6 所示。

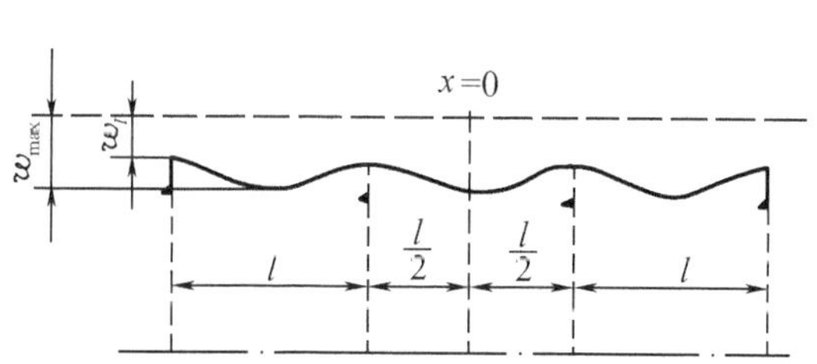

图 2-6　壳在母线方向的弯曲

将坐标原点设在肋骨跨度中点上，由于壳在母线方向的弯曲对称于坐标原点，显然壳弯曲微分方程之通解(2-2)式中，奇函数前的系数 C_2 和 C_3 应该等于零。该通解可以简化为

$$w=\frac{PR^2}{Et}(1-0.5\mu)+C_1\text{ch}\alpha_1x\cos\alpha_2x+C_4\text{sh}\alpha_1x\sin\alpha_2x \tag{2-3}$$

边界条件为

$$\text{当 } x=\pm0.5\,l \text{ 时，} w=w_l \qquad w'=0 \tag{a}$$

式中 w_l 为肋骨之径向位移。肋骨是受到均匀外压力的圆环，现在取一个肋骨的间距（x 在 $-\frac{l}{2} \sim \frac{l}{2}$ 之间），即将原肋骨的剖面一分为二，此时作用在肋骨上的压力强度等于肋骨对壳的反力，且等于壳梁带在支座断面处的剪力，即

$$q_l = Dw'''_{x=0.5l} \tag{b}$$

由于肋骨属于单向应力状态，其应力为正应力，可以用肋骨的轴向力除以横截面积求得。设肋骨的轴向力为 T，参考图 2－5 的梁带剖面图，可得

$$q_l R\mathrm{d}\varphi = 2T\frac{\mathrm{d}\varphi}{2}$$

于是可以求得

$$T = q_l R \tag{c}$$

在此压力强度作用下，肋骨圆环横剖面上的应力值为

$$\sigma_{\mathrm{f}} = -\frac{q_l R}{A/2} = -\frac{2DR}{A}w'''_{x=0.5l} \tag{d}$$

式中，$A/2$ 表示一半的肋骨横截面积，负号表示在均匀外压力作用下，肋骨正应力为受压。肋骨沿圆周切线方向的线应变可以由肋骨处于弹性范围内的物理关系求得

$$\varepsilon_l = \frac{\sigma_{\mathrm{f}}}{E} = -\frac{2DR}{EA}w'''_{x=0.5l} \tag{e}$$

应变 ε_l 和径向位移 w_l 之间的几何关系为

$$\varepsilon_l = \frac{2\pi(R-w_l)-2\pi R}{2\pi R} = -\frac{w_l}{R} \tag{f}$$

令(e)式和(f)式相等，即可求得

$$w_l = \frac{2DR^2}{EA}w'''_{x=0.5l} \tag{g}$$

代入(a)式，即可求得圆柱壳梁带的边界条件为

$$\text{当 } x = \frac{l}{2} \quad \left.\begin{aligned} w &= \frac{2DR^2}{EA}w''' \\ w' &= 0 \end{aligned}\right\} \tag{2-4}$$

将壳梁带的弯曲微分方程(2－1)和边界条件(2－4)综合来看，则以一系列等间距同刚度环肋加强的圆柱壳，在均匀外压力作用下的变形，可以化为两端刚性固定在弹性支座上的复杂弯曲弹性基础梁来研究。

由(g)式可得

$$w_1 = \frac{2DR^2}{EA}w'''_{x=0.5l} = A_1 q_1$$

两端弹性支座的柔性系数为

$$A_1 = \frac{2R^2}{EA}$$

因此，带有两端肋骨支撑的耐压壳板梁带结构可以简便地用如图 2－7 所示的力学模型来概括，图中 A_1 为柔性系数，D 为壳板的抗弯刚度，k 为弹性系统的刚性系数。

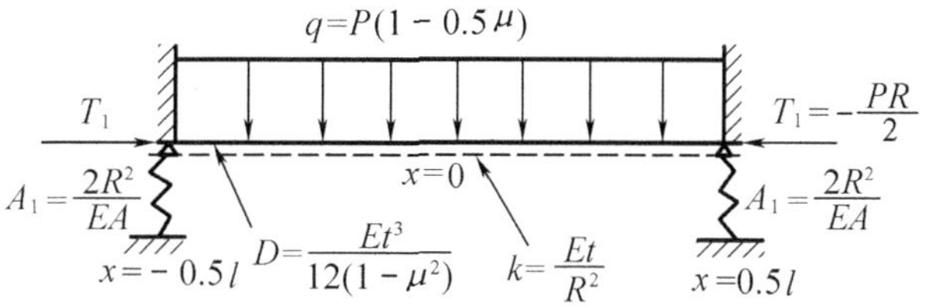

图 2-7　壳梁带计算力学模型

2.3.2　应力和位移计算

先引入代表符号(辅助函数)

$$\left.\begin{aligned}&u_1=\frac{1}{2}\alpha_1 l=u\sqrt{1-\gamma}\quad u_2=\frac{1}{2}\alpha_2 l=u\sqrt{1+\gamma}\\&u=\frac{\alpha l}{2}=\frac{\sqrt[4]{3(1-\mu^2)}}{2}\frac{l}{\sqrt{Rt}}\quad \gamma=\frac{\sqrt{3(1-\mu^2)}}{2}\frac{PR^2}{Et^2}\end{aligned}\right\}\tag{2-5}$$

式中对于钢材

$$u=0.643\frac{l}{\sqrt{Rt}}\qquad \gamma=\left(\frac{0.205R}{100t}\right)^2 P$$

$$\left.\begin{aligned}&F_1(u_1,u_2)=\sqrt{1-\gamma^2}(\mathrm{ch}2u_1-\cos 2u_2)/F_5(u_1,u_2)\\&F_2(u_1,u_2)=\frac{3(1-0.5\mu)(u_2\mathrm{sh}2u_1-u_1\sin 2u_2)}{\sqrt{3(1-\mu^2)}F_5(u_1,u_2)}\\&F_3(u_1,u_2)=\frac{6(1-0.5\mu)(u_1\mathrm{ch}u_1\sin u_2-u_2\mathrm{sh}u_1\cos u_2)}{\sqrt{3(1-\mu^2)}F_5(u_1,u_2)}\\&F_4(u_1,u_2)-2(1-0.5\mu)(u_1\mathrm{ch}u_1\sin u_2+u_2\mathrm{sh}u_1\cos u_2)/F_5(u_1,u_2)\\&F_5(u_1,u_2)=u_2\mathrm{sh}2u_1+u_1\sin 2u_2\end{aligned}\right\}\tag{2-6}$$

$$\left.\begin{aligned}&\varepsilon_1=\frac{1}{1+\frac{lt}{A}F_1(u_1,u_2)}\quad \varepsilon_2=\varepsilon_1F_2(u_1,u_2)\\&\varepsilon_3=\varepsilon_1F_3(u_1,u_2)\quad \varepsilon_4=\varepsilon_1F_4(u_1,u_2)\end{aligned}\right\}\tag{2-7}$$

将通解(2-3)式代入边界条件(2-4)式,即可求得

$$\left.\begin{aligned}&C_1=-\frac{2pR^2(1-0.5\mu)(u_1\mathrm{ch}u_1\sin u_2+u_2\mathrm{sh}u_1\cos u_2)\varepsilon_1}{EtF_5(u_1,u_2)}\\&C_4=-\frac{2pR^2(1-0.5\mu)(u_2\mathrm{ch}u_1\sin u_2-u_1\sin u_1\cos u_2)\varepsilon_1}{EtF_5(u_1,u_2)}\end{aligned}\right\}\tag{2-8}$$

将积分常数 C_1、C_4 之值代入(2-3)式,求得梁带挠度 w,并由此求得圆柱壳各弯曲要素。由于壳内最大应力可能发生在肋骨跨度中点处(此处径向位移 w 最大,因而膜应力为最大值),也可能发生在边界处(该处壳上的弯曲应力为最大值)。我们最关心的就是这些特殊点的应力和位移,下面我们来推导这些特殊点的计算公式。

2.3.2.1 径向位移(挠度)

仅须将 $x=0.5l$ 和 $x=0$ 代入(2-3)式,式中积分常数由(2-8)式确定,即可求得壳在支座边界和跨度中点处的径向位移如下

$$\left.\begin{aligned}&\text{支座边界处} \quad w_l = w_{x=0.5l} = (1-0.5\mu)\frac{PR^2}{Et}(1-\varepsilon_1)\\&\text{跨度中点处} \quad w_{\max} = w_{x=0} = \frac{PR^2}{Et}(1-0.5\mu-\varepsilon_4)\end{aligned}\right\} \tag{2-9}$$

2.3.2.2 壳板横剖面上之正应力

壳板横剖面上的正应力由沿剖面厚度均匀分布的膜应力(即由纵向压力为 T_1 所引起的压应力),以及沿剖面厚按线性规律分布的弯曲应力组成,最大正应力在壳的内外表面处。其值为

$$\sigma_1 = \frac{T_1}{t} \pm \frac{6M}{t^2} = -\frac{PR}{2t} \pm \frac{6Dw''}{t^2}$$

再分别以 $x=0.5l$ 和 $x=0$ 代入上式,即得

$$\left.\begin{aligned}&\text{支座边界} \quad \sigma_1' = (\sigma_1)_{x=0.5l} = -\frac{PR}{t}(0.5\mp\varepsilon_2)\\&\text{跨度中点处} \quad \sigma_1 = (\sigma_1)_{x=0} = -\frac{PR}{t}(0.5\pm\varepsilon_3)\end{aligned}\right\} \tag{2-10}$$

2.3.2.3 壳板纵剖面上之正应力

由于壳的变形对称于中心轴,并且壳的厚度远小于壳的半径。可以认为,壳在子线方向的应变 ε_2 沿壳的厚度不变并等于壳中面的相应应变 ε_2^0,即

$$\varepsilon_2 = \varepsilon_2^0 = \frac{2\pi(R-w)-2\pi R}{2\pi R} = -\frac{w}{R}$$

由于壳处于双向应力状态,其应力与应变之间的关系式为

$$\sigma_2 = E\varepsilon_2 + \mu\sigma_1 = -E\frac{w}{R} + \mu\sigma_1$$

将(2-9)式、(2-10)式代入上式,即可求得壳板纵剖面上之正应力为

$$\left.\begin{aligned}&\text{支座边界处} \quad \sigma_2' = -\frac{PR}{t}(1-0.5\mu)(1-\varepsilon_1)+\mu\sigma_1'\\&\text{跨度中点处} \quad \sigma_2 = -\frac{PR}{t}(1-\varepsilon_4\pm\mu\varepsilon_3)\\&\text{跨度中点壳中面应力} \quad \sigma_2^0 = -\frac{PR}{t}(1-\varepsilon_4)\end{aligned}\right\} \tag{2-11}$$

2.3.2.4 肋骨横剖面上之正应力

肋骨的挠度和应变与壳板支座边界的挠度和子线方向的应变可以看成是相同的,但应力不相同,这是因为肋骨处于单向应力状态,它与 σ_1' 和 σ_2' 有以下关系

$$\sigma_f = -E\frac{w_l}{R} = \sigma_2' - \mu\sigma_1' = -\frac{PR}{t}(1-\varepsilon_1)(1-0.5\mu) \tag{2-12}$$

在进行壳板和肋骨的应力计算时,首先要计算辅助函数 $F_i(u_1,u_2)$,这是一项烦琐的运算。为了使设计计算方便起见,可以将这些辅助函数作为参数 u 和 $\eta=2u\gamma$ 的函数事先算出并画成图谱,以便计算时查用。见附录A图A-1。

上述诸式中载荷 P 以外压力为正号,应力 σ 则以拉伸为正号。式中有重叠正负号的各项,均以位于上面的符号用于壳外表面的应力计算,位于下面的符号用于壳内表面的应力计算。在强度计算中必须重视的是应力绝对值最大的那个表面。

最后还必须说明,在应用上述公式对潜艇耐压船体中部进行应力计算时,还要考虑到钢板进厂后要进行除锈和滚平、滚弯,肋骨型材弯成圆形后还要在车床上进行切削。钢板厚度有所减薄,肋骨型材的高度也要减小。通常取壳板计算厚度为

当 $t_0\geqslant 2.0$ cm　　　　$t=t_0-0.1$ cm

当 $t_0<2.0$ cm　　　　$t=t_0-0.075$ cm

式中 t_0 为壳板的名义厚度(图纸上标注的厚度)。

肋骨型材的计算高度,比型材的名义高度要减小2.5%。

实际潜艇耐压船体的肋骨常常采用球缘钢,该型材高度减小前后的要素见附录A表A-1。

2.3.3　梁柱效应对壳应力计算的影响

为了计算和分析的方便起见,可以将应力计算公式(2-10)、公式(2-11)和公式(2-12)写成如下的统一表达形式

$$\sigma_i=-K_i\frac{PR}{t}$$

在环肋圆柱壳的应力计算中,最重要的应力(必须作强度校核的应力)是:跨度中点处壳纵剖面上的中面应力 σ_2^0(最大膜应力),支座边界处壳横剖面上的内表面应力 σ_1'(最大的合力应力),以及肋骨应力 σ_f,可以将这几个应力的计算公式写成如下表达式

$$\left.\begin{aligned}\sigma_2^0&=-K_2^0\frac{PR}{t}\\ \sigma_1'&=-K_1\frac{PR}{t}\\ \sigma_f&=-K_f\frac{PR}{t}\end{aligned}\right\}\tag{2-13}$$

式中

$$K_2^0=1-\frac{F_4(u_1,u_2)}{1+\beta F_1(u_1,u_2)}$$

$$K_1=0.5+\frac{F_2(u_1,u_2)}{1+\beta F_1(u_1,u_2)}$$

$$K_f=\left(1-\frac{\mu}{2}\right)\frac{\beta F_1(u_1,u_2)}{1+\beta F_1(u_1,u_2)}$$

其中

$$\beta=\frac{lt}{A}$$

由上式可以明显地看到,系数 K_i 是四个参数 u、β、η 和 μ 的函数。现代潜艇耐压船体一般采用钢材建造,其泊松比 $\mu=0.3$ 为常数。假如进一步分析可以再将其中一个参数近似

地按常数处理,则 K_i 仅是两个参数的函数,可以很方便地列出它们的数值表或画成曲线图谱,以便实际查用。

参数 u 是一般弹性基础梁所共有的一个重要参数,表示壳体几何形状的计算参数。参数 $\beta = lt/A$ 为一个跨度上壳板面积 lt 和肋骨型材剖面积 A 的比值,是肋骨对壳体的影响参数。如无肋骨,$1/\beta = 0$,显然可按材料力学中已讨论过的薄壁圆筒公式进行计算:

壳横剖面上的应力

$$\sigma_1 = -\frac{PR}{2t}$$

壳纵剖面上的应力

$$\sigma_2 = -\frac{PR}{t}$$

将上式与(2-13)式对比可以看到:系数 K_i 表明肋骨的存在对壳板应力的影响,参数 β 越小,即肋骨越大,这个影响也越大。

再分析另一参数 $\eta = 2u\gamma$,式中 $\gamma = \frac{m}{n} = -\frac{1}{2}\frac{T_1}{\sqrt{kD}}$。而 $T_1 = -PR/2$ 为作用在壳上纵向力。如无纵向力,$T_1 = 0$,即 $m = 0$,$\eta = 0$,则圆柱壳的梁带为简单弯曲。当载荷 P 为均匀外压力时,纵向力为压缩力,则 $\eta > 0$。反之,如载荷 P 为内压力时,纵向力 T_1 为拉伸力,则 $\eta < 0$。因而参数 η 实际上表明了纵向力 T_1 对壳弯曲的影响或称为梁柱效应的影响。

由于潜艇下潜到深水中,作用在耐压船体上的载荷是外压力,参数 η 总是大于0。

对于一般钢材制造的潜艇圆柱壳,η 的表达式还可以改写成如下的形式

$$\left.\begin{aligned} &\eta = 2u\gamma \approx P/P_{\mathrm{E}} \\ &P_{\mathrm{E}} = 1.80\left(\frac{100t}{R}\right)^{1.5}\frac{100t}{l} \end{aligned}\right\}$$

式中 P_{E} 之值,近似地等于圆柱壳壳板在肋骨跨距内失稳的理论临界压力,因而计算压力 P 必须小于 P_{E},参数 η 必须小于1。

由上所述,参数 η 的值总大于0小于1。由附录A图A-1可以看到:当 η 在0到1之间变动时,对辅助函数 $F_i(u,\eta)$ 的影响是微小的。其物理意义是圆柱壳可以化成弹性基础梁研究,该弹性基础梁的刚度相当大,故梁柱效应对弯曲的影响很小。

在实际工程计算中可以采用下述两种近似计算方法:第一种近似方法完全略去梁柱效应不计,即按 $\eta = 0$ 进行计算。第二种近似计算方法取纵向力的最高极值来考虑梁柱效应,即按 $\eta = 1$ 进行计算。这两种近似计算方法都使实际计算简化到使公式(2-13)中的系数 K_i 仅是两个参数 u 和 β 的函数,可以容易地把它们画成图谱,以便在实际计算时查用。两种方法的误差都很小,一般都在工程误差范围内。由于第一种方法($\eta = 0$)对大多数应力而言,误差要比第二种方法更大些,且误差偏于危险方面。因此在实际潜艇的设计计算中,一般都采用第二种近似方法,即按 $\eta = 1$ 进行计算。在附录A图A-2、图A-3、图A-4中,给出这种近似计算方法($\eta = 1$)的系数 K_2^0、K_1 和 K_f 的图谱。

但在计算某些更复杂的问题中,例如计算圆柱壳在横舱壁处或特大肋骨处的最大应力,在非耐压平面舱壁的稳定性计算中确定作用在舱壁平面内的外力时,都采用第一种近似方法,即完全忽略梁柱效应不计,将圆柱壳近似地按简单弯曲的弹性基础梁计算。

下面举例说明精确解和两种近似解的计算步骤,并将计算结果进行对比和分析。

例2-1　已知某潜艇耐压圆柱壳的数据为:圆柱壳半径 $R=250$ cm,壳板名义厚度 $t_0=2.2$ cm,肋骨采用球缘钢 20a 号,肋骨间距 $l=60$ cm,计算载荷 $P=4.26$ MPa ($43.5\ \text{kgf/cm}^2$),钢材屈服极限 $\sigma_s=588$ MPa($6\ 000\ \text{kgf/cm}^2$)。

分别以精确解和两种近似解计算该潜艇圆柱壳壳板和肋骨的应力和挠度,并将计算结果进行分析和对比。

解　(1)计算参数 u、η 和 β

壳板计算厚度

$$t=2.2-0.1=2.1\ \text{cm}$$

肋骨型材截短25%以后的计算剖面积可以由附录A表A-1查到为 $A=26.86\ \text{cm}^2$

由前述已知尺寸,求得参数为:

$$u=0.643\frac{l}{\sqrt{Rt}}=1.68\qquad \beta=\frac{lt}{A}=4.69$$

$$\gamma=\left(\frac{0.205R}{100t}\right)^2P=0.254\qquad \eta=2u\gamma=0.854$$

(2)计算辅助函数 $F_i(u_1,u_2)$ 和 ε_i

分别按 $\eta=0.854$ 和 $\eta=0$,$\eta=1$ 查附录A图A-1,求得 $F_i(u_1,u_2)$。再代入(2-7)式,求得 ε_i。将计算结果列表于表2-1。

表2-1　根据精解和近似解求得的辅助函数值

辅助函数	精确解	近似解	
	$\eta=0.854$	$\eta=0$	$\eta=1$
$F_1(u_1,u_2)$	0.591	0.647	0.582
$F_2(u_1,u_2)$	1.701	1.586	1.721
$F_3(u_1,u_2)$	0.810	0.661	0.835
$F_4(u_1,u_2)$	0.202	0.298	0.186
ε_1	0.265	0.248	0.268
ε_2	0.451	0.394	0.462
ε_3	0.215	0.164	0.224
ε_4	0.054	0.074	0.050

(3)计算壳板和肋骨的应力与挠度,并与精确解对比计算两种近似解的误差。

将上述辅助函数代入公式(2-9)到式(2-12)进行计算,将计算结果列表对比见表2-2。

(4)分析讨论

①两种近似解误差都小于10%,对于在强度计算中起决定作用的 σ_2^0 和 σ_f 而言,误差都小于3%,都在工程误差范围内。

②第一种近似解($\eta=0$)的计算结果,对多数应力而言,误差偏于危险方面,但骨应力的误差则偏于安全方面。第二种近似解则相反,对多数应力而言误差偏于安全方面,但肋骨应力则偏于危险。其物理原因是:由于纵向力是压缩力,在纵向压缩力的作用下,弹性基础梁各点的弯矩以及中间部分的挠度均将增大,因而不计纵向力对弯曲的影响将产生偏于危

险的误差。反之,高估纵向力对弯曲的影响,误差必然偏于安全。但在肋骨处,梁的挠度曲线在该处的曲率和中间部分的曲率恰好相反,在纵向压缩力作用下,其挠度 w_l 和肋骨应力 $\sigma_f = Ew_l/R$(绝对值)都将减小,因而不计纵向力对弯曲的影响,误差偏于安全。高估这一影响,误差反偏于危险。

表 2-2　根据精确解和近似解求得的应力和挠度值

种类	位置	应力与挠度（最大绝对值）	单位	精确解 $\eta=0.854$	近似解			
					$\eta=0$	误差	$\eta=1$	误差
壳板径向位移	跨度中点	$w_{max}=\frac{PR^2}{Et}(0.85-\varepsilon_4)$	cm	0.514	0.501	−2.53%	0.516	0.20%
壳板径向位移	支座边界	$w_l=0.85\frac{PR^2}{Et}(1-\varepsilon_1)$	cm	0.403	0.413	2.48%	0.401	−0.50%
壳板横剖面正应力	支座边界	$\sigma_1'=\frac{PR}{t}(0.5+\varepsilon_3)$	MPa	483	453	−6.21%	488	1.02%
壳板横剖面正应力	跨度中点	$\sigma_1=\frac{PR}{t}(0.5+\varepsilon_3)$	MPa	363	337	−7.16%	368	1.38%
肋骨横剖面正应力	肋骨	$\sigma_f=0.85\frac{PR}{t}(1-\varepsilon_1)$	MPa	317	324	2.21%	315	−0.63%
壳板纵剖面正应力	支座边界	$\sigma_2'=\sigma_f+\mu\sigma_1'$	MPa	462	460	−0.43%	462	0
壳板纵剖面正应力	跨度中点	$\sigma_2=\frac{PR}{t}(1-\varepsilon_4+\mu\varepsilon_3)$	MPa	510	494	−3.14%	516	1.18%
壳板纵剖面正应力	跨度中点壳中面	$\sigma_2^0=\frac{PR}{t}(1-\varepsilon_4)$	MPa	480	470	−2.09%	482	0.42%

附注:在上述计算中,以偏于安全方面的误差取正号,偏于危险的误差取负号。

③对于 $\sigma_2'=\sigma_f+\mu\sigma_1'$ 而言,不计纵向力对弯曲的影响,在等式右边第一项 σ_f 将产生偏于安全的误差,而第二项 $\mu\sigma_1'$ 则产生偏于危险的误差,两者互相抵消。因而不论是不计纵向力对弯曲的影响,或者相反高估了这一影响,最后计算结果误差非常小,有时可能等于零。

④由于高估纵向力对弯曲影响的近似解($\eta=1$),对多数应力而言,误差都偏于安全。且误差的绝对值也比 $\eta=0$ 的近似解的误差要小些。在实际潜艇的设计计算中,一般都采用这种近似解,即近似地按 $\eta=1$ 进行计算。

2.4　带有中间支骨的圆柱壳应力计算

2.4.1　概述

在设计潜艇的耐压船体时，最合理的设计是当计算载荷等于壳板的临界载荷时，壳板的最大中面应力 σ_2^0 达到或接近于其许用应力值，这时不论从壳的应力（强度）或稳定观点来看，结构材料都得到充分利用，但在实际设计中并非所有情况都能达到这一要求。例如当潜艇采用 σ_s 更高强度钢以求减轻耐压船体的重量时，从强度出发可以减小壳板的厚度。但钢材屈服点提高，对壳板稳定性有重大影响的弹性模数 E 却没有提高，因而可能出现当壳板应力比它的许用应力小许多时，壳板已在肋骨之间丧失了局部稳定性；这时可以采取增加壳厚或减小肋骨间距的办法来提高壳板的稳定性。前一种办法，无疑失去了采用高强度钢的意义。后一种办法也存在问题：一是肋距的减小有一定的限度。一般在小型潜艇上不得小于 500 mm，中型或大型潜艇上也不能小于 600 mm，否则间距太小将给施工和内部布置等带来困难。二是肋骨太密又使肋骨重量增大，采用高强度钢减轻的壳板重量，又被增加肋骨重量所抵消。在这种情况下，比较合理的办法是在每档肋骨间距中间增加一根剖面尺寸较小的小肋骨来提高壳板的局部稳定性。这种剖面尺寸远小于一般肋骨的小肋骨，我们称之为中间支骨。由于中间支骨的厚度和高度都很小，这样跨度小一些也不会造成建造上多大困难。这样既提高了壳板的稳定性，也不会增加多少船体重量，从而使壳板的强度和稳定性同时都得到了充分利用。

虽然设置中间支骨的主要目的是为了提高壳板的稳定性，但它对壳板的强度也有提高。下面我们先来研究带有中间支骨的圆柱壳应力计算，并将在第 3 章研究其稳定性计算。

2.4.2　弯曲微分方程及边界条件

前面已讨论，在均匀外压力作用下，圆柱壳应力计算可以化成弹性基础梁的复杂弯曲来研究，并已推导得到它的弯曲微分方程及其通解分别为（式(2－1)、式(2－2)）

$$Dw'''' + \frac{PR}{2}w'' + \frac{Et}{R^2}w = P\left(1 - \frac{1}{2}\mu\right)$$

$$w = \frac{PR^2}{Et}\left(1 - \frac{\mu}{2}\right) + C_1\mathrm{ch}\alpha_1 x\cos\alpha_2 x + C_2\mathrm{sh}\alpha_1 x\cos\alpha_2 x$$
$$+ C_3\mathrm{ch}\alpha_1 x\sin\alpha_2 x + C_4\mathrm{sh}\alpha_1 x\sin\alpha_2 x$$

式中

$$\alpha_1 = \alpha\sqrt{1-\gamma} \qquad \alpha_2 = \alpha\sqrt{1+\gamma}$$

$$\alpha = \frac{1.285}{\sqrt{Rt}} \qquad \gamma = \left(\frac{0.205R}{100t}\right)^2 P$$

将坐标原点设在肋骨跨度的中点，也就是中间支骨剖面上，如图 2－8 所示。

由于壳的结构与载荷既对称于每档肋骨，也对称于每档中间支骨，因而壳的位移和转角也该对称于每档肋骨和每档中间支骨。当 $x=0$，壳的径向位移等于中间支骨的挠度 w_Z，转角 w' 等于零，当 $x=\lambda=l/2$，壳的径向位移等于肋骨的径向位移 w_l，转角 w' 等于零，其边

界条件可以写成

$$\left.\begin{array}{lll}\text{当 } x=0, & w=w_Z & w'=0\\ \text{当 } x=l/2, & w=w_l & w'=0\end{array}\right\}\quad (a)$$

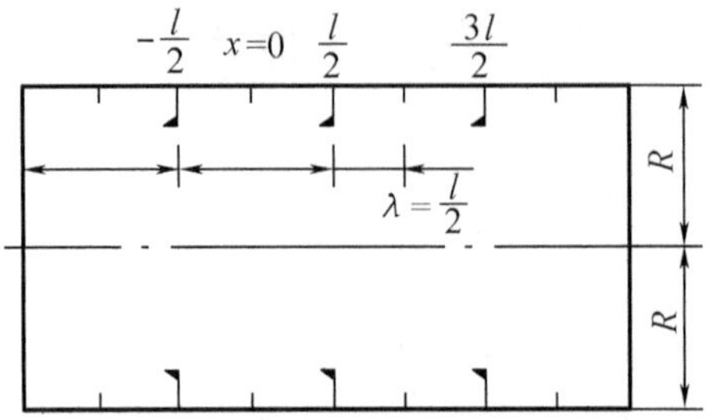

图 2-8　带有中间支骨的环肋圆柱壳

在公式(2-4)中,我们已求得肋骨的径向位移为

$$w_l=\frac{2DR^2}{EA}w''' \qquad (b)$$

同理可以导出中间支骨径向位移为

$$w_Z=\frac{2DR^2}{EA_i}w''' \qquad (c)$$

将(b)式、(c)式代入(a)式,则壳的边界条件可以写成

$$\left.\begin{array}{lll}\text{当 } x=0, & w=\dfrac{2DR^2}{EA_i}w''' & w'=0\\ \text{当 } x=\dfrac{l}{2}, & w=\dfrac{2DR^2}{EA}w''' & w'=0\end{array}\right\}\qquad (2-14)$$

式中　A_i——中间支骨的型材剖面积,cm^2。

将壳的弯曲微分方程(2-1)和边界条件(2-14)综合分析,则带有中间支骨的圆柱壳在均匀外压力作用下的变形,可以化成两端刚性固定在刚度不同的弹性支座上的弹性基础梁的复杂弯曲来研究。两端弹性支座的柔性系数分别为

$$A_1=\frac{2R^2}{EA}\qquad A_2=\frac{2R^2}{EA_i}$$

以上可以简便而形象地用图 2-9 所示的力学模型来概括。它和图 2-7 所示力学模型的区别,仅在于左端(中间支骨剖面处)的弹性支座的刚度不同。

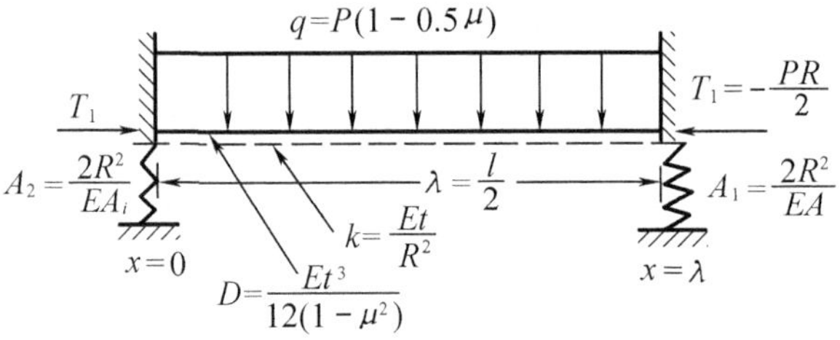

图 2-9　带有中间支骨壳梁带计算力学模型

2.4.3　确定积分常数

将通解(2-2)式代入(2-14)式,经过比较烦琐的推导,求得积分常数 C_1、C_2、C_3 和 C_4 分别为

$$\left.\begin{array}{ll}C_1=\dfrac{\phi_1(u_1,u_2)}{\phi_5(u_1,u_2)}w_1 & C_2=\dfrac{\phi_2(u_1,u_2)}{\phi_5(u_1,u_2)}w_1\\ C_3=\dfrac{\phi_3(u_1,u_2)}{\phi_5(u_1,u_2)}w_1 & C_4=\dfrac{\phi_4(u_1,u_2)}{\phi_5(u_1,u_2)}w_1\end{array}\right\}\qquad (12-15)$$

式中

$$w_1=\frac{PR^2}{Et}(1-0.5\mu)$$

$$\left.\begin{aligned}
\phi_1(u_1,u_2)=&-[2\beta_2\sqrt{1-\gamma^2}(u_2\mathrm{sh}u_1\cos u_2+u_1\mathrm{ch}u_1\sin u_2)\\
&+\beta_1\sqrt{1-\gamma}(u_2\mathrm{sh}2u_1+u_1\sin 2u_2)+2(u_2^2\mathrm{sh}^2u_1-u_1^2\sin^2u_2)]\\
\phi_2(u_1,u_2)=&\beta_1\sqrt{1-\gamma^2}u_2(\mathrm{ch}2u_1-\cos 2u_2)-2(u_2^2\mathrm{sh}u_1\cos u_2\\
&+u_1u_2\mathrm{ch}u_1\sin u_2)+(u_2^2\mathrm{sh}2u_1+u_1u_2\sin 2u_2)\\
\phi_3(u_1,u_2)=&-\beta_1\sqrt{1-\gamma^2}u_1(\mathrm{ch}2u_1-\cos 2u_2)+2(u_1u_2\mathrm{sh}u_1\cos u_2\\
&+u_1^2\mathrm{ch}u_1\sin u_2)-(u_1u_2\mathrm{sh}2u_1+u_1^2\sin 2u_2)\\
\phi_4(u_1,u_2)=&\beta_1\sqrt{1-\gamma^2}(u_1\mathrm{sh}2u_1-u_2\sin 2u_2)+2\beta_2\sqrt{1-\gamma^2}\\
&\times(u_1\mathrm{sh}u_1\cos u_2-u_2\mathrm{sh}u_1\sin u_2)+u_1u_2(\mathrm{ch}2u_1-\cos 2u_2)\\
&-2(u_1^2+u_2^2)\mathrm{ch}u_1\sin u_2\\
\phi_5(u_1,u_2)=&\beta_1\beta_2(1-\gamma^2)(\mathrm{ch}2u_1-\cos 2u_2)+(\beta_1+\beta_2)\sqrt{1-\gamma^2}\\
&\times(u_2\mathrm{sh}^2u_1+u_1\sin^2u_2)+2(u_2^2\mathrm{sh}^2u_1-u_1^2\sin^2u_2)
\end{aligned}\right\}\quad(2-16)$$

其中

$$\beta_1=\frac{lt}{A}\qquad \beta_2=\frac{lt}{A_i}$$

γ 和 u_1、u_2 表达式见式(2－5)。

从以上不难看出，当 A_i 趋近于 0，β_2 趋近于无穷大，则 $C_2=C_3=0$，C_1、C_4 的表达式和(2－8)式相等，即完全退化到一般环肋圆柱壳的解。

2.4.4　应力计算公式

求得积分常数 C_1、C_2、C_3、C_4 以后，代入通解(2－3)式，即可求得圆柱壳的挠度表达式。重复 2.3 节的推导，即可求得各特殊点的应力和挠度计算公式。演算非常烦琐，手算比较困难，一般可以用计算机计算。

为了便于设计部门和工厂、学校等不依赖计算机估算设计方案起见，需要找到一种既手算简便，又有足够精确度的近似计算方法，可以近似地按 $\eta=1$ 来考虑梁柱效应。对一系列不同的 u、β 和 A_i/A 值，通过电子计算机算出无因次系数，即

$$K_{2i}^0=(\sigma_2^0)_{\max}/\frac{PR}{t}\qquad K_{1i}=\sigma_1'/\frac{PR}{t}\qquad K_{fi}=\sigma_f/\frac{PR}{t}$$

壳板和肋骨的应力计算公式为

$$\left.\begin{aligned}
(\sigma_2^0)_{\max}&=-K_{2i}^0\frac{PR}{t}\\
\sigma_1'&=-K_{1i}\frac{PR}{t}\\
\sigma_f&=-K_{fi}\frac{PR}{t}
\end{aligned}\right\}\quad(2-17)$$

式中辅助函数 K_{2i}^0、K_{1i} 和 K_{fi} 是参数 u、$\beta=\frac{lt}{A}$ 和 A_i/A 的函数。比 2.3 节中相应的辅助函

数有关参数要多一个 A_i/A，这个参数是考虑了中间支骨的存在对壳板和肋骨应力的影响。当 $A_i=0$，又退化到一般环肋圆柱壳(无中间支骨)。

必须说明，在(2-13)式中，$\sigma_2^0=-K_2^0\dfrac{PR}{t}$。这里的 σ_2^0 既是肋骨跨度中点处壳纵剖面上的中面应力，又是壳体中面的最大应力值。但在(2-17)式中，壳体中面的最大应力 $(\sigma_2^0)_{\max}=-K_{2i}^0\dfrac{PR}{t}$。该应力的位置也是在肋骨跨度中间部分的纵剖面上，但不一定在肋骨跨度的中点上。

下面举例说明带有中间支骨的圆柱壳应力计算，并与无中间支骨的壳作对比分析。

例 2-2　在例 2-1 的潜艇耐压圆柱壳中，假如在每档肋骨跨度的中点处再设置一档中间支骨，中间支骨采用球缘钢 5 号。试作应力计算并与例 2-1 作对比分析。

解　(1)计算参数 u、β 和 A_i/A

$u=1.68$　$\beta=4.69$(和例 2-1 相同)

球缘钢 5 号截短后剖面积

$$A_i=2.82\ \text{cm}^2$$

肋骨型材剖面积

$$A=26.86\ \text{cm}^2$$

所以

$$A_i/A=2.82/26.86=0.105$$

(2)求辅助函数

由上述参数 u、β 和 A_i/A 查附录 A 图谱，求得

$$K_{2i}^0=0.917\qquad K_{1i}=0.935\qquad K_{fi}=0.614$$

(3)应力计算

将上面得到的 K_{2i}、K_{1i} 和 K_{fi} 代入公式(2-17)，求得

$$(\sigma_2^0)_{\max}=-K_{2i}^0\frac{PR}{t}=-465\ \text{MPa}=-4\ 750\ \text{kgf/cm}^2$$

$$\sigma_1'=-K_{1i}\frac{PR}{t}=-474\ \text{MPa}=-4\ 840\ \text{kgf/cm}^2$$

$$\sigma_f=-K_{fi}\frac{PR}{t}=-311\ \text{MPa}=-3\ 180\ \text{kgf/cm}^2$$

(4)与例 2-1 做对比

将上述计算得到的应力绝对值，与例 2-1 的应力值(也取 $\eta=1$ 的近似解)列表对比，如表 2-3 所示。

表 2-3　例 2-1 与例 2-2 应力值比较

应力类别	应力绝对值/MPa		
	例 2-1	例 2-2	例 2-2/例 2-1
$(\sigma_2^0)_{\max}$	482	465	0.965
σ_1'	488	474	0.971
σ_f	315	311	0.987

一个肋骨间距长度的圆柱壳质量为

$$2\pi R(lt_0+A_0+A_{i0})\gamma$$

其中 γ 为钢材的密度,单位长度圆柱壳的质量为

$$\overline{W}=\frac{2\pi R(lt_0+A_0+A_{i0})}{l}\gamma$$

引入 $\bar{t}_0=t_0+(A_0+A_{i0})/l$,$\bar{t}_0$ 称为壳板的相对厚度,则单位长度圆柱壳的重量可以写为

$$\overline{W}=2\pi R\bar{t}_0\gamma①$$

由于钢材的比重 γ 是常数,例 2-1 和例 2-2 的半径 R 相同,因此,对比这两个圆柱壳的重量时,只要对比它们的相对厚度 $\bar{t}_0$ 就行了。

例 2-1 中

$$A_{i0}=0\quad \bar{t}_0=t_0+A_0/l=2.2+\frac{27.36}{60}=2.658$$

例 2-2 中

$$A_{i0}=2.87\quad \bar{t}_0=2.2+\frac{27.36+2.87}{60}=2.704$$

因此例 2-2 比例 2-1 质量增加 1.80%。

(5)分析讨论

例 2-2 除了有中间支骨以外,其他全部数据都和例 2-1 相同。由于增设了中间支骨,壳体质量仅增加 1.80%,而使 $(\sigma_2^0)_{max}$ 减小了 3.5%,σ_1' 减小 2.9%,σ_f 减小 1.3%。说明设置中间支骨的主要目的虽然是提高壳板的稳定性,但它对提高壳板的强度也还是有利的。

2.5　无限长弹性基础梁的解在潜艇结构计算中的应用

在实际潜艇结构设计中,还有些复杂问题,精确求解是很困难的,例如:圆柱壳在横舱壁或特大肋骨处横剖面上的合成应力,特大肋骨应力。在平面舱壁的稳定性计算中,确定作用在舱壁平面内的外力等等。对于这些问题,经常采用的近似解是既忽略梁柱效应(按 $\eta=0$ 计算),也不计相邻肋骨对所研究点壳变形的影响,也就是按无限长弹性基础梁进行计算。下面我们讨论这种近似计算方法。

2.5.1　无限长弹性基础梁在集中力作用下的弯曲

如图 2-10 所示,设有一无限长弹性基础梁,在 $x=0$ 的地方受一集中力 F 的作用,这个问题在结构力学中已经讨论过,下面直接引用已学过的一些结论。

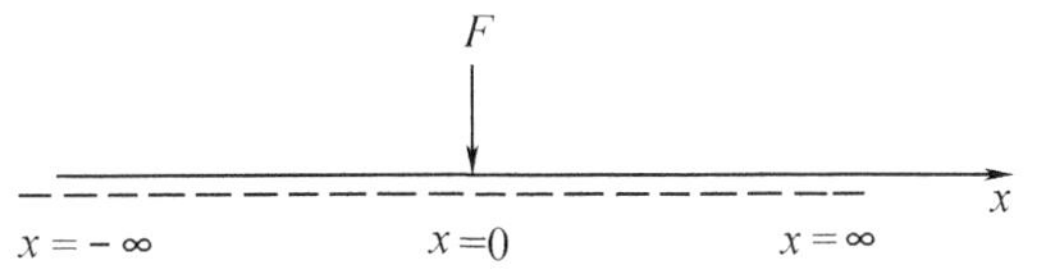

图 2-10　受集中力作用的无限长弹性基础梁

① 注:在计算 $\overline{W}$ 和 $\bar{t}_0$ 时,壳板厚度一般都用名义厚度 t_0,肋骨和中间支骨剖面积也都用型材的名义面积(截短 2.5% 以前的剖面积)。

梁的各弯曲要素计算公式如下：

$$\left.\begin{aligned} &\text{挠度} && w=\frac{F}{8\alpha^3EI}\sqrt{2}W_3(ax) \\ &\text{转角} && w'=\frac{F}{4\alpha^2EI}W_2(ax) \\ &\text{弯矩} && M=EIw''=\frac{F}{4\alpha}\sqrt{2}W_1(ax) \\ &\text{剪力} && N=EIw'''=\frac{F}{2}W_0(ax) \end{aligned}\right\} \tag{2-18}$$

式中 $W_i(ax)$ 称为克里舍维奇函数，它们的表达式是

$$\begin{aligned} &W_0(ax)=e^{-ax}\cos ax \quad \sqrt{2}W_1(ax)=e^{-ax}(\sin ax-\cos ax) \\ &W_2(ax)=e^{-ax}\sin ax \quad \sqrt{2}W_3(ax)=e^{-ax}(\cos ax+\sin ax) \end{aligned} \tag{2-19}$$

显然，它们对坐标 x 有如下的微分法则：

$$\begin{aligned} &W_3'(ax)=\sqrt{2}aW_2(ax) \quad W_2'(ax)=\sqrt{2}aW_1(ax) \\ &W_1'(ax)=\sqrt{2}aW_0(ax) \quad W_0'(ax)=-\sqrt{2}aW_3(ax) \end{aligned} \tag{2-20}$$

在附录 A 表 A－2 列出不同 ax 值的这些函数值。由这些函数的数值表可以看到：在受力点（$x=0$）挠度和弯矩绝对值最大，即

当 $x=0$

$$\sqrt{2}W_3(ax)=1 \qquad \sqrt{2}W_1(ax)=-1$$

$$w_{\max}=\frac{F}{8\alpha^3EI} \qquad M_{\mathrm{amx}}=-\frac{F}{4\alpha}$$

离开受力点，即当 ax 略为增大，挠度和弯矩都迅速衰减到零，以后又向相反方向有微小的回升，再迅速衰减到零，如图 2－11 所示。

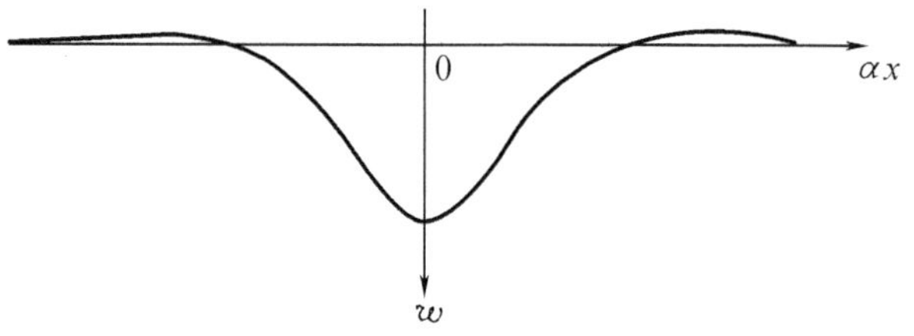

图 2－11　无限长梁受集中力作用下的变形

当

$$\begin{aligned} &\alpha x=0 && \sqrt{2}W_3(ax)=1 && w=w_{\max} \\ &\alpha x=2.10 && \sqrt{2}W_3(ax)=0.044 && w=0.044w_{\max} \\ &\alpha x=2.36 && \sqrt{2}W_3(ax)=0 && w=0 \\ &\alpha x=3.10 && \sqrt{2}W_3(ax)=-0.043 && w=-0.043w_{\max}\text{（极值点）} \\ &\alpha x=5.20 && \sqrt{2}W_3(ax)=-0.002 && w=-0.002w_{\max} \\ &\alpha x=5.50 && \sqrt{2}W_3(ax)=0 && w=0 \\ &\alpha x=6.00 && \sqrt{2}W_3(ax)=0.002 && w=0.002w_{\max}\text{（极值点）} \end{aligned}$$

因此对计算挠度而言，离开集中力的距离大于 $2.1/\alpha$ 时（$\alpha x \geqslant 2.1$ 时），忽略集中力对该点影响，误差不大于 4.4%。当 $\alpha x \geqslant 5.2$ 时，误差不大于 0.2%。

从附录 A 表 A－2 可以看到，$W_2(\alpha x)$、$\sqrt{2}W_1(\alpha x)$ 和 $W_0(\alpha x)$ 也具有类似的变化规律。也就是梁的转角、弯矩和剪力，都是离开集中力作用点就迅速衰减到零。

因此，在某些复杂问题的应力计算中，可以忽略相邻肋骨的影响，按无限长梁来处理误差不大。下面分别讨论这种近似解法在几个不同问题中的具体应用。

2.5.2　按无限长梁计算一般环肋圆柱壳的应力和挠度

前面已经讨论过，在均匀外压力作用下，圆柱壳可以化为在均布横载荷 $q=P(1-0.5\mu)$ 和纵向力 $T_1=-0.5PR$ 联合作用下的弹性基础梁来研究，而把肋骨化为梁上的弹性支座处理按图 2－7 所示力学模型来研究。由于纵向力对梁弯曲的影响不大，可以略去这个影响不计。如果再进一步简化，不计相邻肋骨之间的相互影响，即按无限长弹性基础梁计算。

对于这种近似计算，在计算肋骨跨度中点处的挠度 $w_{\max}$ 和中面应力 σ_2^0 时，假设任意肋骨均离所研究点无限远，可以略去其影响不计，即按没有任何支座的无限长弹性基础梁受均布横载荷 $q=P(1-0.5\mu)$ 计算。其力学模型如图 2－12 所示。

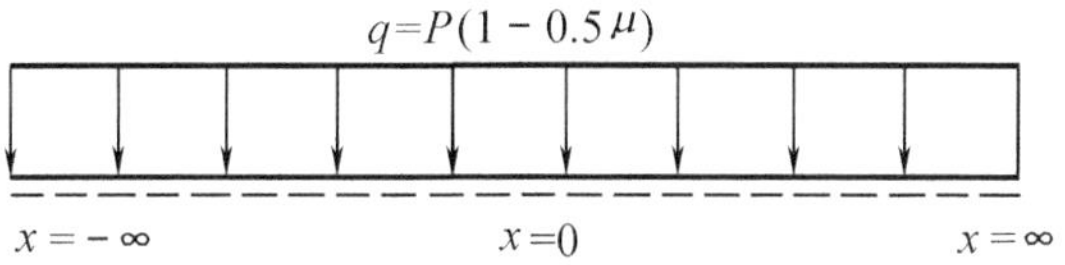

图 2－12　受均布载荷的无限长弹性基础梁

梁的弯曲微分方程为

$$EI\omega'''' + kw'' = q \tag{a}$$

显然，该梁的挠度 w 与坐标 x 无关，而是一个常数，即

$$w=\frac{q}{k}=\frac{P(1-0.5\mu)}{Et/R^2}=\frac{PR^2}{Et}(1-0.5\mu) \tag{b}$$

K 为弹性基础系数，量纲为[力]/[长度]^2。

因为壳板处于双向应力状态，因此

$$\sigma_2^0=E\varepsilon_2+\mu\sigma_1^0=-E\frac{w}{R}+\mu\sigma_1^0=-\frac{PR}{t}(1-0.5\mu)-\mu\frac{PR}{2t}=-\frac{PR}{t} \tag{c}$$

用这种近似方法计算壳在肋骨处的挠度 w_l 和肋骨应力 σ_f 时，假设相邻肋骨离该肋骨（所计算点）无限远，可以略去这些相邻肋骨的影响不计。因此，可以将圆柱壳化为在均匀横载荷 $q=P(1=0.5\mu)$ 作用下的无限长弹性基础梁看待，而将所研究的这档肋骨看成是梁上的一个弹性支座。由于是中间弹性支座，其刚度应该比图 2－7 力学模型的弹性支座刚度大一倍，柔性系数则小一半，即 $A_1=R^2/EA$，其力学模型如图 2－13(a) 所示。

假定弹性支座的支反力为 F，则圆柱壳可以化成在其全长上受均布横载荷 q 和在 $x=0$ 处受到集中力（支反力）F 作用下的无限长梁，如图 2－13(b) 所示。而肋骨则可看成其柔性系数为 $A_1=R^2/EA$ 和受一集中力 F 作用下的一个独立弹性支座，如图 2－13(c) 所示。

分别计算无限长梁在单个载荷作用下的挠度，无限长梁在载荷 q 作用下，产生挠度 q/k。在支反力 F 的作用下，产生挠度 $-\dfrac{F}{8\alpha^3 EI}\sqrt{2}W_3(\alpha x)$，故梁的挠度表达式为

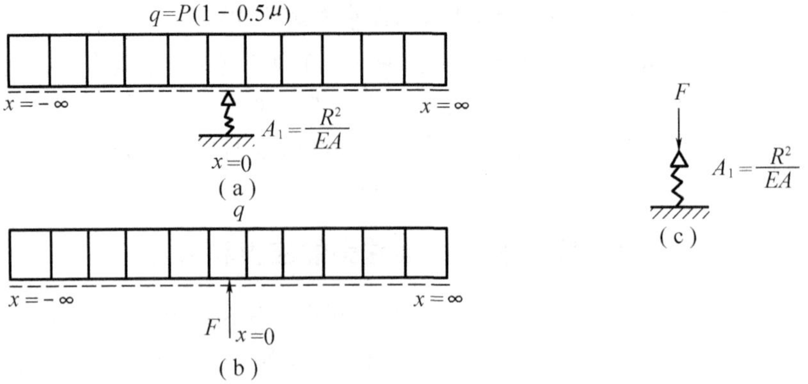

图 2-13 肋骨处应力、挠度计算力学模型

$$w=\frac{q}{k}-\frac{F}{8\alpha^3 EI}\sqrt{2}W_3(\alpha x)$$

考虑到 $\alpha^4=k/4EI, 8\alpha^3 EI=2k/\alpha$ 代入上式得

$$w=\frac{q}{k}-\frac{F\alpha}{2k}\sqrt{2}W_3(\alpha x) \tag{d}$$

当 $x=0, \sqrt{2}W_3(\alpha x)=1$ 时,则得

$$w_{x=0}=\frac{q}{k}-\frac{F\alpha}{2k} \tag{e}$$

在集中力 F 作用下,弹性支座产生挠度为

$$w_l=A_1F=\frac{FR^2}{EA} \tag{f}$$

令(e)式和(f)式相等,则得

$$F=\frac{q}{k\left(\frac{R^2}{EA}+\frac{\alpha}{2k}\right)}=\frac{P(1-0.5\mu)}{\frac{kR^2}{EA}+0.5\alpha}$$

由于 $k=\frac{Et}{R^2}, \frac{kR^2}{EA}=\frac{t}{A}, 0.5\alpha=\frac{u}{l}, \mu=0.30$,所以有

$$F=\frac{0.85P}{\frac{t}{A}+\frac{u}{l}} \tag{g}$$

代入(f)有肋骨处的挠度为

$$w_l=\frac{0.85PR^2}{Et+EA\frac{u}{l}}=\frac{0.85PR^2}{Et(1+u/\beta)} \tag{h}$$

肋骨应力为

$$\sigma_f=-E\frac{w_l}{R}=-\frac{PR}{t}\frac{0.85}{1+u/\beta} \tag{i}$$

归纳上述,一般环肋圆柱壳近似地按无限长梁计算,其特殊点的应力和挠度公式为跨度中点处

$$\left.\begin{aligned} w_{max} &= 0.85\frac{PR^2}{Et} \\ \sigma_2^0 &= \frac{PR}{t} \end{aligned}\right\} \tag{2-21(a)}$$

肋骨挠度与应力

$$\left.\begin{aligned} w_l &= \frac{PR^2}{Et}\frac{0.85}{1+u/\beta} \\ \sigma_f &= -\frac{PR}{t}\frac{0.85}{1+u/\beta} \end{aligned}\right\} \tag{2-21(b)}$$

例 2－3　试用上述近似解计算例 2－1,并将计算结果与精确解做对比。

解　由例 2－1 的已知数据计算得到

(1)$u=1.68$,$\beta=4.69$,$1+u/\beta=1.358$

$$\frac{PR}{t}=507 \quad \frac{PR^2}{Et}=0.647 \quad \frac{0.85}{1+u/\beta}=0.626$$

代入(2－21)式求得

$$w_{max}=0.550\ \text{cm},\quad \sigma_2^0=-507\ \text{MPa}(5\ 170\ \text{kgf/cm}^2)$$

$$w_l=0.405\ \text{cm},\quad \sigma_f=-317\ \text{MPa}(3\ 240\ \text{kgf/cm}^2)$$

(2)将计算结果列表于 2－4。

表 2－4　采用无限长梁近似解和精确解得到的壳板和肋骨应力与扰度值

应力或挠度	精确解($\eta=0.854$)	近似解(按无限长梁计算)	误差	近似解($\eta=1$)	误差
w_{max}	0.514 cm	0.550 cm	7.00%	0.516 cm	0.20%
σ_2^0	－480 MPa	－507 MPa	5.63%	－482 MPa	0.42%
w_l	0.403 cm	0.405 cm	0.50%	0.401	－0.5%
σ_f	－317 MPa	－317 MPa	0	－3.15 MPa	－0.63%

(3)分析讨论

上述对比表明,就例 2－1 而言,用这种近似解计算肋骨应力或挠度的误差非常小。计算跨度中点处壳的应力和挠度误差要大一些,但也在 10% 以内。这是因为对计算肋骨应力或挠度而言,它与两边相邻肋骨距离为 l,$\alpha l=2u=3.36$,完全可以不计其相互影响。而对跨度中点而言,与附近肋骨的距离为 $l/2$,因此相邻肋骨对它的影响要大些,不计相邻肋骨的影响造成的误差也要大一些。

对于一般环肋圆柱壳,可以用 $\eta=1$ 的近似解计算,既简便又精确,且误差偏于安全,不必按无限长梁计算。上述计算和对比,目的是用具体实例更形象地说明一般环肋圆柱壳也可按无限长梁计算,特别是对计算肋骨应力挠度而言,误差非常微小。虽然与相邻肋骨只间隔一个肋距 l,完全可以看成间隔无限远。

2.5.3　计算特大肋骨应力

力学模型与图 2－13 相同,区别仅在于中间弹性支座的刚度要大若干倍,弹性支座的柔

性系数是 $A_1=R^2/EA_{wf}$，式中 A_{wf} 是特大肋骨（不计入带板）的剖面积。将特大肋骨的剖面积 A_{wf} 取代(2-21(b))式肋骨应力计算公式中的 A，求得特大肋骨的应力计算公式为

$$\sigma_k=-\frac{0.85}{1+u/\beta_k}\frac{PR}{t} \tag{2-22}$$

式中

$$\beta_k=lt/A_{wf}$$

2.5.4 在平面舱壁的稳定性计算中，求作用在舱壁圆形周界上的外力 q_c

在均匀外压力作用下圆柱壳可化成无限长弹性基础梁来研究，而将平面舱壁当作一个弹性支座。力学模型与图 2-13 相同，区别仅在于弹性支座的柔性系数 A_1 有所不同。

在求柔性系数 A_1 时，先不考虑舱壁上的水平和垂直加强材，把平面舱壁当作一块平板来研究，如图 2-14 所示。该圆平板在它的圆形周界上受到外力 q_c（舱壁平面内的压力）的作用，处于双向应力状态，其应力为

$$\sigma_y=\sigma_z=q_c/t_c$$

式中 t_c 为舱壁平板的厚度。

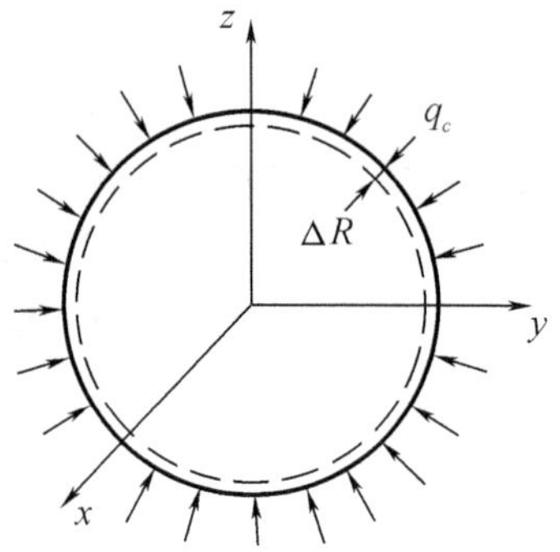

图 2-14 平面舱壁的受力与变形

其应变为

$$\varepsilon=\frac{1}{E}(\sigma_y-\mu\sigma_z)=\frac{q_c}{ET_c}(1-\mu)=\frac{0.7q_c}{Et_c}$$

圆形周界的径向位移（圆半径的减小值）为

$$\Delta R=\varepsilon R=\frac{0.7q_cR}{Et_c}=A_1q_c$$

因此弹性支座柔性系数为

$$A_1=\frac{\Delta R}{q_c}=\frac{0.7R}{Et_c} \tag{j}$$

如式(e)所示，弹性基础梁均布载荷 q 和集中反力 $F=q_c$ 的作用下，其挠度为

$$w_{x=0}=\frac{q}{k}-\frac{q_c\alpha}{2k} \tag{k}$$

如式(f)所示，弹性支座在集中力 $F=q_c$ 的作用下，其挠度为

$$w_{x=0}=A_1F=\frac{0.7R}{Et_c}q_c \tag{l}$$

令(e)式和(f)式相等，则得

$$q_c=\frac{q}{\dfrac{\alpha}{2}+\dfrac{0.7Rk}{Et_c}}$$

将 $q=0.85P,\ \dfrac{\alpha}{2}=\dfrac{u}{l},\ k=\dfrac{Et}{R^2}$ 代入上式，则得

$$q_c=\frac{0.85PR}{Ru/l+0.7t/t_c} \tag{2-23}$$

2.5.5 圆柱壳在特大肋骨处或舱壁处壳板横剖面上的最大应力 σ_1'

力学模型如图 2-13 所示，区别仅在于弹性支座的柔性系数应该改成

$$A_1 = R^2/EA_{wf}$$

以 A_{wf} 取代(g)式中之 A,即可求得特大肋骨的集中反力为

$$F = \frac{0.85P}{t/A_{wf} + \alpha/2}$$

最大弯矩为

$$|M_{max}| = \frac{F}{4\alpha} = \frac{0.85P/2\alpha^2}{\frac{2t}{\alpha A_{wf}} + 1}$$

再将 $\alpha^2 = \left(\frac{1.285}{\sqrt{Rt}}\right)^2 = \frac{1.65}{Rt}, \frac{\alpha}{2} = \frac{u}{l}$ 代入上式则得

$$|M_{max}| = \frac{0.85PRt}{3.30(1 + \beta_k/u)}$$

特大肋骨处圆柱壳横剖面上的最大应力为

$$\sigma_1' = \frac{PR}{2t} + \frac{6|M_{max}|}{t^2} = \frac{PR}{2t}\left(1 + \frac{3.09}{1 + \beta_k/u}\right) \quad (2-24)$$

式中

$$\beta_k = lt/A_{wf}$$

上式也可用来求舱壁处壳板的横剖面上最大应力,仅须令式中 $A_{wf} \to \infty$, $\beta_k = 0$,代入上式则得

$$\sigma_1' = 4.09\frac{PR}{2t} = 2.045\frac{PR}{t} \quad (2-25)$$

由上述分析可见,利用无限长梁弯曲的解,可以使许多复杂的计算大大简化,而造成的误差并不很大。通过对比肋骨处的应力(精确解和按无限长梁计算)相差为 0.0%,而肋骨的差别又很小,故有此结论。

2.6　环肋圆锥壳的应力计算公式

潜艇耐压船体的中间部分,采用环肋圆柱壳结构,在耐压船体的艏艉部,一般采用环肋圆锥壳,且往往采用斜锥壳,如图 2-15 所示。符号 γ_1 和 γ_2 分别表示最小与最大圆锥角,R_1 与 R_2 分别表示最小与最大平行圆半径,L 与 l 分别表示斜锥壳舱段长度与肋骨间距。

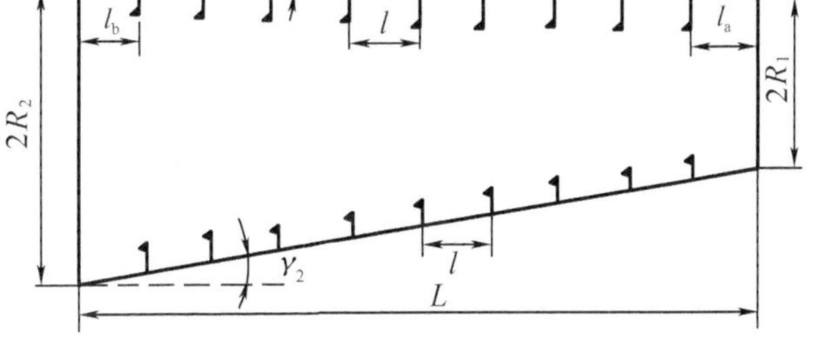

图 2-15　截顶环肋斜圆锥壳

前面我们详细研究了环肋圆柱壳的应力计算，这里我们来讨论环肋圆锥壳的应力计算。由于圆锥壳应力与稳定性计算的推导比较烦琐，特别斜圆锥壳更加困难，详细研究需要具有相当多的薄壳理论基础和占大量篇幅，这里仅介绍计算公式与方法，首先介绍应力计算，稳定性计算将在第 3 章中介绍。

2.6.1 环肋斜圆锥壳的应力计算

环肋斜圆锥壳的应力计算，可以化为一个等价圆柱壳进行计算，该等价圆柱壳的半径等于锥壳的平行圆半径 R 除以 $\cos\gamma_2$，也就是斜锥壳的主曲率半径 $\rho_2 = R/\cos\gamma_2$。等价圆柱壳的肋距等于锥壳一个肋骨跨度上的母线长度 $l_2 = l/\cos\gamma_2$。由于圆锥的半径沿长度方向上是变化的，因此应力计算要一档一档肋骨跨度分别计算。在一档中，半径变化不大，可按这一档跨度的平均半径计算。在强度计算中，我们关心的只是应力最大的那一档。圆锥壳的厚度在全长上也可能有变化，可以对相同厚度的每一段只计算其中半径最大的一档，但对不同厚度的每一段都必须计算。

将一般环肋圆柱壳的应力计算公式(2－13)做相应的改变，可以作为一般环肋斜圆锥壳的应力计算公式，即

$$
\begin{aligned}
&\text{最大膜应力} && \sigma_1^0 = -K_2^0 \frac{PR}{t\cos\gamma_2} \\
&\text{最大合成应力} && \sigma_1' = -K_1 \frac{PR}{t\cos\gamma_2} \\
&\text{肋骨应力} && \sigma_f = -K_f \frac{PR}{t\cos\gamma_2}
\end{aligned}
\tag{2-26}
$$

同样，将公式(2－17)做相应的改变，可以作为具有主肋骨和中间支骨的斜圆锥壳的应力计算公式，即

$$
\begin{aligned}
(\sigma_2^0)_{\max} &= -K_{2i}^0 \frac{PR}{t\cos\gamma_2} \\
\sigma_1' &= -K_{1i} \frac{PR}{t\cos\gamma_2} \\
\sigma_f &= -K_{fi} \frac{PR}{t\cos\gamma_2}
\end{aligned}
\tag{2-27}
$$

式中系数 K_2^0、K_1、K_f 或 K_{2i}^0、K_{1i}、K_{fi} 根据参数 u、β 和 A_i/A 分别查附录 A－1～图 A－19 得到，其中参数 u 和 β 按下式计算

$$u = -0.643\frac{l/\cos\gamma_2}{\sqrt{Rt\cos\gamma_2}}$$

$$\beta = \frac{lt}{A\cos\gamma_2}$$

式中符号分别代表(图 2－15)

R——圆锥壳在肋骨跨度中点处的平行圆半径，cm；

l——圆锥壳相邻两个肋骨平面之距离，cm；

t——圆锥壳壳板厚度，cm；

γ_2——斜圆锥壳最大圆锥角，即最长母线与船体基线的夹角，如果是正圆锥壳，则 $\gamma_1 = \gamma_2 = \gamma$。

对于特大肋骨应力，特大肋骨或舱壁处壳板横剖面上的最大应力，以及求作用在舱壁圆形周界上的外力 q_c 等，同样可以将式(2-22)、式(2-23)、式(2-24)和式(2-25)做类似地变换求得。

2.7 《潜艇结构设计计算方法》中耐压圆柱壳应力计算方法和校核标准

《潜艇结构设计计算方法》(GJB/Z 21A—2001)是规定潜艇耐压船体结构设计方法的指导性技术文件(后简称《规范》)，该文件适用于常规潜艇和核潜艇的船体结构设计，不适用于小型袖珍潜艇的船体结构设计。

本章适用于符合下述条件的耐压结构

(a)极限深度不小于 200 m；

(b)壳板名义厚度不小于 20 mm，对于不满足此项要求的耐压结构，必须根据情况适当增加其腐蚀储备；

(c)制造材料为 921A(含 921)系列的潜艇用钢。

2.7.1 静水压力及计算深度的确定

承受静水外压力的耐压船体结构，计算深度按下式计算

$$h_c = Kh_e$$

式中　K——安全系数，常规潜艇取 1.45，核潜艇取 1.50；

h_e——极限深度，m；

h_c——计算深度，m。

深度与压力的换算

相应于工作深度、极限深度及计算深度的静水压力分别称为工作压力、极限压力和计算压力，均按每 10 m 水深压力等于 0.098 MPa 换算。

2.7.2 计算板厚

计算板厚

当 $t_n \leqslant 35.0$ mm 时，取 $t = t_n - 1.0$；

$t_n > 35.0$ mm 时，取 $t = t_n - \Delta t_n$；

t_n 为壳板名义厚度，mm。

2.7.3 耐压圆柱壳强度计算

2.7.3.1 壳板强度

根据《规范》5.2.1，相邻肋骨跨中处的壳板中面周向应力按下式计算

$$\sigma_2^0 = K_2^0 P_c R/t \tag{2-28}$$

并满足下式要求

$$\sigma_2^0 \leqslant 0.85\sigma_s \tag{2-29}$$

K_2^0 根据公式(2－30)计算参数 u、β,查《规范》中图5.2或表5.1确定

$$\left.\begin{aligned} u &= 0.642l/\sqrt{Rt} \\ \beta &= lt/A \end{aligned}\right\} \tag{2-30}$$

式中 σ_2^0——相邻肋骨跨中处的壳板中面周向应力,MPa;

K_2^0——系数,根据公式(2－30)计算参数 u、β,查《规范》中图5.2或表5.1确定;

P_c——计算压力;

R——肋距内耐压船体半径,mm;

t——肋距内壳板最小计算厚度,mm;

A——肋骨型材剖面积,mm^2;

l——肋距,mm;

u、β——参数。

根据《规范》5.2.2,相邻肋骨跨中处的壳板中面纵向应力按下式计算

$$\sigma_1 = K_1 P_c R/t \tag{2-31}$$

并满足下式要求:

$$\sigma_1 \leqslant 1.15\sigma_s \tag{2-32}$$

K_1 根据公式(2－33)计算参数 u、β,查《规范》中图5.3或表5.2确定

$$\left.\begin{aligned} u &= 0.642l/\sqrt{Rt} \\ \beta &= lt/A \end{aligned}\right\} \tag{2-33}$$

式中 σ_1——相邻肋骨跨中处的壳板中面周向应力,MPa;

K_1——系数,根据公式(2－33)计算参数 u、β,查《规范》中图5.3或表5.2确定;

R——肋距内耐压船体半径,mm。

2.7.3.2 肋骨强度

根据《规范》5.3,肋骨应力按下式计算

$$\sigma_f = K_f P_c R/t \tag{2-34}$$

并满足下式要求

$$\sigma_f \leqslant 0.6\sigma_s \tag{2-35}$$

K_f 根据公式(2－36)计算参数 u、β,查《规范》中图5.4或表5.3确定

$$\left.\begin{aligned} u &= 0.642l/\sqrt{Rt} \\ \beta &= lt/A \end{aligned}\right\} \tag{2-36}$$

式中 σ_f——肋骨应力,MPa;

K_f——系数,根据公式(2－36)计算参数 u、β,查《规范》中图5.4或表5.3确定;

R——肋骨处耐压船体半径,mm;

t——肋骨处壳板最小计算厚度,mm。

2.7.4 耐压圆锥壳强度计算

2.7.4.1 壳板强度

根据《规范》7.2.1,相邻肋骨跨中处的壳板中面周向应力按下式计算

$$\sigma_2^0 = K_2^0 P_c R_m / (t\cos\gamma) \tag{2-37}$$

并满足下式要求

$$\sigma_2^0 \leqslant 0.85\sigma_s \tag{2-38}$$

K_2^0 根据公式(2－39)计算参数 u、β,查《规范》中图 5. 2 或表 5. 1 确定

$$\left.\begin{aligned} u &= 0.642l/\sqrt{R_m t\cos\gamma} \\ \beta &= lt/(A\cos\gamma) \end{aligned}\right\} \tag{2-39}$$

式中　σ_2^0——相邻肋骨跨中处的壳板中面周向应力,MPa;

K_2^0——系数,根据公式(2－39)计算参数 u、β,查《规范》中图 5. 2 或表 5. 1 确定;

P_c——计算压力;

R_m——肋距内耐压船体平均半径,mm;

t——肋距内壳板最小计算厚度,mm;

γ——半锥角;

l——肋距,mm;

u、β——参数;

根据《规范》7. 2. 2,相邻肋骨跨中处的壳板中面纵向应力按下式计算

$$\sigma_1 = K_1 P_c R_m / (t\cos\gamma) \tag{2-40}$$

并满足下式要求:

$$\sigma_1 \leqslant 1.15\sigma_s \tag{2-41}$$

K_1 根据公式(2－42)计算参数 u、β,查《规范》中图 5. 3 或表 5. 2 确定

$$\left.\begin{aligned} u &= 0.642l/\sqrt{Rt\cos\gamma} \\ \beta &= lt/(A\cos\gamma) \end{aligned}\right\} \tag{2-42}$$

式中　σ_1——相邻肋骨跨中处的壳板中面周向应力,MPa;

K_1——系数,根据公式(2－42)计算参数 u、β,查《规范》中图 5. 3 或表 5. 2 确定;

R——跨距内耐压船体最大半径,mm。

2.7.4.2　肋骨强度

根据《规范》7. 3,肋骨应力按下式计算

$$\sigma_f = K_f P_c R / (t\cos\gamma) \tag{2-43}$$

并满足下式要求:

$$\sigma_f \leqslant 0.6\sigma_s \tag{2-44}$$

K_f 根据公式(2－45)计算参数 u、β,查《规范》中图 5. 4 或表 5. 3 确定

$$\left.\begin{aligned} u &= 0.642l/\sqrt{Rt\cos\gamma} \\ \beta &= lt/(A\cos\gamma) \end{aligned}\right\} \tag{2-45}$$

式中　σ_f——肋骨应力,MPa;

K_f——系数,根据公式(2－45)计算参数 u、β,查《规范》中图 5. 4 或表 5. 3 确定;

R——肋骨处耐压船体最大半径,mm;

t——肋骨处壳板最小计算厚度,mm。

2.8 耐压船体有限元建模方法及应力计算

MSC. Patran 是一个集成的并行框架式有限元前后处理及分析仿真系统，广泛应用于船舶领域。

使用 Patran 进行有限元分析通常有以下几个步骤：

(1)创建几何模型

创建几何模型是进行有限元分析的基础，patran 中可以通过 geometry 模块创建(creat)、删除(delete)、编辑(edit)、显示(show)、变换(transform)等操作，也可以从其他 CAD 系统中获取 CAD 信息从而建立几何模型。对于简单的模型一般可以通过点线、面的思路直接建立，而对于较为复杂的船体外壳等模型，一般通过直接导入已有的 CAD 型线的方法建立几何模型。

(2)划分有限元网格；

Patran 中提供了较为丰富的单元库，从点、线、面到实体都有相对应的单元形状和不同的拓扑形式。船体建模中常用的单元形式有：点(point)单元、梁/杆(beam)单元、三角形(tri)单元、四边形(quad)单元等、用于模拟板的单元以四边形单元为主；在构件连接和圆弧过渡的地方尽量避免三角形单元或采用少量三角形单元。

以例 2-1 参数建立的有限元模型见图 2-16。

图 2-16　有限元模型

(3)创建材料属性

进入 Materials 模块，可以创建材料属性(图 2-17)。一般有以下过程：输入材料名称，输入材料属性，如弹性模量、泊松比、密度等。

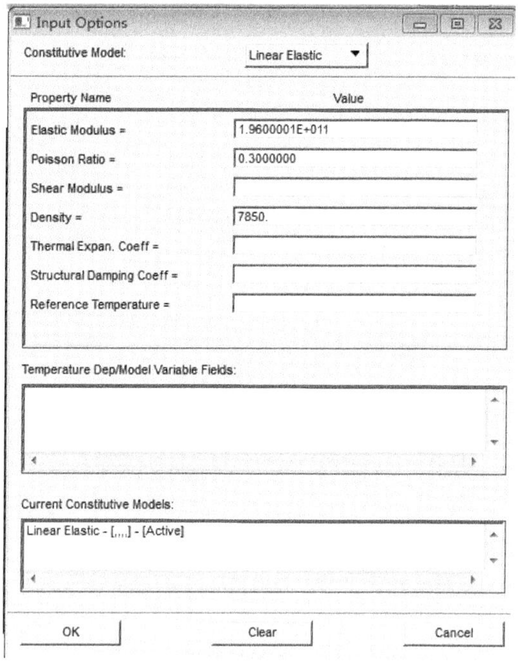

图 2－17　材料属性输入界面

(4)添加单元属性

进入 Properties 模块,可以定义单元属性,如板单元的厚度、梁单元的截面等。

对于板单元一般只需要设置材料和板厚。而梁单元一般需要设置材料、截面、法向和偏移(图 2－18、图 2－19、图 2－20)。

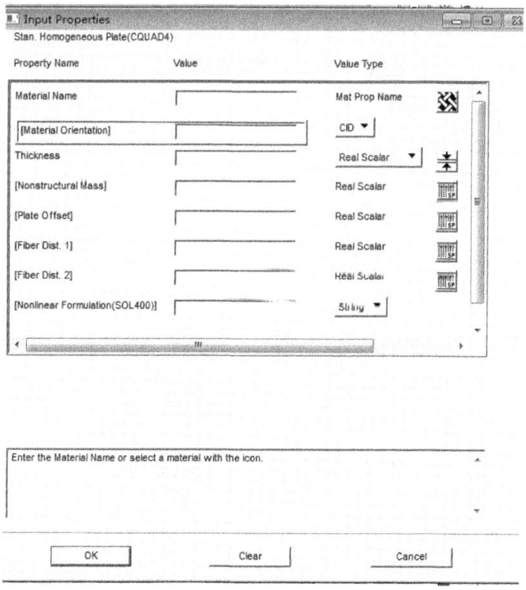

图 2－18　板单元的输入面板

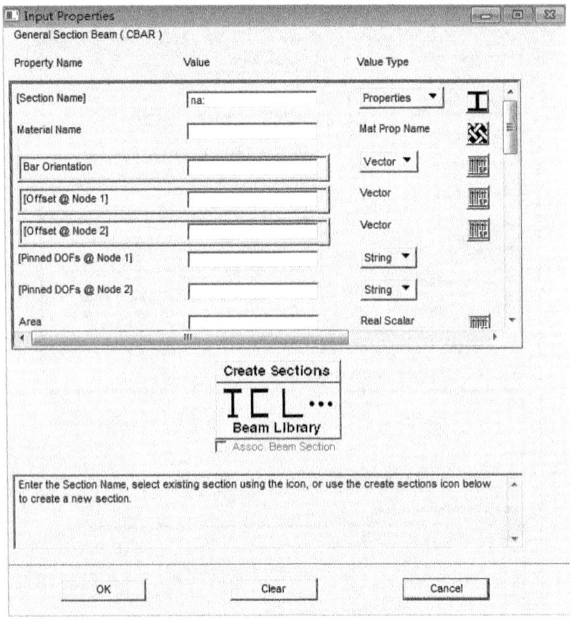

图 2-19　梁单元的输入面板

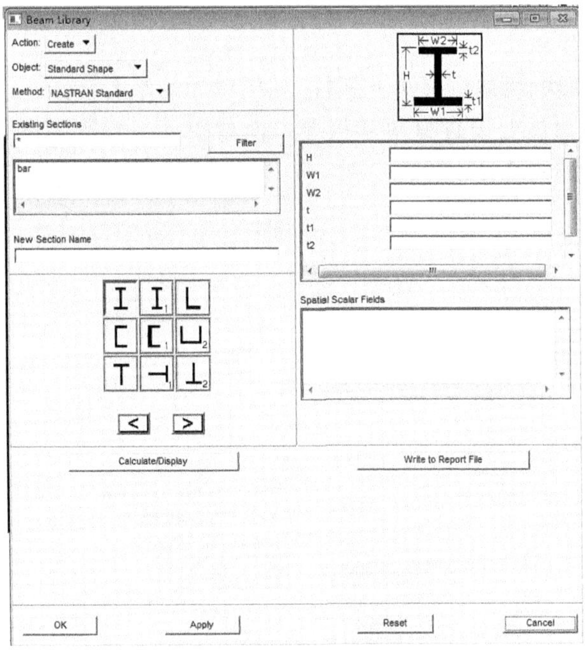

图 2-20　梁单元的截面库

(5)工况及边界条件

载荷/边界条件是有限元分析中不可缺少的部分。潜艇在深水中一般受静水压力，对于此类问题一般通过在耐压壳上添加相应水深的静水压力(pressure)作为载荷。边界条件一般采用惯性释放处理。

模型边界条件一般采取惯性释放，惯性释放是 MSC. NASTRAN 中的一个高级应用，允许对完全无约束的结构进行静力分析。简单地说就是用结构的惯性力来平衡外力。尽管结构没有约束，分析时仍假设其处于一种“静态”的平衡状态。采用惯性释放功能进行静力分析时，只需要对一个节点进行6个自由度的约束。针对该支座，程序首先计算在外力作用下每个节点在每个方向上的加速度，然后将加速度转化为惯性力反向施加到每个节点上，由此构造一个平衡的力系。求解得到的位移描述所有节点相对于该支座的相对运动。

(6)分析和结果处理。

对设置了工况及边界条件的模型进行计算，可以得到相应的应力分布，如板单元 mises 应力(图2－21)、梁单元轴向应力(图2－22)等。

根据云图结果或提取节点、单元应力数值，参照应力衡准，完成强度校核。

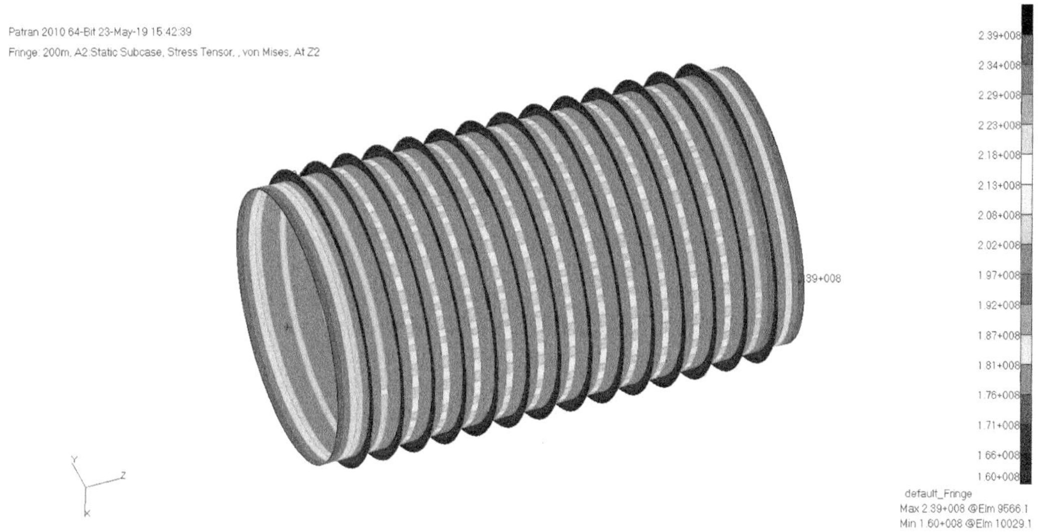

图2－21　板单元 mises 应力

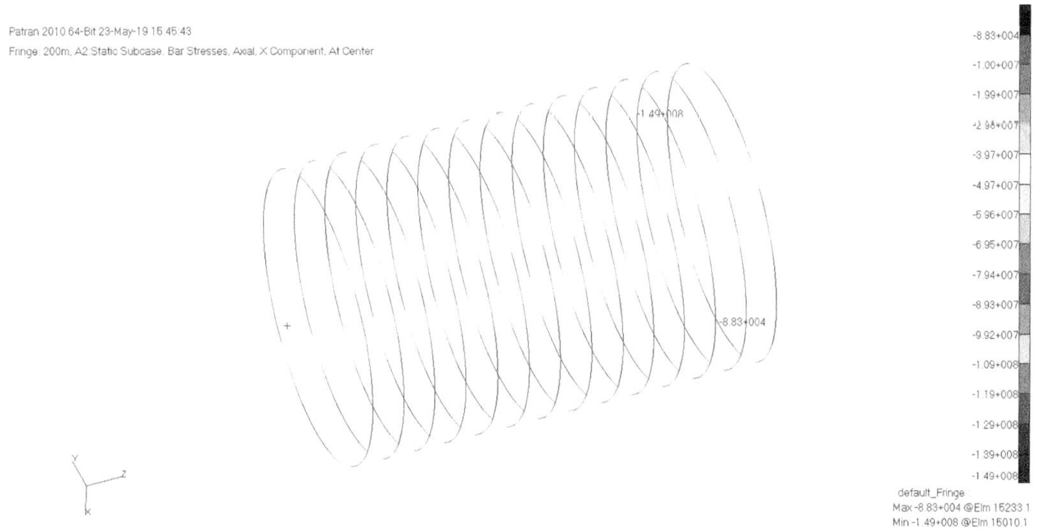

图2－22　梁单元轴向应力

第 3 章

耐压船体的稳定性计算

3.1 概　　述

3.1.1 耐压船体稳定性计算的重要意义

前面我们在研究圆柱壳的应力计算时,认为在均匀外压力的作用下,由于结构及载荷均是轴对称的,因而壳的变形也将是轴对称的。即在圆周方向仅出现均匀压缩变形而没有弯曲,可以从圆柱壳上任意切出一根单位宽度的梁带来研究。同时在母线方向上壳的变形对称于每根肋骨,因而只需研究其中的一个肋骨间距。这样使圆柱壳的应力计算归结为图 2－7所示的力学模型来研究,即按弹性基础单跨梁来研究。

上述圆柱壳变形的描述,仅当作用在壳上的外压力 P 处在某一范围之内(壳失稳之前)才是符合实际的。当外压力 P 继续增大,达到某一临界值时,壳的变形从量变转为质变,圆柱壳丧失其稳定性。则上述壳变形的对称性完全被破坏,外压力和变形的线性关系也不存在了,甚至在载荷不变的情况下壳的变形还继续急剧增大直到使壳体破坏。因而,圆柱壳失稳的临界压力 P_{cr}就是壳的破坏压力。

在潜艇结构的设计与计算中,不但要保证壳体中的应力小于规定的许用应力值,也要保证壳体具有足够的稳定性,而且保证壳的稳定性往往还更为重要。在耐压圆柱壳或圆锥壳内设置一系列环向肋骨,以及必要时还要设置中间支骨或特大肋骨,都是为了提高圆柱壳(或圆锥壳)的稳定性出发的。由于现代潜艇愈来愈多地采用 σ_s 更高的强度钢以减轻耐压船体的重量,因而保证船体的稳定性问题也就愈加重要了。

3.1.2 圆柱壳可能失稳的几种情况

在均匀外压力作用下,圆柱壳失稳的形状有若干种可能,取决于它的结构形式与结构尺寸。下面我们以具有肋骨和中间支骨的圆柱壳为例,用夸大的比例作示意图说明可能失稳的几种形状,见图 3－1 所示,并分析在什么情况下可能出现哪种失稳形状。

3.1.2.1 壳板局部失稳

当肋骨及中间支骨的刚度足够大,即超过它们的临界刚度时,在均匀外压力 P 增大时可能首先出现这种失稳形状。这时主肋骨及中间支骨均保持它们自身的正圆形不变,成为壳板的刚性支座周界,壳板在肋骨和中间支骨之间形成一个半波。

在许多间距内形成若干连续的凹凸交潜半波，切开横剖面看，则在整个圆周上形成许多凹凸交替半波，如图 3－1(a)所示。

3.1.2.2　中间支骨失稳

当肋骨刚度超过其临界刚度，而中间支骨小于其临界刚度时，可能出现这种失稳形状。这时，肋骨保持其自身的正确圆形不变，成为壳体的刚性支座周界，而中间支骨将连同壳板一起失稳。壳在母线方向上，每个肋骨间距内形成一个半波，在若干肋骨间距内形成若干连续的凹凸交替半波。在横剖面整个圆周上，形成若干凹凸交替的半波，其波数比之壳板局部失稳的波数要少一些，但比肋骨失稳时的波数要多得多，如图 3－1(b)。

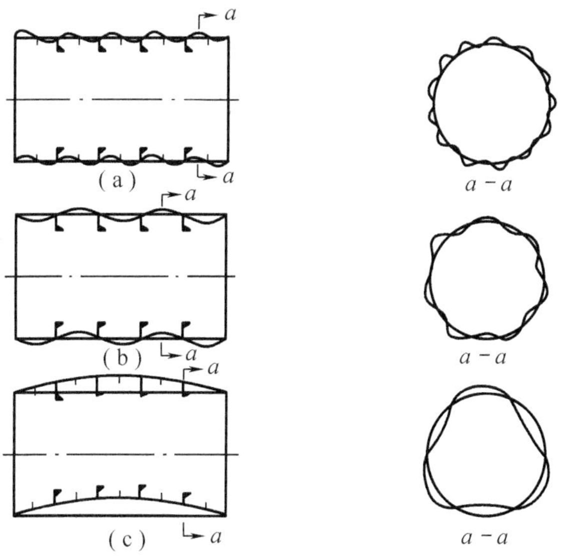

图 3－1　耐压船体各类失稳形状

3.1.2.3　肋骨失稳——整个舱段内圆柱壳丧失其总稳定性

当肋骨刚度小于其临界刚度，外压力超过其临界压力时，肋骨将连同壳板和中间支骨一起在舱段内失稳。这时，仅舱段的两端舱壁或特大肋骨保持正圆形不变，成为壳的刚性支座周界。壳体在母线方向上，整个舱段只形成一个半波，在横剖面整个圆周上，形成两个、三个或四个整波($n=2,3$ 或 4)，如图 3－1(c)所示。

上面以具有肋骨和中间支骨和圆柱壳为例，说明在什么情况下可能出现哪种失稳形状。如果圆柱壳上有肋骨和特大肋骨，而没有中间支骨，则在各种情况下可能出现哪几种失稳形状，这些问题将在 3.3 节中再加讨论。

耐压圆柱壳不论出现哪种失稳状态，均将在壳体内产生巨大的弯曲应力而使壳体破坏。因而在潜艇的结构设计中，必须保证耐压船体的计算压力作用下，不会出现任何一种失稳状态。在实际设计计算中，正是通过壳板的稳定计算来确定壳板的厚度与跨度(肋骨间距)，通过中间支骨的稳定计算来确定支骨刚度，通过肋骨的稳定计算来确定肋骨的刚度。如果有特大肋骨的话，也正是通过特大肋骨的稳定计算来确定特大肋骨的刚度。这就要求我们对所有各种失稳形状进行研究，并推导它们的临界压力计算公式。

3.1.3　用李茨法研究薄壳稳定性的一般步骤

能量法是研究弹性体稳定性问题的常用方法之一，尤其对于比较复杂的问题，用能量法求解往往比较简单。下面我们采用能量法中的一种常用方法——李茨法来推导圆柱壳的各类稳定公式。这种方法的一般步骤如下：

首先要选择能确定该壳体偏离其初始平衡位置的位移，并能满足边界上运动条件的基函数，还要建立壳中面应变以及壳任意点应变和其位移分量的几何关系式。再推导壳的应变能 V 和外力功 U 与壳应变的关系式。通过这些关系式可以求得偏离后壳的总位能

$\Pi = V - U$的表达式。再利用最小位能原理,推导壳的稳定性方程。

(1)确定位移函数　$u_i = f(x, y)$

(2)建立位移与应变的关系　$u_i = f(\varepsilon_{ij})$

(3)确定应变能与外力功　V_i, U_i

(4)确定总位能　$\Pi = f(V_i,\ U_i)$

(5)最小位能原理　$\dfrac{\partial \Pi}{\partial A_i} = 0$

(6)推导出理论临界压力表达式 $P_E = f(t, \beta, D\cdots)$

3.2　一般环肋圆柱壳在舱段内的总稳定性

现在我们来研究具有一系列同刚度等间距环肋的封闭圆柱壳,在均匀外压力作用下在舱段内的总稳定性。壳失稳的形状如图 3 - 2 所示。采用的坐标系(圆柱面坐标)及代表符号,均与第 2 章相同。研究方法将采用里兹法(Ritz method)。按照上述的一般步骤,分别讨论如下。

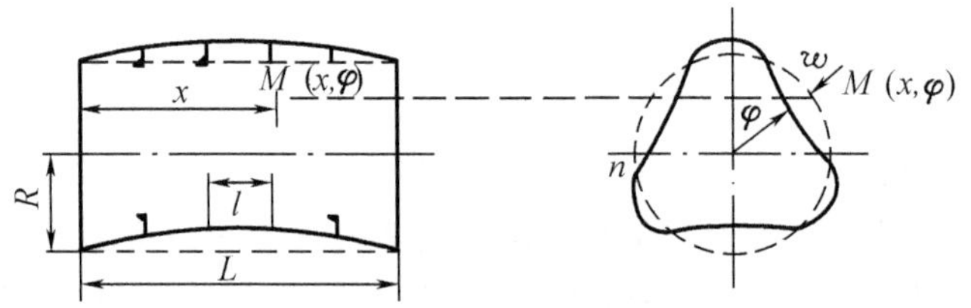

图 3 - 2　舱段内总失稳形状

3.2.1　位移表达式

当圆柱壳丧失总稳定性时,壳的两端可以认为是自由支持在刚性支座周界上。因此,位移 v 和 w 在两端应该等于零。壳失稳后的变形是连续的,位移的三个分量都应该是坐标 φ 的周期函数,取坐标原点在左端舱壁处。于是,表示所求的圆柱壳位移并能满足上述条件的函数可以选取为:

$$
\begin{aligned}
u &= A\sin n\varphi\cos\frac{m\pi x}{L}\\
v &= B\cos n\varphi\sin\frac{m\pi x}{L}\\
w &= C\sin n\varphi\sin\frac{m\pi x}{L}
\end{aligned}
\tag{3-1}
$$

式中　u——沿圆柱壳长度(x 轴)方向的变形;

v——沿圆柱壳横截面周向上的变形;

w——沿圆柱壳横截面径向上的变形;

L——在两端限制壳的横舱壁的间距,cm;

m——壳失稳时沿壳的长度方向形成的半波数；

n——壳失稳时沿壳的圆周上形成的整波数；

A、B 和 C——未知常数。

3.2.2　应变表达式

3.2.2.1　壳中面的应变

与平板弯曲的研究相类似。薄壳的应变也可用下述六个分量来表征，这六个分量是：两个线应变 ε_1^0 和 ε_2^0，一个剪应变 γ_0，两个曲率 χ_1 和 χ_2 以及一个扭率 χ_{12}。下面分别研究这些应变分量和位移分量之间的几何关系式。

(1)母线方向的线应变(相对伸长)ε_1^0

由于圆柱壳的母线是直线，因而它的线应变与位移分量的几何关系式和平板中的相应关系式一样，即

$$\varepsilon_1^0=\frac{\partial u}{\partial x}+\frac{1}{2}\left(\frac{\partial w}{\partial x}\right)^2$$

这里只研究壳的小挠度稳定性，上式右边第二项(非线性项)可以略去不计。因而可得

$$\varepsilon_1^0=\frac{\partial u}{\partial x} \tag{a}$$

(2)子线(圆周)方向之线应变 ε_2^0

壳中面沿母线方向之位移 u 并不影响 ε_2^0，因为它们是彼此垂直的。应变 ε_2^0 是由位移 v 和 w 引起的，如图 3-3 所示。

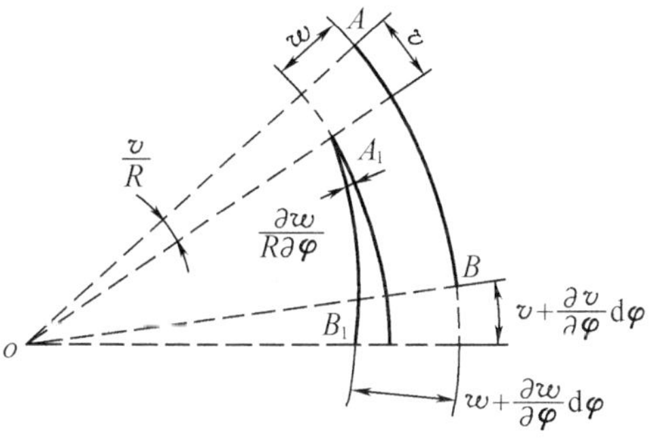

图 3-3　壳变形后周向线段的变化

壳中面弧段 $\overset{\frown}{AB}=R\mathrm{d}\varphi$，变形后为 $\overset{\frown}{A_1B_1}$。由于壳中面沿半径方向的位移(向圆心移动为正)w，引起中面弧线长度的变化为

$$(\varepsilon_2^0)^w=\frac{(R-w)\mathrm{d}\varphi-R\mathrm{d}\varphi}{R\mathrm{d}\varphi}=-\frac{w}{R}$$

假定在 A 点沿子线切线方向之位移 v，则在 B 点相应位移 $v+\frac{\partial v}{\partial\varphi}\mathrm{d}\varphi$，从而引起的相对伸长为

$$(\varepsilon_2^0)^v=\frac{v+\frac{\partial v}{\partial\varphi}\mathrm{d}\varphi-v}{R\mathrm{d}\varphi}=\frac{1}{R}\cdot\frac{\partial v}{\partial\varphi}$$

在壳微小变形的情况下，壳中面沿子线方向总的线应变应该等于上述两个分量之和，即

$$\varepsilon_2^0=(\varepsilon_2^0)^w+(\varepsilon_2^0)^v=\frac{1}{R}\left(\frac{\partial v}{\partial\varphi}-w\right) \tag{b}$$

(3)壳中面的剪应变 γ^0

在平板弯曲中，板中面的剪应变与位移的关系式为

$$\gamma^0 = \frac{\partial u}{\partial y} + \frac{\partial v}{\partial x} + \frac{\partial w \partial w}{\partial x \partial y}$$

由于所研究的是小挠度应变，上式右边第三项可以略去不计，再考虑到圆柱壳与平板不同，它的子线为圆弧，采用的坐标系为圆柱面坐标，在上式中应该取 $dy = Rd\varphi$ 代入，由此得到

$$\gamma^0 = \frac{\partial u}{R\partial\varphi} + \frac{\partial v}{\partial x} \tag{c}$$

(4)壳中面沿母线方向的曲率变化χ_1

由于壳的母线为直线，因此应变χ_1 应与平板弯曲中相应关系式完全一样，即

$$\chi_1 = \frac{\partial^2 w}{\partial x^2} \tag{d}$$

(5)壳中面沿圆周方向的曲率变化χ_2

曲率变化χ_2 可以由图 3－3 中$\widehat{AB}$的两个端点 A 或 B 对该弧线所作的切线(或法线)，以壳变形时的相对转角来决定。

在变形时 A 点之切线(或法线)，由于位移 v 引起的转角为 v/R，由于位移 w 引起的转角为周向变形 v 引起的转角与径向变形 w 引起的转角之和。

$$\left(w + \frac{\partial w}{\partial\varphi}d\varphi - w\right)\bigg/ Rd\varphi = \frac{1}{R}\frac{\partial w}{\partial\varphi}$$

即$\widehat{AB}$在 A 点引起的转角为周向变形 v 引起的转角与经向变形 w 引起的转角之和

$$\theta_A = \frac{1}{R}\frac{\partial w}{\partial\varphi} + \frac{v}{R}$$

故转角 θ_A 沿圆周方向上单位长度的相对转角为

$$\chi_2 = \frac{\partial\theta_A}{R\partial\varphi} = \frac{1}{R^2}\left(\frac{\partial^2 w}{\partial\varphi^2} + \frac{\partial v}{\partial\varphi}\right) \tag{e}$$

(6)壳中面的扭率χ_{12}

壳中面的扭率χ_{12}，可以由单位长度的相对扭转角来表征。如图 3－4 所示，单元体 $ABCD$，它的一双对边$\widehat{AB}$和$\widehat{CD}$为 $Rd\varphi$，另一双对边$\overline{AD}$和$\overline{BC}$的长度为 dx。假定以 A 点为原点取直角坐标系，令 x 轴沿$\overline{AD}$方向，y 轴与$\widehat{AB}$相切于 A 点，z 轴沿半径指向圆心。设 $ABCD$ 变形后为 $A_1B_1C_1D_1$ 我们将 A_1 点移到 A 点使之重合。

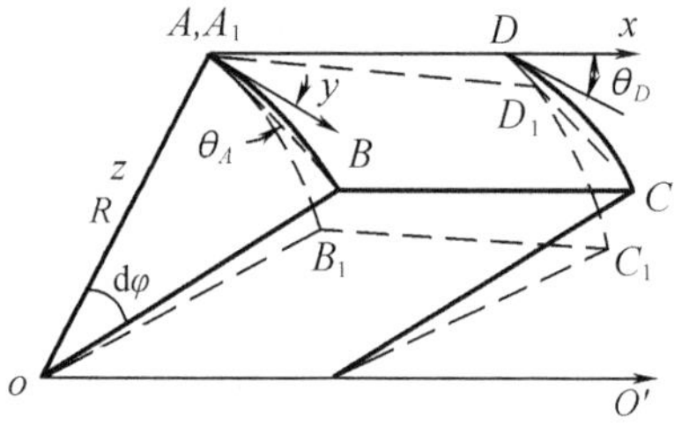

图 3－4　壳体内单元体受力后的变形

前面我们已求得，壳变形后 A 点之切线(或法线)绕 x 轴的转角为

$$\theta_A = \frac{1}{R}\frac{\partial w}{\partial\varphi} + \frac{v}{R}$$

故$\widehat{DC}$相对$\widehat{AB}$绕 x 轴的单位长度扭转角为

$$\chi_{12} = \chi_{21} = \frac{\partial\theta_A}{\partial x} = \frac{1}{R}\left(\frac{\partial^2 w}{\partial\varphi\partial x} + \frac{\partial v}{\partial x}\right) \tag{f}$$

从上式可知，径向的扭转引起周向的转角变化等于周向的扭转引起的径向的转角变化。

这里要注意，在研究壳的稳定性问题时，壳中面在子线方向的绕应变 ε_2^0 是很微小的，使得在确定 χ_2 时可以认为 $\varepsilon_2^0=0$。由(b)式得到 $\frac{\partial v}{\partial \varphi}=w$，代入(e)式，可以得到曲率变化 χ_2 的另一个表达式

$$\chi_2=\frac{1}{R^2}\left(\frac{\partial^2 w}{\partial \varphi^2}+w\right) \tag{g}$$

在以后的推导中，我们可任意取(e)式或(g)式表达 χ_2。但必须指出，仅当决定 χ_2 时才可以认为 $\varepsilon_2^0=0$，但在计算壳的应变能时，忽略这些应变会导致重大的错误。

到此为止，我们所需要的壳中面应变分量已全部求得。下面我们选取(a)、(b)、(c)、(d)、(g)和(f)式表征壳的中面应变，将位移表达式(3-1)分别代入这些关系式即可求得壳中面应变相应的表达式为

$$\left.\begin{aligned}
&\text{母线方向上的线应变} && \varepsilon_1^0=\frac{\partial u}{\partial x}=-A\,\frac{m\pi}{L}\sin n\varphi\sin\frac{m\pi x}{L}\\
&\text{子线(圆周)方向上的线应变} && \varepsilon_2^0=\frac{1}{R}\left(\frac{\partial v}{\partial \varphi}-w\right)=-(nB+C)\frac{1}{R}\sin n\varphi\sin\frac{m\pi x}{L}\\
&\text{壳中面的剪应变} && \gamma^0=\frac{\partial u}{R\partial \varphi}+\frac{\partial v}{\partial x}=\left(\frac{n}{R}A+\frac{m\pi}{L}B\right)\cos n\varphi\cos\frac{m\pi x}{L}\\
&\text{壳中面沿母线方向的曲率变化} && \chi_1=\frac{\partial^2 w}{\partial x^2}=-C\,\frac{m^2\pi^2}{L^2}\sin n\varphi\sin\frac{m\pi x}{L}\\
&\text{壳中面沿圆周方向的曲率变化} && \chi_2=\frac{1}{R^2}\left(\frac{\partial^2 w}{\partial \varphi^2}+w\right)=-\frac{n^2-1}{R^2}C\sin n\varphi\sin\frac{m\pi x}{L}\\
&\text{壳中面的扭率} && \chi_{12}=\frac{1}{R}\left(\frac{\partial^2 w}{\partial \varphi\partial x}+\frac{\partial v}{\partial x}\right)=(nC+B)\frac{1}{R}\frac{m\pi}{L}\cos n\varphi\cos\frac{m\pi x}{L}
\end{aligned}\right\} \tag{3-2}$$

3.2.2.2　壳断面上任意点的应变

前面我们研究了壳中面应变和位移之间的几何关系，下面我们再来研究离壳中面距离为 z 的任意点的应变，推导它们和中面应变之关系式。

先研究壳上任一点沿母线方向的线应变 ε_1，由于壳的母线为直线，和平板弯曲的理论一样，存在以下的关系式

$$\varepsilon_1=\varepsilon_1^0-z\frac{\partial^2 w}{\partial x^2}=\varepsilon_1^0-z\chi_1 \tag{h}$$

再来研究壳上任一点沿子线切线方向的线应变 ε_2，在壳中切出一个中面弧长为 $ds=Rd\varphi$ 的微段，如图 3-5 所示，变形前中面弧长为 $\overset{\frown}{AB}$，离中面距离为 z 的弧为 $\overset{\frown}{A_1B_1}$。壳变形后分别为 $\overset{\frown}{A'B'}$ 和 $\overset{\frown}{A_1'B_1'}$。为研究方便起见，将 A' 和 A_1' 点移到 A 和 A_1 点位置使之重合，分别以 R 和 R' 表示变形前后的中面曲率半径，则

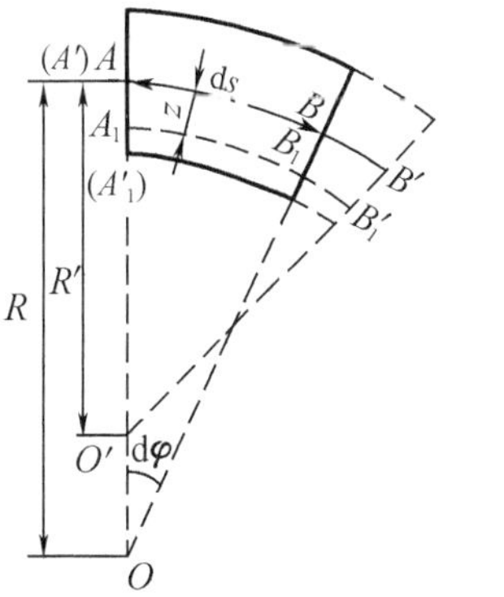

图 3-5　壳体内周向线段的变形

$$\widehat{AB} = \mathrm{d}s, \quad \widehat{A_1'B_1'} = \mathrm{d}s(1+\varepsilon_2^0), \quad \widehat{A_1B_1} = \mathrm{d}s\left(1-\frac{z}{R}\right)$$

$$\widehat{A_1'B_1'} = A'B'\left(1-\frac{z}{R'}\right) = \mathrm{d}s(1+\varepsilon_2^0)\left(1-\frac{z}{R'}\right)$$

由此求得$\widehat{A_1B_1}$的线应变为

$$\varepsilon_2 = \frac{\widehat{A_1'B_1'} - \widehat{A_1B_1}}{\widehat{A_1B_1}} = \frac{\varepsilon_2^0}{1-\dfrac{z}{R}} - \frac{z}{1-\dfrac{z}{R}}\left[(1+\varepsilon_2^0)\frac{1}{R'} - \frac{1}{R}\right]$$

式中 z/R 与 ε_2^0 都是微量,与 1 相比可略去不计。故

$$\varepsilon_2 = \varepsilon_2^0 - z\left(\frac{1}{R'} - \frac{1}{R}\right) = \varepsilon_2^0 - z\chi_2 \tag{i}$$

最后我们来研究剪应变 γ 沿壳厚度上的变化规律。在壳上用两个横剖面和两个纵剖面切出一个矩形单元体,如图 3-6 所示。离中面距离为 z 并平行于中面的矩形曲面为 $A_1B_1C_1D_1$,选取直角坐标系与图 3-4 一样。

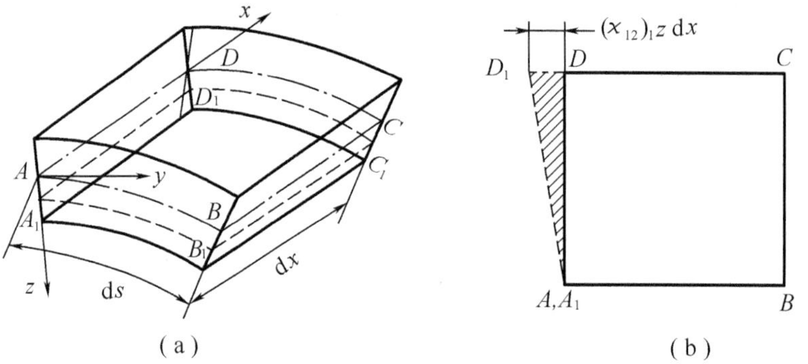

图 3-6　壳体内单元受力后变形

变形后,单元体绕 x 轴扭转的相对扭角为$(\chi_{12})_1$,绕 y 轴扭转的相对扭角为$(\chi_{12})_2$。由于相对扭角$(\chi_{12})_1$,法线 DD_1 相对法线 AA_1 绕 x 轴转动一个角度$(\chi_{12})_1\mathrm{d}x$。令 A_1 点保持不动,则 D_1 点将相应向外移动一个距离为$(\chi_{12})_1z\mathrm{d}x$,如图 3-6(b)所示。夹角$\angle B_1A_1D_1$ 在壳变形前为直角,变形后引起夹角的增值(图中用阴影线涂出)为

$$\frac{(\chi_{12})_1 z\mathrm{d}x}{\mathrm{d}x} = z(\chi_{12})_1$$

规定剪应变 γ 以引起夹角减小为正值。因而与中面距离为 z 的面上由相对扭角$(\chi_{12})_1$引起的剪应变为 $-z(\chi_{12})_1$,同理,由于相对扭角$(\chi_{12})_2$ 引起的剪应变为 $-z(\chi_{12})_2$。此外,该面上同样还存在与中面相同的剪应变 γ^0,因而在该面上总的剪应变为

$$\gamma = \gamma^0 - z[(\chi_{12})_1 + (\chi_{12})_2]$$

由于$(\chi_{12})_1 = (\chi_{12})_2 = \chi_{12}$,代入上式得

$$\gamma = \gamma^0 - 2z\chi_{12} \tag{j}$$

归纳起来,壳上距离中面为 z 的任一点的应变与中面应变之间的关系式为

$$\left.\begin{aligned}&\text{沿母线方向的应变} && \varepsilon_1=\varepsilon_1^0-z\chi_1\\ &\text{沿子线方向的应变} && \varepsilon_2=\varepsilon_2^0-z\chi_2\\ &\text{沿厚度方向的应变} && \gamma=\gamma^0-2z\chi_{12}\end{aligned}\right\}\qquad(3-3)$$

3.2.3　圆柱壳的应变能

3.2.3.1　壳板的应变能

由弹性力学可知,任意弹性体系的应变能的一般表达式为

$$V=\frac{1}{2}\iiint[\sigma_x\varepsilon_x+\sigma_y\varepsilon_y+\sigma_z\varepsilon_z+\tau_{xy}\gamma_{xy}+\tau_{yz}\gamma_{yz}+\tau_{zx}\gamma_{zx}]\mathrm{d}x\mathrm{d}y\mathrm{d}z\qquad(\mathrm{k})$$

根据直法线假设,$\gamma_{yz}=\gamma_{zx}=\sigma_z=0$,根据双向应力状态的虎克定律,即

$$\sigma_x=\frac{E}{1-\mu^2}(\varepsilon_x+\mu\varepsilon_y)$$

$$\sigma_y=\frac{E}{1-\mu^2}(\varepsilon_y+\mu\varepsilon_x)$$

$$\tau_{xy}=\frac{E}{2(1-\mu)}\gamma_{xy}$$

代入(k)式,消去应力分量(用应变分量代替之)。在圆柱壳中,用 $R\mathrm{d}\varphi$ 取代式中之 $\mathrm{d}y$。并用 ε_1、ε_2 和 γ 取代式中之 ε_x、ε_y 和 γ_{xy},即可得到

$$V=\frac{1}{2}\frac{E}{1-\mu^2}\iiint\left[\varepsilon_1^2+\varepsilon_2^2+2\mu\varepsilon_1\varepsilon_2+\frac{1}{2}(1-\mu)\gamma^2\right]R\mathrm{d}\varphi\mathrm{d}x\mathrm{d}z\qquad(\mathrm{l})$$

再将(3-3)式代入上式,沿壳厚从 $z=-\dfrac{t}{2}$ 到 $z=\dfrac{t}{2}$ 进行积分。从而得到

$$\left.\begin{aligned}V_1&=\frac{D}{2}\iint[(\chi_1+\chi_2)^2-2(1-\mu)(\chi_1\chi_2-\chi_{12}^2)]R\mathrm{d}\varphi\mathrm{d}x\\ V_2&=\frac{1}{2}\frac{Et}{1-\mu^2}\iint\left\{(\varepsilon_1^0+\varepsilon_2^0)^2-2(1-\mu)\left[\varepsilon_1^0\varepsilon_2^0-\frac{1}{4}(\gamma^0)^2\right]\right\}R\mathrm{d}\varphi\mathrm{d}x\\ V&=V_1+V_2\end{aligned}\right\}\qquad(3-4)$$

式中

$$D=\frac{Et^3}{12(1-\mu^2)}$$

在上述式中,V_1 由壳的曲率变化 χ_1、χ_2 和扭率 χ_{12} 决定,称为壳的弯曲应变能。V_2 由壳的中面应 ε_1^0、ε_2^0 和 γ^0 决定,称为壳的中面应变能,也称为拉压应变能。

将(3-2)式代入(3-4)式,积分后求得

$$\left.\begin{aligned}V_1=&\frac{\pi LD}{4RR^2}\{2(1-\mu)m^2\alpha^2B^2+4(1-\mu)m^2\alpha^2nBC\\ &+[(m^2\alpha^2+n^2-1)^2+2(1-\mu)m^2\alpha^2]C^2\}\\ V_2=&\frac{\pi L}{4R}\frac{Et}{1-\mu^2}\left\{\left[m^2\alpha^2+\frac{1}{2}(1-\mu)n^2\right]A^2+(1+\mu)mn\alpha AB\right.\\ &\left.+\left[n^2+\frac{1}{2}(1-\mu)m^2\alpha^2\right]B^2+2nBC+2\mu m\alpha AC+C^2\right\}\end{aligned}\right\}\qquad(3-5)$$

式中

$$\alpha=\pi R/L$$

3.2.3.2 肋骨的应变能

当环肋圆柱壳丧失总稳定性时,肋骨将随壳板一起失稳变形。在计算圆柱壳的应变能时,还必须考虑肋骨的应变能。我们由材料力学可知,直杆的拉压与弯曲应变能的表达式为

$$V = \frac{EA}{2}\int_0^l \varepsilon_x^2 \mathrm{d}x + \frac{EI}{2}\int_0^l \left(\frac{\mathrm{d}^2 w}{\mathrm{d}x^2}\right)^2 \mathrm{d}x$$

先研究一根肋骨的应变能,可以把肋骨看成封闭曲杆,即圆环。对于曲杆,仅须将上式中的坐标 x 换成曲线坐标 $s = R\varphi$,$\mathrm{d}x$ 换成 $\mathrm{d}s = R\mathrm{d}\varphi$,并将直杆的曲率$\frac{\mathrm{d}^2 w}{\mathrm{d}x^2}$换成曲杆的曲率变化$\chi_2$。以圆环的全长积分,也就是从 0 到 2π 进行积分。这样变换以后,即可求得每根肋骨的应变能力为

$$(V_{3i})_{x=il} = \frac{EA}{2}\int_0^{2\pi} (\varepsilon_2^0)^2 R\mathrm{d}\varphi + \frac{EI}{2}\int_0^{2\pi} \chi_2^2 R\mathrm{d}\varphi$$

当用能量法研究压杆的稳定性问题时,可以认为杆的压缩应变能很微小,和杆的弯曲应变能相比可略去不计。同理,和肋骨的弯曲应变能相比较也可以略去肋骨的压缩应变能,使公式大大简化而造成误差很微小,因而一根肋骨的应变能为

$$(V_{3i})_{x=il} = \frac{EI}{2}\int_0^{2\pi} \chi_2^2 R\mathrm{d}\varphi$$

式中圆周方向曲率变化

$$\chi_2 = \frac{1}{R^2}\left(\frac{\partial^2}{\partial\varphi^2} + w\right) = -\frac{n^2 - 1}{R^2} C\sin\frac{m\pi x}{L}\sin n\varphi$$

积分得

$$(V_{3i})_{x=il} = \frac{EI}{2R^3}\pi(n^2 - 1)^2 C^2 \sin^2\frac{m\pi x}{L}$$

整个舱段内肋骨的总数为$(L/l - 1)$根,将所有肋骨的应变能叠加,即可求得整个舱段内全部肋骨的应变能 V_3。

$$V_3 = \sum_{i=1}^{L/l-1} (V_{3i})_{x=il} = \frac{EI}{2R^3}\pi(n^2 - 1)^2 C^2 \sum_{i=1}^{L/l-1} \sin^2\frac{im\pi l}{L}$$

$$\sum_{i=1}^{L/l-1} \sin^2\frac{im\pi l}{L} = \frac{1}{2}\sum_{i=1}^{L/l-1}\left(1 - \cos\frac{2im\pi l}{L}\right) = \frac{1}{2}\left(\frac{L}{l} - 1\right) - \frac{1}{2}\sum_{i=1}^{L/l-1}\cos\frac{2im\pi l}{L}$$

因为

$$\sum_{i=1}^{n}\cos i\theta = \frac{\sin\frac{1}{2}n\theta\cos\frac{1}{2}(n+1)\theta}{\sin\frac{\theta}{2}}$$

所以

$$\sum_{i=1}^{L/l-1}\cos\frac{2im\pi l}{L} = \frac{\sin\left[\left(\frac{L}{l} - 1\right)\frac{im\pi l}{L}\right]\cdot\cos\left[\frac{L}{l}\cdot\frac{im\pi l}{L}\right]}{\sin\frac{im\pi l}{L}}$$

上式中

$$\sin\left[\left(\frac{L}{l} - 1\right)\frac{im\pi l}{L}\right] = \sin(im\pi)\cos\frac{im\pi l}{L} - \cos(im\pi)\sin\frac{im\pi l}{L}$$

$$= -\cos(im\pi)\sin\frac{im\pi l}{L}$$

故
$$\sum_{i=1}^{L/l-1}\cos\frac{2im\pi l}{L} = -\cos^2(im\pi l) = -(\pm 1)^2 = -1$$

则
$$\sum_{i=1}^{L/l-1}\sin^2\frac{im\pi l}{L} = \frac{1}{2}\left(\frac{L}{l}-1\right)-\frac{1}{2}(-1) = \frac{1}{2}\frac{L}{l}$$

即
$$V_3 = \frac{\pi L}{4R}\cdot\frac{EI}{R^2 l}(n^2-1)^2C^2 \tag{3-6}$$

3.2.4 外力功的表达式

为了研究外力在壳偏离其初始平衡位置时所做的功,我们用两个横剖面和两个纵剖面,从壳中截取单元体 $ABCD$ 来研究。单元体的边长分别为 $\mathrm{d}x$ 和 $R\mathrm{d}\varphi$,在其外表面上受到均匀法向外压力 P,并在其横剖面和纵剖面上,分别受到压缩力 T_1 和 T_2 的作用,如图 3-7(a)所示。这些力在初始平衡位置就存在,因而都应该当作为外力看待。下面分别研究这些力在壳失稳而偏离其初始平衡位置时所做的功。

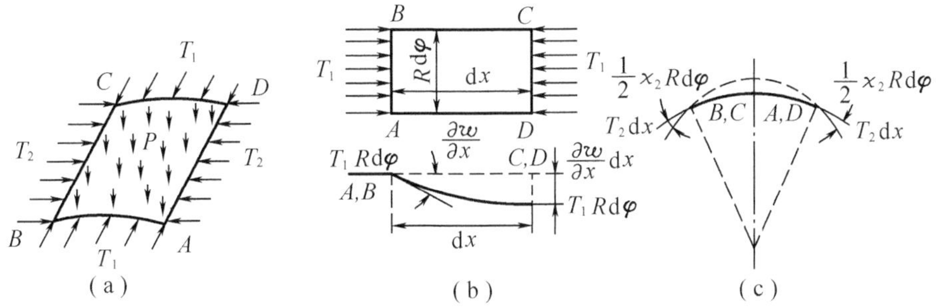

图 3-7　壳单元体的受力

3.2.4.1 纵向压缩力 T_1 所做的功

如图 3-7(b)所示,单元体 $ABCD$ 沿母线方向受到压缩力 T_1 的作用,受力边长为 $R\mathrm{d}\varphi$,因而边上受到的合力是 $T_1R\mathrm{d}\varphi$。在壳偏离时,单元体之母线产生转角 $\frac{\partial w}{\partial x}$,使纵向压缩力形成一个力偶。该力偶从零值(在初始平衡位置时,转角为零)逐渐增大到 $T_1R\mathrm{d}\varphi\times\frac{\partial w}{\partial x}\mathrm{d}x$ 值,该力偶所做的功为

$$\mathrm{d}U_1 = \frac{1}{2}\left(T_1R\mathrm{d}\varphi\frac{\partial w}{\partial x}\mathrm{d}x\right)\cdot\frac{\partial w}{\partial x} = \frac{1}{2}T_1\left(\frac{\partial w}{\partial x}\right)^2R\mathrm{d}\varphi\mathrm{d}x$$

将(3-1)式代入上式,并沿整个舱段进行积分,即得

$$U_1 = \frac{T_1}{2}\int_0^L\int_0^{2\pi}\left(\frac{\partial w}{\partial x}\right)^2R\mathrm{d}\varphi\mathrm{d}x = \frac{\pi L}{4R}T_1\alpha^2m^2C^2 \tag{3-7}$$

3.2.4.2 横向力所做的功

横向力包括横向压缩力 T_2 和均匀外压力 P。在初始平衡位置，这两个力处于平衡状态，其合力为零，因而对位移 w 并不做功。当壳偏离其初始平衡位置时，单元体两对边 BC 和 AD 边上的压缩力 T_2 相对转动了一个角度 $\chi_2 R\mathrm{d}\varphi$，如图 3－7(c)所示，因而它们的合力获得一个增量 $T_2\mathrm{d}x\chi_2 R\mathrm{d}\varphi$，其方向垂直于单元体的表面，向外作用。由于这个增量在壳偏离过程中是由零逐渐加大的，合力的方向和位移 w 的正方向相反，它对位移 w 所做的功为

$$\mathrm{d}U_2 = -\frac{1}{2}T_2\chi_2 wR\mathrm{d}\varphi\mathrm{d}x$$

沿整个舱段壳的全部表面积进行积分，即得

$$U_2 = -\frac{T_2}{2}\int_0^{2\pi}\int_0^L \chi_2 wR\mathrm{d}\varphi\mathrm{d}x = \frac{\pi}{4}\frac{L}{R}T_2(n^2-1)C^2 \tag{3-8}$$

3.2.5 壳的总位能表达式

壳的总位能 Π 为壳的各项应变能与外力位能之和，而外力位能可以用外力功改变符号来表示，即

$$\begin{aligned}\Pi &= V_1 + V_2 + V_3 - U_1 - U_2\\
&= \frac{\pi L}{4R}\frac{D}{R^2}\Big\{2(1-\mu)m^2\alpha^2B^2 + 4(1-\mu)m^2\alpha^2nBC + [(m^2\alpha^2+n^2-1)^2\\
&\quad + 2(1-\mu)m^2\alpha^2]C^2\Big\} + \frac{\pi L}{4R}\frac{Et}{1-\mu^2}\Big\{\Big[m^2\alpha^2 + \frac{1}{2}(1-\mu)n^2\Big]A^2\\
&\quad + (1+\mu)mn\alpha AB + \Big[n^2 + \frac{1}{2}(1-\mu)m^2\alpha^2\Big]B^2 + 2nBC + 2\mu m\alpha AC + C^2\Big\}\\
&\quad + \frac{\pi L}{4R}\frac{EI}{R^2 l}(n^2-1)^2C^2 - \frac{\pi L}{4R}[T_1m^2\alpha^2 + T_2(n^2-1)]C^2\end{aligned} \tag{3-9}$$

为了进一步简化上述表达式，下面将等式右边各项，进行量级比较，略去高阶微量。对现代潜艇而言，t/T 通常总是小于 10^{-2}，因而

$$\frac{D}{R^2} = \frac{Et^3}{12(1-\mu)R^2} = \frac{1}{12}\frac{t^2}{R^2}\frac{Et}{1-\mu^2} \leqslant \frac{1}{120\,000}\frac{Et}{1-\mu^2}$$

即等式右边第一个大括号前的乘数比第二个大括号前的乘数小十二万倍以上，再比较这两个大括号里面的各项：

第一个大括号内 $2(1-\mu)m^2\alpha^2B^2$ 与第二个大括号内 $\frac{1}{2}(1-\mu)m^2\alpha^2B^2$ 只大四倍，可以认为同量级的。

由于 $m^2\alpha^2$ 与 1 同量级，因而第一个大括号内的 $4(1-\mu)m^2\alpha^2nBC$ 与 $2(1-\mu)m^2\alpha^2C^2$，和第二个大括号内的 $2nBC$ 与 C^2 相比也是同量级的。

考虑到前面的乘数差 12 万倍，因而第一个大括号内的 $2(1-\mu)m^2\alpha^2B^2$、$4(1-\mu)m^2\alpha^2nBC$ 和 $2(1-\mu)m^2\alpha^2C^2$ 这三项比第二个大括号内的相应项是很小的微量，可以略去不计。

这样，总位能表达式(3－9)可以简化为

$$\Pi = \frac{\pi L}{4R}\Big\{\Big[\frac{D}{R^2}(m^2\alpha^2 + n^2 - 1)^2 + \frac{Et}{1-\mu^2} + \frac{EI}{R^2 l}(n^2-1)^2 - T_1 m^2\alpha^2$$

$$- T_2(n^2-1)\Big]C^2 + \frac{Et}{1-\mu^2}\Big[n^2 + \frac{1}{2}(1-\mu)m^2\alpha^2\Big]B^2$$

$$+ \frac{Et}{1-\mu^2}\Big[m^2\alpha^2 + \frac{1}{2}(1-\mu)n^2\Big]A^2 + \frac{Et}{1-\mu^2}[2nBC + 2\mu m\alpha AC + (1+\mu)m\alpha nAB]\Big\} \tag{3-10}$$

3.2.6　用李茨法求临界载荷

将上述总位能 Π 代入李茨法的基本关系式，即

$$\frac{\partial\Pi}{\partial A} = 0,\quad \frac{\partial\Pi}{\partial B} = 0,\quad \frac{\partial\Pi}{\partial C} = 0$$

就可以得到下面的齐次线性方程组

$$\left.\begin{aligned} a_{11}A + a_{12}B + a_{13}C = 0 \\ a_{21}A + a_{22}B + a_{23}C = 0 \\ a_{31}A + a_{32}B + a_{33}C = 0 \end{aligned}\right\}$$

式中

由 $\frac{\partial\Pi}{\partial A} = 0$，得

$$\frac{Et}{1-\mu^2}[2m^2\alpha^2 + (1-\mu)n^2]A + \frac{Et}{1-\mu^2}(1+\mu)m\alpha nB + \frac{Et}{1-\mu^2}2\mu m\alpha C = 0$$

所以

$$a_{11} = \frac{Et}{1-\mu^2}[2m^2\alpha^2 + (1-\mu)n^2]$$

$$a_{12} = \frac{Et}{1-\mu^2}(1+\mu)m\alpha n$$

$$a_{13} = \frac{Et}{1-\mu^2}2\mu m\alpha$$

同理可求：

$$a_{21} = a_{12} = \frac{Et}{1-\mu^2}(1+\mu)m\alpha n$$

$$a_{22} = \frac{Et}{1-\mu^2}[(1-\mu)m^2\alpha^2 + 2n^2]$$

$$a_{23} = a_{32} = \frac{Et}{1-\mu^2}2n$$

$$a_{31} = a_{13} = \frac{Et}{1-\mu^2}2\mu m\alpha$$

$$a_{33} = 2\Big[\frac{D}{R^2}(m^2\alpha^2 + n^2 - 1)^2 + \frac{Et}{1-\mu^2} + \frac{EI}{R^2 l}(n^2-1) - T_1 m^2\alpha^2 - T_2(n^2-1)\Big]$$

如上所知，只有在上述方程组系数组成的行列式等于零时，该方程组才能有未知量 A、B、C 不为零的解。

$$\begin{vmatrix} a_{11} & a_{12} & a_{13} \\ a_{21} & a_{22} & a_{23} \\ a_{31} & a_{32} & a_{33} \end{vmatrix} = 0$$

将行列式展开后，即可求得环肋圆柱壳在各向外压力作用下的总体稳定方程式为

$$T_1 m^2\alpha^2 + T_2(n^2-1) = \frac{D}{R^2}(m^2\alpha^2+n^2-1)^2 + \frac{Etm^4\alpha^4}{(m^2\alpha^2+n^2)^2} + \frac{EI}{R^2 l}(n^2-1)^2 \quad (3-11)$$

在各向均匀外压力 P 作用下，圆柱壳横剖面和纵剖面上的初始膜力 T_1 和 T_2（在研究壳的稳定性问题时，均以压缩为正号），可近似地取为

$$T_1 \approx 0.5PR, \quad T_2 \approx PR$$

代入(3－11)式，即可求得环肋圆柱壳总体失稳的欧拉载荷（理论临界压力）公式为

$$P_{\mathrm{E}} = \frac{1}{n^2-1+0.5m^2\alpha^2}\left[\frac{D}{R^3}(n^2-1+m^2\alpha^2)^2 + \frac{Et}{R}\frac{m^4\alpha^4}{(m^2\alpha^2+n^2)^2} + \frac{EI}{R^3 l}(n^2-1)^2\right]$$

式中 m、n 为壳失稳时沿壳的长度方向所形成的半波数和沿圆周方向所形成的整波数。m 和 n 的值由相应于上式为最小值的条件确定。

计算表明，对于常规潜艇而言，当 $m=1$ 时，由上式所确定的欧拉压力值为最小，但对于某些采用高强度钢材的大型潜艇，就有可能当 $m \neq 1$ 时由上式所确定的欧拉压力值为最小，上述结论通过实验证明是正确的。然而一般情况下可以令 $m=1$，可将上式简化为

$$P_{\mathrm{E}} = \frac{1}{n^2-1+0.5\alpha^2}\left[\frac{D}{R^3}(n^2-1+\alpha^2)^2 + \frac{Et\alpha^4}{R(n^2+\alpha^2)^2} + \frac{EI}{R^3 l}(n^2-1)^2\right] \quad (3-12)$$

对现代潜艇而言，波数 n 通常总是在 2、3、4 之间。在计算时可分别令 $n=2,3,4,\cdots$ 代入上式，计算相应的 P_{E} 值，取其中的最小者。

上式方括号内第一、二、三项，分别表示壳板抗弯刚度、壳板抗压刚度和肋骨抗弯刚度对理论临界压力的影响。对一般环肋圆柱壳而言，壳的抗弯刚度 D 远小于 $\frac{EI}{l}$ 且波数 $n>2$，参数 $a \approx 1$，可以认为 $(n^2-1+\alpha^2)^2$ 与 $(n^2-1)^2$ 是同量级的。因而方括号内第一项比之第三项是微量，可以略去不计。于是得到

$$P_{\mathrm{E}} = \frac{1}{n^2-1+0.5\alpha^2}\left[\frac{Et}{R}\frac{\alpha^4}{(n^2+\alpha^2)^2} + \frac{EI}{R^3 l}(n^2-1)^2\right] \quad (3-13)$$

式中 I 为计及带板的肋骨惯性矩。

严格来讲，每个肋骨跨度的壳板，只有它的一部分参与肋骨的抗弯刚度。即带板宽度

$$b = \varepsilon l$$

式中 ε 为小于 1 的系数，称为有效系数。

实际计算表明，有效系数 ε 的大小不同，对带板宽度 b 有明显的影响，对计算肋骨惯性矩 I 的影响要小一些，对计算理论临界压力 P_{E} 的影响就相当小了，最后经过修正，对实际临界压力 P_{cr} 就微不足道了。因此习惯上近似地取 $b=l$，这时如图 3－8 所示，计及带板的肋骨惯性矩 I 可按下式计算

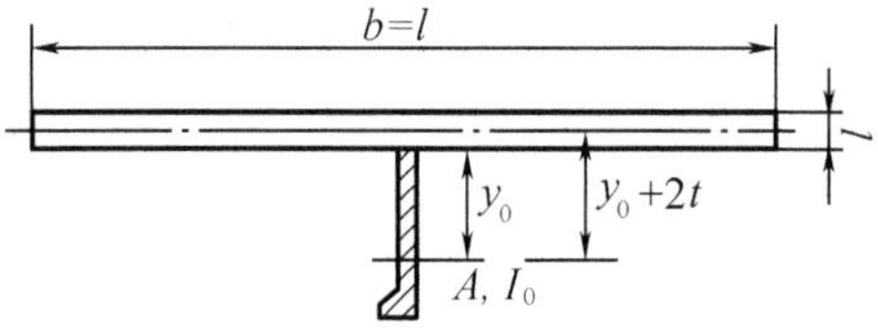

图 3－8　计及带板肋骨惯性矩计算示意图

$$I = I_0 + \frac{lt^3}{12} + \left(y_0 + \frac{t}{2}\right)^2 \frac{ltA}{lt + A} \tag{3-14}$$

式中　I_0——肋骨型材的自身惯性矩，cm^4；

y_0——肋骨型材中和轴壳表面的距离，cm；

A——肋骨型材剖面积，cm^2。

式中右侧第二项是带板的惯性矩，第三项是肋骨对板厚中的惯性矩。

注意，式中 A、y_0、I_0 都应该是型材截短 2.5% 以后的数值，可以查附录 B 表得到。

3.3　耐压圆柱壳的各类稳定性公式及其简化

前面我们研究了一般环肋圆柱壳在舱段内的总体稳定性，推导了理论临界压力公式（3－12）和公式（3－13）。下面我们将考虑到不同失稳形状的一些特点，在上述推导的基础上加以相应的改变，求得各类不同的稳定性公式，并讨论在实际计算中如何进行简化。

3.3.1　环肋圆柱壳在舱段内的总体失稳公式

前面已导出这类稳定性公式，可用公式（3－12）式（3－13）进行计算。计算时可分别令 $n=2,3,4,\cdots$ 代入公式。计算相应的 P_E，并取其中的最小值。

为使实际计算更方便起见，还可将（3－13）式进一步简化。将 $\frac{EI}{R^3 l}$ 提出方括号外，将该式改写成为环肋圆柱壳总体失稳临界载荷的规范解计算公式

$$P_E = \frac{3EI}{R^3 l} X(\alpha, \beta) \tag{3-15}$$

式中
$$X(\alpha,\beta) = \frac{1}{3(n^2 - 1 + 0.5\alpha^2)} \cdot \left[\frac{10^4 \alpha^4 \beta}{(n^2 + \alpha^2)^2} + (n^2 - 1)^2\right]$$

其中
$$\alpha = \frac{\pi R}{L}, \quad \beta = \frac{lt\left(\frac{R}{100}\right)^2}{I}$$

上式中系数 X 为 α，β 和 n 的函数，可以事先算出，绘成图谱，以供计算时查用。

先令 $\beta=0.1$，并令 $n=2$，则 X 仅为一个变量 α 的函数，不难通过一些计算画出 $X-\alpha$ 曲线。再分别令 $n=3$，$n=4$，同样画出相应的 $X-\alpha$ 曲线，其形状大致如图 3－9 所示。由于波数 n 应该由 P_E 的最小值条件确定，系数 X 应该由该图的实线确定。虚线部分可以不必画出。

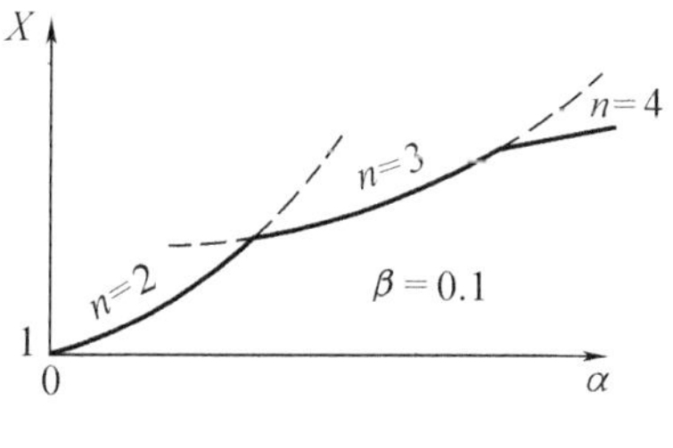

图 3－9　$X-\alpha$ 曲线

再分别令 $\beta=0.14,0.18,0.22\cdots$ 即可绘出相应于 P_E 最小值的 $X(\alpha,\beta)$ 曲线，见附录 B 图 B－1。

公式（3－15）的物理意义可以这样来理解：如舱段跨度很大很大，则两端横舱壁对于肋骨的稳定性几乎没有什么影响，每档肋骨好像孤立地起作用。环肋圆柱壳在舱段内的总体

稳定性也就变成了每档肋骨圆环孤立的稳定性了。令 $L\to\infty$，$\alpha=\dfrac{\pi R}{L}\to 0$ 代入(3 - 13)式

$$P_E=\frac{EI}{R^3 l}(n^2-1)=\frac{3EI}{R^3 l} \tag{3-16}$$

上式在 1884 年曾由 M. 列维在研究了均匀外压力作用下圆环的稳定性而求得的，通常称为列维公式，也可称为孤立肋骨的稳定性公式。公式(3 - 15)中通过系数 X 表明了横舱壁对肋骨稳定性的有利影响。由附录 B 图 B - 1 可以看到：当 $\alpha\to 0$，$X=1$；当 α 加大，系数 X 也随之增大。

如果在圆柱壳上除一般肋骨外，还有中间支骨，即在壳的每一个肋骨跨度内，既有一刚度为 EI 的肋骨，还有一刚度为 Ei 的中间支骨，其总体失稳的形状如图 3 - 1(c)所示，仅须将 $E(1+i)$ 取代式(3 - 13)中之 EI，即可求得带中间支骨的圆柱壳在舱段内的总体失稳公式

$$P_E=\frac{1}{n^2-1+0.5\alpha^2}\left[\frac{Et}{R}\frac{\alpha^4}{(n^2+\alpha^2)^2}+\frac{E(I+i)}{R^3 l}(n^2-1)^2\right] \tag{3-17}$$

由于通常中间支骨的刚度远小于肋骨刚度，i 与 I 相比较可以略去不计。因而实际上可以不考虑中间支骨的有利影响，直接采用公式(3 - 13)或公式(3 - 15)，误差是微不足道的。

3.3.2 中间支骨的稳定性公式

对于有中间支骨的圆柱壳，当肋骨刚度超过其临界刚度而中间支骨刚度不足时，则在均匀外压力作用下中间支骨将连同壳板一起在肋骨之间失稳，如图 3 - 1(b)所示。这时主肋骨仍保持其自身的正圆形不变，成为壳的刚性支座周界。壳失稳时沿母线方向的半波长度等于肋骨间距 l。只要在总稳定公式(3 - 12)中，以 l 和 $\dfrac{i}{\lambda}$ 分别取代原来式中的 L 和 $\dfrac{I}{l}$，即可求得中间支骨失稳的理论临界压力公式为

$$P_E=\frac{1}{n^2-1+0.5\alpha^2}\left[\frac{D}{R^3}(n^2-1+\alpha^2)^2+\frac{Et}{R}\frac{\alpha^4}{(n^2+\alpha^2)^2}+\frac{Ei}{R^3\lambda}(n^2-1)^2\right] \tag{3-18}$$

式中 $\alpha=\dfrac{\pi R}{l}$；

$\lambda=\dfrac{l}{2}$——中间支骨与相邻肋骨之间的距离。

i 为计及带板的中间支骨惯性矩，可以用下式计算

$$i\approx i_0+\left(y_0+\frac{t}{2}\right)^2\frac{A_i\lambda t}{A_i+\lambda t}$$

这样以 l 和 $\dfrac{i}{\lambda}$ 取代原式中的 L 和 $\dfrac{I}{l}$，通过这么简单的代换就能从总体失稳公式(3 - 12)导出中间支骨的失稳公式吗？读者可能对此提出怀疑，特别是前面在推导肋骨应变能时，这样简单地代换是否正确？读者可用 l 和 $\dfrac{i}{\lambda}$ 取代 L 和 $\dfrac{I}{l}$ 重复 3.2 节的推导来证明公式(3 - 18)的正确性。

(3 - 18)式中的 n 由 P_E 的最小值条件确定。由于中间支骨失稳时，波数 n 比较大，又难于正确估算，因而直接应用(3 - 18)式计算比较烦琐，同时为了实际计算方便起见，还需要进行简化。

通常波数 n 比较大，与 n^2 相比可略去 1 不计。在(3 - 18)式中 $n^2-1\approx n^2$，并令

$$\left.\begin{aligned} v=\frac{n^2}{\alpha^2},\quad A=\frac{ErR^2}{D\alpha^4},\quad B=\frac{Ei}{D\lambda} \\ C=\frac{D\alpha^2}{R^3},\quad Z=\frac{A}{1+B} \end{aligned}\right\} \tag{3-19}$$

则可得规范解如下

$$\begin{aligned} P_{\mathrm{E}} &= \frac{1}{n^2+0.5\alpha^2}\left[\frac{D}{R^3}(n^2+\alpha^2)^2+\frac{Et}{R}\frac{\alpha^4}{(n^2+\alpha^2)^2}+\frac{Ei}{R^3\lambda}n^4\right] \\ &= \frac{D\alpha^2}{R^3}\frac{1}{v+0.5}\left[(v+1)^2+\frac{EtR^2}{D\alpha^4}\frac{1}{(v+1)^2}+\frac{Ei}{D\lambda}v^2\right] \\ &= C\left[\frac{(1+B)v^2}{v+0.5}+\frac{A}{(v+1)^2(v+0.5)}+\frac{2v+1}{v+0.5}\right] \\ &= C\left\{A\left[\frac{(1+B)v^2}{A(v+0.5)}+\frac{1}{(v+1)(v+0.5)}\right]+2\right\} \end{aligned} \tag{3-20(a)}$$

简化为

$$P_{\mathrm{E}}=C[A\Phi(v)+2] \tag{3-20(b)}$$

式中

$$\Phi(v)=\frac{v^2}{Z(v+0.5)}+\frac{1}{(v+1)^2(v+0.5)}$$

波数 n 应该是由 P_{E} 最小值条件确定的正整数，由于在中间支骨失稳时，波数 n 比较大，可以近似地用求 P_{E} 的解析极小值的方法确定 n。计算表明，用这种方法造成的误差是很微小的。但必须注意，在计算肋骨失稳压力或特大肋骨失稳压力时，由于波数 n 比较小，不能用这种方法来确定 n，否则会导致巨大的误差。

令 $\dfrac{\partial P_{\mathrm{E}}}{\partial n}=0$，则 $\dfrac{\partial\Phi(v)}{\partial v}=0$，由此求得

$$\frac{v(v+1)^4}{3v+2}=Z \tag{3-21}$$

分别令 $v=0.1, 0.2, 0.3, \cdots$ 代入上式求得：$Z=0.063\,7, 0.160, 0.296, \cdots$ 再求 Z 值代入式(3 - 20)求得：$\Phi(v)=1.639, 1.350, 1.120\cdots$。

v—Z，$\Phi(v)$—Z 的数值表见附录 B 表 B - 1。

对于一般钢材，$\mu=0.3$，$u=0.643\dfrac{l}{\sqrt{Rt}}$ 代入(3 - 19)，可得

$$\left.\begin{aligned} v=\frac{n^2}{\alpha^2},\quad A=0.657u^4,\quad B=10.92\frac{i}{\lambda t^3} \\ C=E\frac{t^2}{R^2}\frac{0.373}{u^2},\quad Z=\frac{A}{1+B} \end{aligned}\right\} \tag{3-22}$$

在实际计算中，已知结构尺寸，代入(3 - 19)或(3 - 22)，求得参数 A、B、C、D、Z。按 Z 值查附录 B 表，求得相应的 v 和 $\Phi(v)$，代入(3 - 20)，即可求得理论临界压力 P_{E}，并可估算失稳波数 n，即 $n\approx\alpha\sqrt{v}$（取相近的正整数）。

对于一般情况下采用中间支骨的结构形式，其目的是减小失稳跨距以提高壳板的稳定性。设计时中间支骨所需刚度远小于一般肋骨，原因是中间支骨稳定性计算公式与一般肋

骨的计算公式基本相同,主要区别是一般肋骨失稳跨距是舱段长度 L,而中间支骨失稳跨距是肋骨间距,由于舱段内常设置十几档到二十几档肋骨,故 L 比 l 要大十几倍到二十几倍,因而肋骨所需刚度要比中间支骨大十几倍之多。由于计算中间支骨理论临界失稳压力时,公式中的 $\alpha = \pi R/l$ 相对于肋骨的 $\alpha = \pi R/L$ 大若干倍,故在中间支撑的结构设计计算中有时就会存在着这样的问题:

(1)加中间支撑虽然能提高壳板的稳定性,但中间支骨的稳定性无法保证;

(2)中间支骨所需刚度等于甚至大于一般肋骨刚度;

(3)在失稳跨距 l 内,纵向失稳半波数也不等于 1。

出现这些问题的原因是所设计的圆柱壳其纵向刚度不足,因此在实际设计计算中,对于采用高强度钢的大型潜艇应避免出现上述问题,在设计计算时应首先计算下列参数:

$$\alpha = \frac{\pi R}{l} \quad \beta' = \frac{i \times 10^6}{R^3 \lambda} \quad \gamma' = \frac{100t}{R}$$

由 β'、γ'查附录 B 图 B-3,找到对应的 α_u,尽量使 $\alpha < \alpha_u$,如 $\alpha > \alpha_u$ 则结构处于不利区域,此时减小跨距 l,加大中间支骨惯性矩 i 均不能提高中间支骨的稳定性,必须加大壳板厚度 t 使之提高圆柱壳的纵向刚度才能有效。

3.3.3 壳板的失稳公式

对于一般环肋圆柱壳,当肋骨刚度超过其临界刚度时,则在均匀外压力作用下,圆柱壳将首先在肋骨之间丧失壳板的稳定性,如图 3-10 所示。

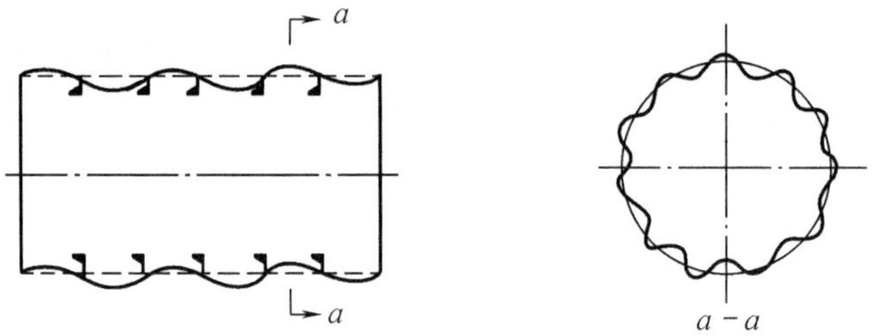

图 3-10 壳板失稳形状

这时,肋骨将保持其自身的正圆形不变,成为壳板的刚性支座周界。壳失稳时沿母线方向的半波长度等于肋骨间距 l。鉴于上述特点,仅须令(3-12)式中 $I=0$,并以 l 代换原式中之 L,即可求得肋骨之间壳板的失稳公式为

$$P_E = \frac{1}{n^2 - 1 + 0.5\alpha^2}\left[\frac{D}{R^3}(n^2 - 1 + \alpha^2)^2 + \frac{Et}{R}\frac{\alpha^4}{(n^2 + \alpha)^2}\right] \tag{3-23}$$

式中

$$\alpha = \frac{\pi R}{l}$$

对于一般潜艇耐压壳而言,壳板失稳时在圆周上形成的波数 n 比较大。与 n^2 相比可以略去 1 不计。令 $n^2 - 1 \approx n^2$,代入上式,即得

$$P_E = \frac{1}{n^2 + 0.5\alpha^2}\left[\frac{D}{R^3}(n^2 + \alpha^2)^2 + \frac{Et}{R}\frac{\alpha^4}{(n^2 + \alpha^2)^2}\right] \tag{3-24}$$

上式是密西斯(Mises)在 1929 年首先推得的,通常可称为密西斯公式。

式中波数 n 由 P_E 的最小值条件确定，由于 n 比较大，又难于正确估算，因此直接用(3－24)式还嫌过于烦琐，需要进一步简化。

只要在(3－19)式和(3－20)式中，令 $i=0$，$B=0$，因而 $Z=A$，就可以直接用中间支骨的简化公式(3－20)及附录B表来计算壳板失稳的理论临界压力 P_E。

通过计算和分析，还可以推出更为简便的简化公式。令 $i=0$ 代入(3－22)式可得

$$Z=A=0.657u^4 \quad B=0 \quad C=\frac{Et^2}{R^2}\frac{0.373}{u^2}$$

再代入(3－20)式，可求得壳板失稳临界载荷的精确解表达式为

$$P_E=E\frac{t^2}{R^2}\left[\frac{0.373(v+1)}{u^2}+\frac{0.254u^2}{(v+1)^3}\right] \tag{a}$$

将上式代入(3－21)式，求得

$$\frac{(v+1)^4}{3+2/v}=0.657u^4 \quad v+1=0.9u\sqrt[4]{3+\frac{2}{v}} \tag{b}$$

实际计算表明，在上式第二个式子右边 $\sqrt[4]{3+2/v}$ 中，$2/v$ 的大小对所计算 P_E 的影响不大。可先近似地取 $v=1$，$3+2/v=5$，$\sqrt[4]{3+2/v}=1.495$。代入(b)式得

$$v+1=1.346u$$

上式再代入(a)式得

$$P_E=E\frac{t^2}{R^2}\frac{0.603}{u-0.371}\approx E\frac{t^2}{R^2}\frac{0.6}{u-0.37} \tag{3-25}$$

实际上 $v\neq1$，对潜艇耐压壳的实际尺寸而言，参数 u 在1到4之间。为了估计近似公式(3－25)的误差，我们来计算两个极端情况，即 $u=1$ 和 $u=4$ 两种情况。

(1)如 $u=1$，则 $Z=A=0.657$，查附录B表B－1，$v=0.473$，$3+2/v=7.23$，$\sqrt[4]{3+2/v}=1.640$，代入(b)式，$v+1=1.476u$。再代入(a)式，即得当 $u=1$ 时的精确解变形形式为

$$P_E=E\frac{t^2}{R^2}\frac{0.627}{u-0.339}=0.949\frac{Et^2}{R^2} \tag{c}$$

令 $u=1$，代入上式得：$P_E/\left(E\dfrac{t^2}{R^2}\right)=0.949$。如令 $u=1$ 代入(3－25)式得

$$P_E/\left(E\frac{t^2}{R^2}\right)=0.952$$

可见，当 $u=1$ 时，按更精确的(c)式计算和按近似公式(3－25)式计算结果对比，误差仅是0.315%。

(2)如 $u=4$，则 $Z=A=168.2$。查附录B表B－1，$v=3.928$，$\sqrt[4]{3+2/v}=1.369$，则 $v+1=1.232u$。代入(a)式即得当 $u=4$ 时的精确解变形形式为

$$P_E=E\frac{t^2}{R^2}\frac{0.627}{u-0.406}=0.1744\frac{Et^2}{R^2} \tag{d}$$

令 $u=4$ 代入式(3－25)式，求得 $P_E=0.1653E\dfrac{t^2}{R^2}$。令 $u=4$ 代入(d)式，则 $P_E=0.1744E\dfrac{t^2}{R^2}$。可见，按近似公式(3－25)计算与按相应于 $u=4$ 的(d)式计算结果对比，误差仅是0.547%。

上述计算和对比表明,当 $u=1\sim4$ 之间,近似公式(3-25)基本上与中间支骨的简化公式(3-20)和附录B表B-1具有同样的精度。由于公式简便而又有一定精确性,可以推荐在设计计算中采用。

公式(3-23)、公式(3-24)和公式(3-25)适用于没有中间支骨的一般环肋圆柱壳的壳板局部稳定性计算,其失稳形状如图3-10所示。

如果在圆柱壳上还设置中间支骨,壳板的局部失稳形状如图3-1(a)所示。失稳时沿母线方向的半波长度 $\lambda=\frac{l}{2}$。注意到这一点,只要在式(3-23)到(3-25)中用 λ 取代式中之 l,即令 $\alpha=\frac{\pi R}{\lambda}=\frac{2\pi R}{l}$,则这些公式就可以用来计算在肋骨与中间支骨之间壳板的局部稳定性。

3.3.4 特大肋骨的稳定性公式(带特大肋骨的圆柱壳舱段总失稳公式)

由前面的讨论中我们知道,如果环肋圆柱壳的舱段长度愈大,则两端横舱壁对肋骨稳定性的有利影响就愈小,肋骨的临界压力也就愈低。

当隔舱长度相当大时,保证肋骨的稳定性可能成为突出的主要问题,由保证稳定性条件所需的肋骨断面尺寸可能大大超过保证强度所需的尺寸,这样对舱室的内部布置不利。因此,可以将隔舱中间的某一档骨特别加大,以减小其余各档骨的断面尺寸,对整个舱段的质量也许还能减小一些,这档特别大的大肋骨称为特大肋骨。下面我们来讨论具有特大肋骨的圆柱壳的各类稳定性计算。

设环肋圆柱壳的舱段长度为 L,离左端横舱壁距离为 a 处设置一档特大肋骨,其惯性矩近似认为 J,如图3-11所示。

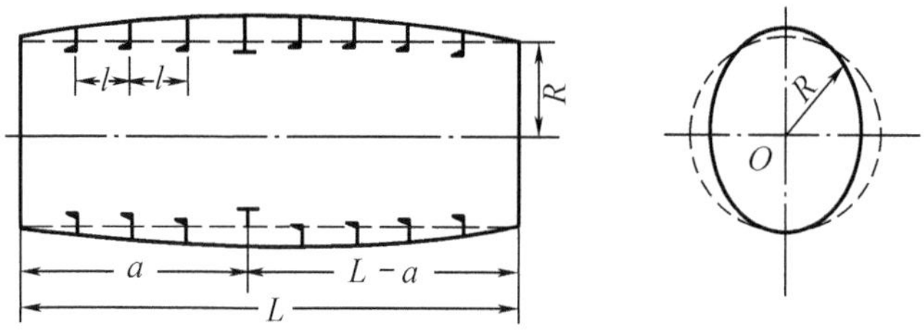

图3-11 带有特大肋骨的圆柱壳总失稳形状

这种圆柱壳可能有以下几种失稳形状:

(1)当肋骨刚度超过其临界刚度时,在均匀外压力作用下,在肋骨之间的壳板将首先失稳。特大肋骨的存在对壳板的局部失稳没有影响,还是用公式(3-23)、公式(3-25)计算壳板的理论临界压力。

(2)当一般肋骨刚度小于其临界刚度,只有特大肋骨刚度超过临界刚度时,肋骨将连同壳板一起在横舱壁和特大肋骨之间失稳,这时特大肋骨仍保持其正圆形不变,与两端横舱壁一起成为壳的刚性支座边界。特大肋骨将整舱分割成两个部分,应该按分割后的两部分舱段长度 a 和 $(L-a)$ 分别进行总体失稳计算。只要在公式(3-12)、公式(3-13)或简化公式(3－15)中,分别以 a 和 $(L-a)$ 取代原式中之 L 进行计算,也就是分别令 $\alpha=\frac{\pi R}{a}$ 和 $\alpha=\frac{\pi R}{L-a}$ 进行计算,就可以求得这两部分舱段总体失稳的理论临界压力。

(3)特大肋骨的稳定性。当特大肋骨的刚度小于其临界刚度时,特大肋骨将同壳板和肋骨一起在横舱壁之间失稳,失稳后的波形如图 3－11 所示。

同样采用李兹法推导特大肋骨的稳定性公式。为研究方便起见,我们假想特大肋骨是由两个圆环叠加而组成的,其中一个圆环的惯性矩为 I,和其余各档肋骨的惯性矩相同。另一个圆环的惯性矩近似认为 $J^*=J-I$,这样就可以看成普通肋骨在全舱段都是等间距布置的。

推导过程中,壳板应变能 V_1、V_2 肋骨应变能 V_3,外力功 U_1、U_2 都和 3.2 节中相应的表达式完全一样。此外还有一档圆环,其弯曲应变能为

$$V_4=\frac{EJ^*}{2}\int_0^{2\pi}(\chi_2)^2_{x=a}R\mathrm{d}\varphi=\frac{\pi E(J-I)}{2R^3}(n^2-1)^2C^2\sin^2\frac{\pi a}{L}$$

$$V_3+V_4=\frac{\pi L}{4R}\frac{E}{R^2}\left(\frac{I}{l}+\frac{2(J-I)}{L}\sin^2\frac{\pi a}{L}\right)(n^2-1)^2C^2$$

因此总的应变能为

$$\Pi=V_1+V_2+V_3+V_4-U_1-U_2$$

并令

$$\frac{\partial\Pi}{\partial A}=0\quad\frac{\partial\Pi}{\partial B}=0\quad\frac{\partial\Pi}{\partial C}=0$$

即可求得特大肋骨失稳的理论临界压力为

$$P_{\mathrm{E}}=\frac{1}{n^2-1+0.5\alpha}\left\{\frac{Et}{R}\frac{\alpha^4}{(n^2+\alpha^2)^2}+\frac{E(n^2-1)^2}{R^3}\left[\frac{I}{l}+\frac{2(J-I)}{L}\sin^2\frac{\pi a}{L}\right]\right\}\tag{3-26}$$

式中

$$\alpha=\frac{\pi R}{L}$$

波数 n 为由 P_{E} 之最小值条件确定的正整数,大多数情况下,$n=2$。

J 为特大肋骨计及宽度等于 $2l$ 的带板的惯性矩。

3.4　圆锥壳的各类稳定性公式

前面我们研究了在均匀外压作用下,耐压圆柱壳的各类稳定性计算。在潜艇艏艉部,往往采用截顶圆锥壳结构,下面我们来研究耐压圆锥壳的各类稳定性计算。

3.4.1　环肋斜圆锥壳的总稳定性

在环肋圆柱壳稳定性计算的研究中,我们首先详细研究推导了总体稳定性公式,并以这个公式为基础,加以相应的改变导出环肋圆柱壳的其他各类失稳公式——壳板局部失稳公式、中间支骨失稳公式,由于推导很复杂,受篇幅限制,这里只介绍其推导的结果。

环肋斜圆锥壳的总稳定公式如下

$$P_E=\frac{1}{n^2+0.5\beta_1^2-\cos^2\gamma_2}\Big[\frac{D\cos\gamma_2}{R_1^3}\frac{\nu(1+\nu)}{2}(n^2+0.5\beta_1^2-\cos^2\gamma_2)^2+\frac{Et}{R_1}\frac{2\nu}{1+\nu}\frac{\beta_1^4\cos^3\gamma_2}{(n^2+\beta_1^2)^2}+\frac{EI_P}{R_1^3 l_2}\cos^3\gamma_2(n^2-1)^2\frac{\nu(1+\nu)}{2}\Big] \tag{3-27}$$

式中
$$\beta=\frac{\pi}{2\ln R_2/R_1}(\tan\gamma_1+\tan\gamma_2)\cos\gamma_2$$

$$l_2=\frac{l}{\cos\gamma_2}\quad \nu=\frac{R_1}{R_2}\quad \frac{I_p}{l_2}=\frac{\sum I_i\cos\gamma_2}{L-\frac{1}{2}(l_a+l_b)}$$

式中 R_1、R_2、γ_1、γ_2、l_a、l_b、l 等代表符号均如图 2－15 所示。

I_i 为舱段内各档肋骨在最长母线处计及带板的惯性矩，I_p 为相当惯性矩。

$$I_i=I_0+\frac{lt^3}{12\cos\gamma_2}+\left(y_0+\frac{t}{2}\right)^2\frac{ltA}{lt+A\cos\gamma_2}$$

上式中 A、I_0、y_0 分别为每档肋骨型材的剖面积、自身惯性矩以及剖面形心到壳板表面的距离。

n 为失稳波数，由 P_E 的最小值条件确定。

3.4.2 环肋斜圆锥壳的各类稳定性公式及其简化

3.4.2.1 壳板的局部稳定性公式

当斜圆锥壳的肋骨刚度超过其临界刚度时，则在均匀外压力作用下，斜圆锥壳将首先在肋骨之间丧失壳板的稳定性。仅须在公式(3－27)中令 $I_P=0$，并令 R_1、R_2 分别代表所计算跨度内的最小和最大平行圆半径(肋骨跨度两端的平行圆半径)，即可求得壳板局部失稳的理论临界压力公式为

$$P_E=\frac{1}{n^2+0.5\beta_1^2\cos\gamma_2}\Big[\frac{D}{R_1^3}\cos\gamma_2\frac{\nu(1+\nu)}{2}(n^2+0.5\beta_1^2-\cos^2\gamma_2)^2+\frac{Et}{R_1}\frac{2\nu}{1+\nu}\frac{\beta_1^4\cos^3\gamma_2}{(n^2+\beta_1^2)^2}\Big] \tag{3-28}$$

考虑到下述几点，公式(3－28)还可进一步简化：

(1)壳板局部失稳时波数 n 比较大，$\cos\gamma_2<1$，与 n^2 相比可以略去 $\cos^2\gamma_2$ 不计，也就是令 $n^2-\cos^2\gamma_2\approx n^2$。

(2) $\nu=R_1/R_2$，令 $R_P=\frac{R_1+R_2}{2}$，则 $\frac{2\nu}{1+\nu}=\frac{2R_1}{R_1+R_2}=\frac{R_1}{R_P}$，故 $\frac{Et}{R_1}\frac{2\nu}{1+\nu}=\frac{Et}{R_P}$。

(3) $R_1=\frac{2\nu}{1+\nu}R_P$，$\frac{D}{R_1^3}\frac{\nu(1+\nu)}{2}=\frac{D}{R_P^3}\frac{(1+\nu)^4}{(4\nu)^2}$。

当 $\nu=0.8$、0.85、0.9 时，$\frac{(1+\nu)^4}{(4\nu)^2}=1.025$、$1.013$、$1.006$，在一个肋骨跨度内，$\nu>0.9$ 因而 $\frac{(1+\nu)^4}{(4\nu)^2}\approx 1$(误差小于 0.6%)。

(4)如图 3－12 所示：$2R_2=2R_1+l(\tan\gamma_1+\tan\gamma_2)$，令 $\varphi=\frac{l}{4R_P}(\tan\gamma_1+\tan\gamma_2)$，则

$R_2=R_1+2\varphi R_P, R_P=\frac{R_1+R_2}{2}=R_1+\varphi R_P$ 故 $R_1=R_p(1-\varphi), R_2=R_P(1+\varphi), \ln\frac{R_2}{R_1}=\ln\frac{1+\varphi}{1-\varphi}=2\left(\varphi+\frac{\varphi^3}{3}+\frac{\varphi^5}{5}+\frac{\varphi^7}{7}\cdots\right)$

当 ν 为不同值时，求得 φ 和 $\varphi^3/3$ 为

ν	0.5	0.6	0.7	0.8	0.9
$\varphi=\frac{1-\nu}{1+\nu}$	0.333	0.250	0.176	0.111	0.052 6
$\varphi^3/3$	0.037 0	0.020 8	0.010 4	0.004 1	0.000 92

可见，$\nu\geqslant 0.6$ 时，可近似取 $\ln\frac{R_2}{R_1}=2\varphi$，误差在 2.1% 以内，一个肋骨跨度内，$\nu>0.9$，完全可取 $\ln\frac{R_2}{R_1}=2\varphi$，误差在 0.1% 以内。

取 $\ln\frac{R_2}{R_1}=2\varphi=\frac{l}{2R_P}(\tan\gamma_1+\tan\gamma_2)$ 代入式(3-27)中 β_1 表达式求得

$$\beta_1=\frac{\pi}{2\ln R_2/R_1}(\tan\gamma_1+\tan\gamma_2)\cos\gamma_2\approx\frac{\pi R_P}{l}\cos\gamma_2$$

考虑到上述四点简化，并引入符号

$$\alpha_d=\frac{R_P\pi}{l}\quad R_d=\frac{R_P}{\cos\gamma_2}$$

$$n_d=\frac{n}{\cos\gamma_2}\quad l_d=\frac{l}{\cos\gamma_2}$$

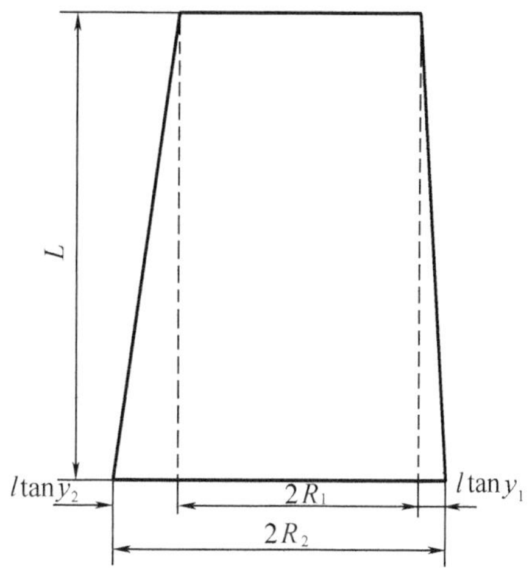

图 3-12　肋骨间斜圆锥壳示意图

则式(3-28)可简化为

$$P_E=\frac{1}{n_d^2+0.5\alpha_d^2}\left[\frac{D}{R_d^3}(n_d^2+\alpha_d^2)^2+\frac{Et}{R_d}\frac{\alpha_d^4}{(n_d^2+\alpha_d^2)^2}\right]\tag{3-29}$$

将上式与密西斯公式(3-24)做对比后，可以看到：环肋斜圆锥壳的壳板局部稳定性公式和它的等价圆柱壳壳板的稳定性公式相同。该等价圆柱壳的材料、壳板厚度 t 和斜圆锥壳的相同；它们半径 R_d 等于斜圆锥壳肋骨跨度中点处最大主曲率半径 $R_P/\cos\gamma_2$；它的肋骨间距 l_d 等于斜圆锥壳在最长母线上的肋距，即等于 $l/\cos\gamma_2$；它的失稳波数 n_d 比斜圆锥壳实际失稳波数 n 要略大一些，大约增大 $1/\cos\gamma_2$ 倍。

利用等价圆柱壳的方法，也可将公式进一步简化，得到类似(3-25)式的简化公式，该简化公式为

$$\left.\begin{aligned}P_E&=E\left(\frac{t}{R_d}\right)^2\frac{0.6}{u-0.37}\\ u&=0.643\frac{l_d}{\sqrt{R_d t}}\end{aligned}\right\}\tag{3-30}$$

正圆锥壳和圆柱壳,可以看作是斜圆锥壳的两个特殊情况,当 $\gamma_1=\gamma_2=\gamma$,公式(3-29)就退化为正圆锥壳的局部失稳公式。当 $\gamma_1=\gamma_2=0$,公式(3-29)就退化为环肋圆柱壳的壳板局部失稳公式。

3.4.2.2 中间支骨的失稳公式

只要以 i/λ 取代(3-27)式中的 I_P/l_2,并令式中之 R_1、R_2 分别代表所计算肋骨跨度两端平行圆半径,就可以得到斜圆锥壳的中间支骨稳定性公式,再重复前面四点简化和重复以(3-18)式到(3-20)式所做的简化,就可以得到斜圆锥壳中间支骨的简化公式如下:

$$P_E=C[A\Phi(v)+2]$$

式中

$$\left.\begin{aligned}&A=0.657u^4\quad B=10.92\frac{i}{\lambda_2 t^3}\cos^2\gamma_2\\&C=E\left(\frac{t}{R_d}\right)^2\frac{0.373}{u^2}\quad Z=\frac{A}{1+B}\\&u=0.643\frac{l_d}{\sqrt{R_d t}}\quad v=n_d^2/\alpha_d^2\end{aligned}\right\}\tag{3-31}$$

式中 v 和 $\Phi(v)$ 由计算得到的 Z 值查附录 B 表得到。上述计算公式说明,斜圆锥壳的中间支骨稳定性公式也可以化为等价圆柱壳计算,该等价圆柱壳的半径 R_d、肋距 l_d、失稳波数 n_d、参数 α_d 等都和壳板局部稳定性的公式中相同,中间支骨惯性矩为 $i_d=i\cos^2\gamma_2$。

3.4.2.3 环肋斜圆锥壳在舱段内的总稳定性计算

前面已列出环肋斜圆锥壳的总稳定性公式(3-27)。对一般环肋斜圆锥壳而言,壳板抗弯刚度 D 远小于肋骨抗弯刚度 EI_P/l_2。实际计算中可略去不计,即令 $D=0$ 得到一般肋骨的圆锥壳总体稳定性公式

$$P_E=\frac{1}{n^2+0.5\beta_1^2-\cos^2\gamma_2}\left[\frac{Et}{R_1}\frac{2\nu}{1+\nu}\cos^3\gamma_2\frac{\beta_1^4}{(\beta_1^2+n^2)^2}+\frac{EI_p}{R_1^3 l_2}\frac{\nu(1+\nu)}{2}\cos^3\gamma_2(n^2-1)^2\right]\tag{3-32}$$

式中 n 为壳在圆周上的失稳整波数由 P_E 的最小值条件确定。

在实际计算中须作以下几点说明:

(1)在所计算舱段全长 L 上,壳板厚度可能改变,则式中 t 应该取整个舱段的平均厚度计算,即

$$t=\frac{\sum t_i L_i}{\sum L_i}$$

式中 t_i,L_i 分别为各段的长度和壳板厚度。

(2)在舱段全长上肋骨刚度往往是变化的,计算中 I_P 取整个舱段上肋骨的平均刚度,即

$$\frac{I_P}{l_2}=\frac{\sum I_i\cos\gamma_2}{L-\frac{1}{2}(l_a+l_b)}$$

$$I_i=I_0+\frac{lt_i^3}{12\cos\gamma_2}+\left(y_0+\frac{t_i}{2}\right)^2\frac{lt_iA_i}{lt_i+A_i\cos\gamma_2}\tag{3-33}$$

式中　L——舱段全长；

l——肋骨轴向间距；

l_a、l_b——舱段两端处的肋骨轴向间距。

式中右侧第一项为肋骨自身惯性矩，第二项为带板惯性矩，第三项为肋骨对中性轴的惯性矩。

(3)公式(3－32)中的 n 是锥壳失稳时在圆周上的波数，一般 n 在 2、3、4 之间。计算时分别令 $n=2,3,4,\cdots$，代入(3－32)式，计算相应的 P_E。当出现 $(P_E)_{n_1-1}>(P_E)_{n_1}$ 且 $(P_E)_{n_1}<(P_E)_{n_1+1}$ 时，取 $(P_E)_{n1}$ 为失稳临界压力。

(4)公式(3－32)也可以做进一步简化

当 $\nu\geqslant 0.8$ 时

$$\frac{Et}{R_1}\frac{2\nu}{1+\nu}=\frac{Et}{R_P}$$

由于

$$\frac{EI_P}{R_1^3 l_2}\frac{\nu(1+\nu)}{2}\approx\frac{EI_P}{R_P^3 l_2}$$

$$\beta_1=\frac{\pi R_P}{l}\cos\gamma_2=\frac{\pi R_P}{l_2}$$

故(3－32)式可简化为一般肋骨的圆锥壳失稳临界载荷计算公式

$$P_E=\frac{1}{n^2+0.5\beta_1^2-\cos\gamma_2}\left[\frac{Et}{R_P}\cos^3\gamma_2\frac{\beta_1^4}{(\beta_1^2+n^2)^2}+\frac{EI_P}{R_P^3 l_2}(n_2-1)^2\right]\tag{3-34}$$

当 γ_2 很小时，$\cos\gamma_2\approx 1$，同样可化为等价圆柱壳计算。

3.4.2.4　特大肋骨的稳定性公式

斜圆锥壳上如带有特大肋骨，如图 3－13 所示，特大肋骨对壳板局部失稳或中间支骨失稳没影响。

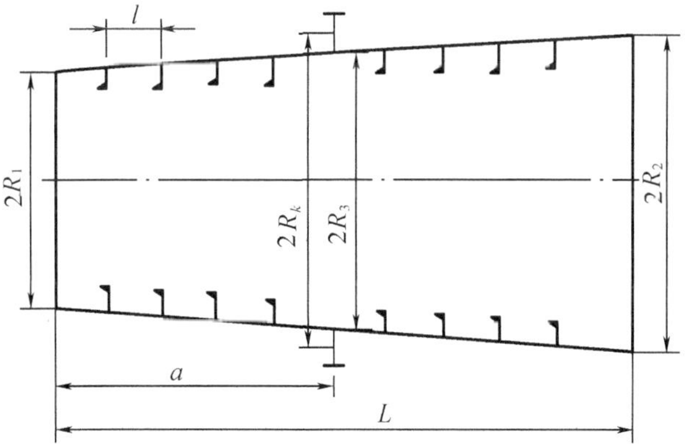

图 3－13　带有特大肋骨的斜圆锥壳

特大肋骨将舱段全长分成两段，对于一般肋骨的稳定性计算，必须按(3－32)式或(3－34)式分别计算两段的总稳定性。在计算第一个分段时，R_1 不变，以 R_3 取代原式中的 R_2。在计算第二分段时，以 R_3 取代原式中的 R_1，R_2 不变，并分别以各分段的长度 a 和 $L-a$ 取代原式中之舱段长度 L，式中 R_3 为特大肋骨处锥壳的平行圆半径。

在用能量法对斜圆锥壳总稳定性推导时，壳的外力功 U_1、U_2，壳板应变能 V_1、V_2 和肋骨应变能 V_3 都不变，另外再加上特大肋骨的弯曲应变能 V_4，就可以导出斜圆锥壳特大肋骨失稳（带特大肋骨的整舱失稳）的理论临界压力公式如下

$$P_E=\frac{1}{n^2+0.5\beta_1^2-\cos^2\gamma_2}\Big[\frac{Rt}{R_1}\frac{2\nu}{1+\nu}\cos^3\gamma_2\frac{\beta_1^4}{(\beta_1^2+n^2)^2}+\frac{EI_P}{R_1^3l_2}\frac{\nu(1+\nu)}{2}\cos^3\gamma_2(n^2-1)^2+\frac{E(J-I)}{R_k^3}\frac{2\cos^4\gamma_2}{L}(n^2-1)^2\sin^2\frac{\pi LnR_3/R_1}{lnR_2R_1}\Big] \tag{3-35}$$

式中　R_3 和 R_k 分别代表特大肋骨处壳板平行圆半径和特大肋骨的中和轴半径；

J——特大肋骨计及宽度等于两个肋距的带板的惯性矩；

I——邻近特大肋骨处，普通肋骨的惯性矩；

n——斜圆锥壳周向失稳整波数，由 P_E 的最小值条件确定，通常 $n=2$，少数情况下 $n=3$。

3.5　耐压壳理论临界压力的修正

前面我们讨论了环肋圆柱壳和圆锥壳的各类稳定性问题，得到了它们的理论临界压力公式。科学实验的结果表明，各类壳体的实际临界压力都要比理论计算值低得多。

造成理论计算与实际临界压力有偏差的原因很多，其中最主要的原因有以下两方面：

（1）理论公式是在假设壳的材料为理想弹性的基础上导出的，实际上壳失稳时其应力往往早已超过弹性极限，因此造成偏于危险的偏差。

（2）上述理论公式都是在假设壳为理想圆柱形（或理想圆锥形）的基础上导出的。但在实际建造中，不可避免地会产生初挠度。在均匀外压力作用下，由于初挠度的存在将在壳内引起弯曲，从而产生理论公式中没有考虑到相当大的附加应力，这种附加应力促使壳板提前失稳。

鉴于上述原因，在实际计算中可以将理论临界压力 P_E，乘上两个小于 1 的修正系数 C_g 和 C_s，作为实际临界压力 P_{cr}，即

$$P_{cr}=C_gC_sP_E$$

式中　C_g——考虑到壳体有初挠度对壳稳定性不利影响的修正系数，也可称为考虑到壳几何非线性的修正系数；

C_s——考虑到材料不服从虎克定律对壳不利影响的修正系数，也可称为考虑到壳物理非线性的修正系数。

采用这样两个系数来修正理论临界压力值是苏联西曼斯基教授在 1932 年首先建议的。我们这里虽然也采用这两个系数，但对如何确定这两个系数，则前进了一大步。下面我们将分别论述这两个系数。

3.5.1　考虑到材料物理非线性的修正系数 C_s

根据修正系数 C_s 的定义，它的值应该等于壳的弹塑性临界压力和弹性临界压力之比。

西曼斯基是用矩形剖面压杆的弹塑性临界压力与弹性临界压力之比作为 C_s，而确定塑性临界压力的方法是用的双模量理论。这样确定 C_s 存在两个问题：

(1)实际壳体在母向和周向都有应力，应力分布是不均匀的，而压杆只有单向均布应力。

(2)一系列实验研究特别是大量铝合金的实验表明：实际临界载荷处于双模量理论和切线模量理论之间，且更接近于切线模量理论。按双模量理论计算会出现偏于危险的过大的误差，后来由湘利(Shanley)研究得到了更正确的继续加载理论。

我们用湘利的继续加载理论对环肋圆柱壳推导了弹塑性临界压力，取

$$C_s = \frac{\text{圆柱壳的弹塑性临界压力}}{\text{圆柱壳的弹性临界压力}}$$

用电子计算机进行一系列计算，将计算结果进行对比分析，可得到以下几点结论：

(1)修正系数 C_s 可作为$\dfrac{\sigma_E}{\sigma_s}$的函数画成图谱以供查用，式中 $\sigma_E = \dfrac{P_E R}{t}$(对壳板局部失稳而言)，$\sigma_s$ 为材料的屈服点。当参数$\dfrac{R}{t}$变化时，所得到的 C_s 曲线有很小的差异可以忽略不计。

(2)不同材料对 C_s 曲线的影响不大，其中屈服点 σ_s 的大小基本没有影响，比例极限在 $0.6\sigma_s$ 到 $0.8\sigma_s$ 之间，引起的误差在5%以内。实际同一材料不同批量，其比例极限和屈服点也不一样，只能取其平均值，因此 C_s 可作为 σ_E/σ_s 的函数绘一条曲线。

(3)对于环肋圆柱壳的舱段内的总体稳定性可沿用壳板局部失稳的修正系数曲线。式中 $\sigma_E = \dfrac{P_E R}{\bar{t}}$($\bar{t} = t + \dfrac{A}{l}$——壳板相当厚度)。

实验表明这样采用壳板局部失稳的 C_s，可能引起偏于危险的误差，但不过10%，建议沿用壳板局部失稳的 C_s 曲线，并在修正系数 C_g 中再考虑这一误差。

对中间支骨的失稳计算也沿用壳板局部失稳的 C_s 曲线，式中 $\sigma_E = \dfrac{P_E R}{t + \dfrac{A_i}{l}}$，$A_i$ 为中间支骨横剖面面积。

(4)对于圆锥壳的稳定性计算，可以化为等价圆柱壳计算，采用圆柱壳的修正系数。

3.5.2 考虑到壳体几何非线性的修正系数 C_g

西曼斯基提出两个系数修正圆柱壳的理论临界压力时，就指出 C_g 是考虑到初挠度对壳稳定性不利影响的修正系数，并通过实验来确定这一系数。

对某一圆柱壳模型，可按它的几何尺寸计算得到理论临界压力 P_E，通过实际得到的实验临界压力 P_{cr}，并由临界压力值确定系数 C_s，再按下式求得

$$C_g = \frac{P_{cr}}{C_s P_E}$$

直接通过实验来确定修正系数 C_g，开始带有一定的盲目性，以后力求找到规律，为此进行了一系列实验，并分析统计了大量实艇的模型实验结果，寻找系数 C_g 的变化规律，但始终受到很大的局限性。

为了探讨初挠度对圆柱壳稳定性影响的规律，可以在推导圆柱壳稳定性公式时，一开

始就假定在壳上具有某种形状的初挠度。为便于理论分析，把初挠度分成两大类，一类是壳板相对于肋骨的轴对称初挠度，可以取 $w_0 = f_0 \frac{4}{l}(x - \frac{x^2}{l})$。另一类是肋骨连壳板一起偏离正圆形的周向非轴对称初挠度，可以取为 $w_0 = f_0 \cos n_0\varphi$（$f_0$ 为初挠度的幅值，n_0 为初挠度在圆周上形成的波数）。下面，分别研究这两种初挠度对壳板稳定性的影响。如求解

$$C_g = \frac{\text{有初挠度的圆柱壳壳板理论临界压力}}{\text{理想圆柱壳的壳板理论临界压力}}$$

在求解时，采用了一些近似假设，使推导得到简化，虽然粗糙一些，但对分析 C_g 曲线的变化规律，是有一定价值的。

求解得到的 C_g 是参数 $u = 0.643 \frac{l}{\sqrt{Rt}}$ 和 $\frac{f_0}{t}$ 的函数。在潜艇建造中，允许的壳板最大初挠度 f_0 不大于 $0.2t$。取 $\frac{f_0}{t} = 0.2$，可以得到两条 $C_g - u$ 曲线。如图 3－14 所示的曲线 A 和 B，曲线 A 为非对称初始挠度情况下的 $C_g - u$ 曲线，曲线 B 为轴对称初始挠度情况下的 $C_g - u$ 曲线。

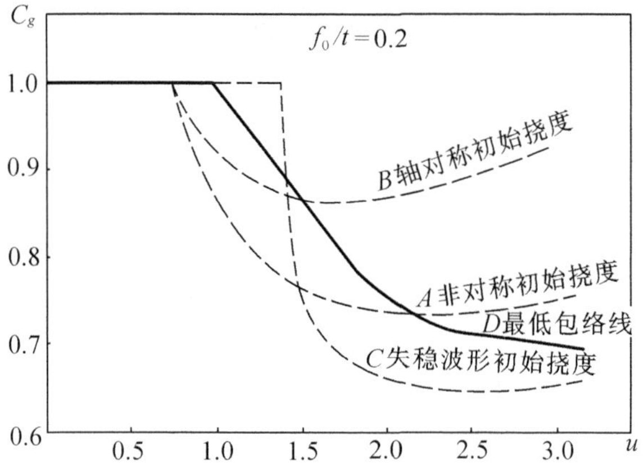

图 3－14　$C_g - u$ 曲线

当壳板具有失稳波形的初挠度 $w_0 = f_0 \sin \frac{\pi x}{l} \cos n\varphi$ 时，用更精确但更为复杂的考依脱（Koiter）理论求解，可得到另一条曲线，如图 3－14 中曲线 C 失稳波形初始挠度情况下的 $C_g - u$ 曲线。

上述三条曲线和模型实验结果比较，都还存在一些偏差。分析其原因有以下几点：

（1）实际潜艇耐压船体或其模型，既有肋骨初挠度（非轴对称），又有肋骨之间的壳板初挠度（轴对称），初挠度形状有很大的随机性，并非那么有规律，而推导中都假设为规则初挠度。

（2）实际上系数 C_g 不仅包含初挠度对壳稳定性的影响，也还包括了装配、焊接残余应力的影响，以及理论推导中做了各种近似假设和简化带来的偏差。所有后面这些因素在上述三条曲线中都没有考虑。

（3）实际壳体在失稳之前，由于存在初挠度引起附加应力，破坏了应力分布的均匀性，并提前进入塑性区。严格来说壳体的几何非线性和物理非线性是交替影响的，修正系数 C_g

和 C_s 是互相依赖的，但我们在处理上却机械地把它们割裂开来了，在求解 C_g 时没有同时考虑材料的物理非线性的影响。

虽然存在上述这些问题，但我们分析得到的这几条曲线还是很有价值的，这些曲线不能直接用来确定系数 C_g，但表达了系数 C_g 的大致变化规律如下：

(1) 系数 C_g 的大小和初挠度的形状、相对幅值$\frac{f_0}{t}$以及参数 u 有关。根据潜艇建造中的允许标准，可以取$\frac{f_0}{t}=0.2$。

(2) C_g 与参数 u 的关系，当 u 很小时($u<1$ 时)，初挠度对临界压力几乎没有影响，可取 $C_g=1$。当 u 在 2 ~ 3 之间，初挠度对壳稳定性的影响最为敏感，C_g 值最小，且在这段区域内 C_g 值的变化很平缓。当 u 大于 3 后，C_g 值又缓慢上升。如 u 很大很大，C_g 值又回升到接近于 1。三条曲线和对大量模型实验点所作的下包络线都符合这个规律，证明了上述理论分析确实反映了一定的客观规律性。

在实际潜艇的设计计算中，对各类稳定性的修正系数 C_g 值由设计部门提供，据资料记载，苏联在潜艇设计过程中取 $C_g=0.75$。

3.6　一般环肋圆柱壳稳定性实例计算

前面我们讨论了环肋圆柱壳、环肋圆锥壳的各类稳定性问题，给出了它们的理论临界压力公式和简化公式，介绍了修正系数 C_s 和 C_g 的确定方法。下面我们通过若干实例计算，具体说明计算的方法步骤，并对某些实例做对比和分析，加深对壳体稳定性问题的理解。

例 3－1　某潜艇耐压船体中部圆柱壳的一个舱段，其已知尺寸为：

圆柱壳半径 $R=250$ cm；

壳板名义厚度 $t_0=2.2$ cm；

舱段长度 $L=900$ cm；

肋骨间距 $l=60$ cm；

肋骨型材采用球缘钢 20a 号；

钢材弹性模数 $E=1.96\times10^5$ MPa -2×10^2 kgf/cm^2；

钢材屈服点 $\sigma_s=588$ MPa $=6\ 000$ kgf/cm^2

解

(1) 壳板失稳的理论临界压力 P_E

壳板计算厚度 $t=t_0-0.1=2.1$ cm；

参数 $u=0.643\dfrac{l}{\sqrt{Rt}}=1.68$，代入式(3－25)式得理论临界压力为

$$P_E=E\frac{t^2}{R^2}\frac{0.6}{u-0.37}=6.33\ \text{MPa}=64.6\ \text{kgf/cm}^2$$

(2) 实际临界压力 P_{cr}

不考虑肋骨时壳板的理论临界应力

$$\sigma_E=\frac{P_E R}{t}=754\ \text{MPa}=7\ 690\ \text{kgf/cm}^2$$

$\frac{\sigma_E}{\sigma_s}=1.28$,查附录B图B-2得 $C_s=0.83$。

修正系数 C_g 由设计部门提供,暂缺。

壳板失稳压力为 $P_{cr}=C_gC_sP_E=5.25C_g$ MPa,如果 C_g 取0.75,那么 $P_{cr}=3.94$ MPa。

(3)计及带板的肋骨惯性矩 I

查附录A表A-1,球缘钢20a号截短后的尺寸为

剖面积 $A=26.86\ \text{cm}^2$;自身惯性矩 $I_0=1\ 003\ \text{cm}^4$;

剖面形心到非球缘端点的距离 $y_0=12.12$ cm;

肋骨惯性矩为

$$I=I_0+\frac{lt^3}{12}+\left(y_0+\frac{t}{2}\right)^2\frac{ltA}{lt+A}=1\ 003+\frac{60\times2.1^3}{12}$$

$$+13.17^2\frac{60\times2.1\times26.86}{60\times2.1+26.86}=1\ 003+46+3\ 840=4\ 890\ \text{cm}^4$$

(4)考虑肋骨时耐压壳总体失稳的理论临界压力 P_E

由于 $$\alpha=\frac{\pi R}{L}=0.873,\qquad \beta=\frac{lt\left(\frac{R}{100}\right)^2}{I}=0.161$$

查附录B图B-1得 $X=2.95$,再代入(3-15)式得

$$P_E=\frac{3EI}{R^3l}X=\frac{3\times1.96\times10^5\times4\ 890}{250^3\times60}\times2.95=9.05\ \text{MPa}=92.3\ \text{kgf/cm}^2$$

(5)失稳压力 P_{cr}

因为 $$\sigma_E=\frac{P_ER}{t+\frac{A}{l}}=888\ \text{MPa}\qquad \frac{\sigma_E}{\sigma_s}=1.51$$

查附录B图B-2得 $C_s=0.74$,因此

$P_{cr}=C_gC_sP_E=6.70C_g$ MPa,如取 $C_g=0.75$,那么,$P_{cr}=5.025$ MPa。

例3-2 某潜艇耐压圆柱壳结构尺寸为:

圆柱壳半径 $R=171$ cm;

壳板名义厚度 $t_0=1.2$ cm;

肋骨间距 $l=50$ cm;$\lambda=\frac{l}{2}=25$ cm;

钢材屈服点 $\sigma_s=392\ \text{MPa}=4\ 000\ \text{kgf/cm}^2$;

肋骨采用球缘钢20号;中间支骨为5号;

试计算该圆柱壳的壳板失稳压力和中间支骨的失稳压力,并与无中间支骨的失稳压力作对比分析。

解

(1)壳板失稳压力

壳板计算厚度 $t=t_0-0.075=1.125$ cm

参数 $u=0.643\frac{\lambda}{\sqrt{Rt}}=1.159$

$$P_E=E\frac{t^2}{R^2}\frac{0.6}{u-0.37}=1.96\times10^5\times\frac{1.125^2}{171^2}\times\frac{0.6}{0.789}$$

$$=6.45\ \text{MPa}(65.8\ \text{kgf/cm}^2)$$

$$\sigma_E=\frac{P_E R}{t}=980\ \text{MPa},\quad \frac{\sigma_E}{\sigma_s}=2.50$$

查附录 B 图 B－2 得 $C_s=0.47$，所以

$$P_{cr}=C_g C_s P_E=3.03C_g\ \text{MPa}$$

(2)中间支骨失稳压力

中间支骨 5 号球缘钢截短后

$$A_i=2.82\ \text{cm}^2,\ i_0=6.48\ \text{cm}^4,\ y_0=3.06\ \text{cm}^2$$

$$i=i_0+\left(y_0+\frac{t}{2}\right)^2\frac{\lambda tAi}{\lambda t+Ai}=6.48+13.12\times\frac{28.13\times2.82}{28.13+2.82}$$

$$=6.48+33.63=40.1\ \text{cm}^4$$

$$u=0.643\frac{l}{\sqrt{Rt}}=2.318,\ u^2=5.373,\ u^4=28.87$$

$$A=0.657u^4=18.97,\ B=10.92\frac{i}{\lambda t^3}=12.30$$

$$C=E\frac{t^2}{R^2}\frac{0.373}{u^2}=0.589,\ Z=\frac{A}{1+B}=1.426$$

查附录 B 表得 $v=0.70$，$\Phi(v)=0.575$

所以
$$P_E=C[A\Phi(v)+2]=7.60\ \text{MPa}=77.5\ \text{kgf/cm}^2$$

$$\sigma_E=\frac{P_E R}{t+\dfrac{A_i}{l}}=1\ 100\ \text{MPa},\ \frac{\sigma_E}{\sigma_s}=2.81$$

查附录 B 图 B－2 得 $C_s=0.42$

所以
$$P_{cr}=C_g C_s P_E=3.19C_g\ \text{MPa}$$

(3)如无中间支骨，求壳板失稳压力

$$u=0.643\frac{l}{\sqrt{Rt}}=2.318,\ P_E=E\frac{t^2}{R^2}\frac{0.6}{u-0.37}-2.61\ \text{MPa}$$

$$\sigma_E=\frac{P_E R}{t}=397\ \text{MPa},\ \frac{\sigma_E}{\sigma_s}=1.012$$

查得附录 B 图 B－2 得 $C_s=0.94$

所以
$$P_{cr}=C_g C_s P_E=2.45C_g\ \text{MPa}$$

(4)对比与分析

①有无中间支骨对耐压圆柱壳重量的影响

如无中间支骨，则仅有 20 号球缘钢肋骨($A_0=27.36\ \text{cm}^2$，查附录 A)，将肋骨的横剖面积平摊到壳板上，得到壳板的相当厚度

$$\bar{t}_0=t_0+\frac{A_0}{l}=1.2+\frac{27.36}{50}=1.747\ \text{cm}$$

有了中间支骨，则将中间支骨 5 号球缘钢($A_{i0}=2.87\ \text{cm}^2$，查附录 A)的横剖面积也平摊到壳板上，得到壳板的相当厚度

$$\bar{t}_0=t_0+\frac{A_0+A_{i0}}{l}=1.2+\frac{27.36+2.87}{50}=1.805\ \text{cm}$$

可以看出,有了中间支骨这后圆柱壳质量相对增大了

$$\frac{1.805-1.747}{1.747}=0.033=3.3\%$$

②有无中间支骨,对圆柱壳失稳压力影响

如无中间支骨,壳板局部失稳压力为 $P_{cr}=2.45C_g$ MPa。

有了中间支骨后,壳板局部失稳压力为 $P_{cr}=3.03C_g$ MPa,中间支骨失稳压力为 $P_{cr}=3.19C_g$ MPa。

由于 C_g 值未知,无法对精确对比。可以先假定各类稳定计算中 C_g 值变化不大,近似地按常数看待,作定性的对比。

则有了中间支骨,失稳压力大致提高

$$\frac{3.03-2.45}{2.45}=0.24=24\%$$

结论:对该圆柱壳而言,设置中间支骨重量增大了 3.3%。如不考虑 C_g 的变化,则失稳压力要提高 24%,大致估计到增设中间支骨对提高壳板稳定性是相当有效的。

例 3-3 潜艇耐压圆柱壳结构尺寸与例 3-2 完全相同,仅改变钢材为 $\sigma_s=490$ MPa (5 000 kgf/cm^2)。

试计算该圆柱壳的壳板失稳压力和中间支骨失稳压力,与无中间支骨的失稳压力作对比,并与例 3-2 作对比分析。

解

(1)壳板失稳压力

$P_E=6.45$ MPa　　$\sigma_E=980$ MPa　　与例 3-2 相同

$\frac{\sigma_E}{\sigma_s}=\frac{980}{490}=2.0$ 查表 $C_s=0.57$,所以 $P_{cr}=C_gC_sP_E=3.68C_g$ MPa

(2)中间支骨失稳压力

$P_E=7.60$ MPa　　$\sigma_E=1\ 100$ MPa　　与例 3-2 相同

$\frac{\sigma_E}{\sigma_s}=\frac{1\ 100}{490}=2.245$ 查得 $C_s=0.52$,所以

$$P_{cr}=C_gC_sP_E=3.95C_g\text{ MPa}$$

(3)如无中间支骨,求壳板失稳压力

$P_E=2.61$ MPa　　$\sigma_E=397$ MPa　　与例 3-2 相同

$\frac{\sigma_E}{\sigma_s}=\frac{397}{490}=0.81$ 查得 $C_s=0.994$,所以

$$P_{cr}=C_gC_sP_E=2.59C_g\text{ MPa}$$

(4)对比分析

与例 3-2 对比,由于采用了高强度钢,σ_s 提高了

$$\frac{490-392}{392}=\frac{98}{392}=0.25=25\%$$

壳板失稳压力大致提高

$$\frac{3.68-3.03}{3.03}=21.5\%$$

中间支骨失稳压力大致提高

$$\frac{3.95-3.19}{3.19}=23.8\%$$

对比无中间支骨时的壳板失稳压力，采用高强度钢后大致提高

$$\frac{2.59-2.45}{2.45}=5.7\%$$

结论：

①采用高强度钢前后对比：

采用高强度钢时，材料屈服强度 σ_s 提高 25%，无中间支骨时壳板的失稳压力 P_{cr} 仅大致提高了 5.7%。由此可见，本例题如无中间支骨，σ_s 的提高对提高壳的稳定性效果就不大了。

②有无中间支骨时的对比：

设置中间支骨，圆柱壳重相对增加了 3.3%，中间支骨失稳压力大致提高了 23.8%，壳板失稳压力大致提高了

$$\frac{3.68-2.59}{2.59}=42\%$$

由此可见，如钢材 σ_s 提高，则设置中间支骨对提高壳板稳定性的效果大大提高。由于中间支骨的存在，使得壳板局部失稳压力提高主要原因是肋距减小了。若将中间支骨的横剖面积平摊到壳板上，虽然增加了板厚，但是肋骨间距增大了，对提高壳板稳定性的效果就不那么明显了。

必须注意，在上述对比中 C_g 都是按常数看待的。实际 C_g 并非常数，因而对比与分析只能是定性的，失稳压力的提高都加上“大致”二字。

3.7 《潜艇结构设计计算方法》中结构稳定性计算方法和校核标准

《潜艇结构设计计算方法》（GJB/Z 21A—2001）是规定潜艇耐压船体结构设计方法的指导性技术文件，该文件适用于常规潜艇和核潜艇的船体结构设计，不适用于小型袖珍潜艇的船体结构设计。

本节适用范围及计算深度、计算板厚等同 2.7 节。

3.7.1 耐压圆柱壳稳定性计算

3.7.1.1 壳板稳定性

根据《规范》5.5，相邻肋骨之间的壳板失稳临界压力按公式（3－36）计算，并满足公式（3－37）要求。其系数 C_g 按公式（3－38）确定，参数 u 按公式（3－39）计算，系数 C_s 根据参数 σ_E/σ_s 值，查《规范》中图 5.5 或表 5.4 确定，欧拉应力 σ_E 按公式（3－40）计算，欧拉压力 P_E 按公式（3－41）计算

$$P_{cr}=C_gC_sP_E \tag{3-36}$$

$$P_{cr}\geqslant P_c \tag{3-37}$$

$$C_g = \begin{cases} 1.0 & u \leqslant 1 \\ 1.25 - 0.25u & 1 < u < 2 \\ 0.75 & u \geqslant 2 \end{cases} \tag{3-38}$$

$$u = 0.642l/\sqrt{Rt} \tag{3-39}$$

$$\sigma_E = P_E R/t \tag{3-40}$$

$$\left. \begin{aligned} P_E &= E(t/R)^2[0.6/(u-0.37)] \quad & u \geqslant 1 \\ P_E &= 1.21E(t/R)^2 & u < 1 \end{aligned} \right\} \tag{3-41}$$

式中 C_g——系数；

C_s——系数；

其余符号同2.7.3.1。

3.7.1.2 舱段总体稳定性

根据《规范》5.6，相邻舱壁之间的舱段总体稳定性失稳临界压力按公式(3-42)计算，并满足公式(3-43)的要求。其系数 C'_g按公式(3-44)计算，参数 U 按公式(4-35)计算，系数 C'根据参数 σ_E/σ_s 值，查《规范》中图5.6或表5.5确定，欧拉应力 σ'_E/σ_s 按公式(3-46)计算，欧拉压力 P'_E按公式(3-47)计算

$$P'_{cr} = C'_g C'_s P'_E \tag{3-42}$$

$$P'_{cr} \geqslant 1.2P_c \tag{3-43}$$

$$C'_g = \begin{cases} 1 - 0.14U & 0 < U < 1.2 \\ 0.83 & U \geqslant 1.2 \end{cases} \tag{3-44}$$

$$\left. \begin{aligned} U &= \frac{0.535t^3 L}{(I/l)\sqrt{R[t+(A/l)]}} \\ I &= I_0 + (y_0 + 0.5t)^2 ltA/(lt+A) + lt^3/12 \end{aligned} \right\} \tag{3-45}$$

$$\sigma'_E = 0.95P'_E R/(t + A/l) \tag{3-46}$$

$$\left. \begin{aligned} P'_E &= \frac{E}{n^2 - 1 + 0.5\alpha^2}\left[\frac{t}{R} \cdot \frac{\alpha^4}{(\alpha^2+n^2)^2} + \frac{I(n^2-1)^2}{R^3 l}\right] \\ \alpha &= \pi R/L \end{aligned} \right\} \tag{3-47}$$

式中 P'_{cr}——舱段总体失稳临界压力，MPa；

P'_E——欧拉压力，MPa；

σ'_E——欧拉应力，MPa；

U——参数；

n——使欧拉压力 P'_E取得最小值的周向失稳波数；

C'_s——系数；

C'——系数；

R——肋距内耐压船体半径，mm；

t——肋距内壳板最小计算厚度，mm；

A——肋骨型材剖面积，mm^2。

3.7.2　耐压圆锥壳稳定性计算

3.7.2.1　壳板稳定性

根据《规范》7.5，相邻肋骨之间的壳板失稳临界压力按公式（3－48）计算，并满足公式（3.7.14）要求。其系数 C_g 按公式（3－49）确定，参数 C_s 按公式（3－50）计算，系数 C_s 根据参数 σ_E/σ_s 值，查《规范》中图 5.5 或表 5.4 确定，欧拉应力 P_E 按公式（3－51）计算，欧拉压力 P_E 按公式（3－52）计算：

$$P_{cr}=C_gC_sP_E \tag{3-48}$$

$$P_{cr}\geqslant P_c \tag{3-49}$$

$$C_g=\begin{cases}1.0 & u\leqslant 1\\ 1.25-0.25u & 1<u<2\\ 0.75 & u\geqslant 2\end{cases} \tag{3-50}$$

$$u=0.642l/\sqrt{R_m t\cos\gamma} \tag{3-51}$$

$$\sigma_E=P_ER/(t\cos\gamma) \tag{3-52}$$

$$\left.\begin{aligned}P_E&=E(t\cos\gamma/R_m)^2[0.6/(u-0.37)] & u\geqslant 1\\ P_E&=1.21E(t\cos\gamma/R_m)^2 & u<1\end{aligned}\right\} \tag{3-53}$$

式中　C_g——系数；

C_s——系数；

其余符号同 2.7.4.1。

3.7.2.2　舱段总体稳定性

根据《规范》7.6，相邻舱壁之间的舱段总体稳定性失稳临界压力按公式（3－54）计算，并满足公式（3－55）的要求。其系数 C'_g 按公式（3－56）计算，参数 U 按公式（3－57）计算，平均半径按公式（3－58）计算，平均厚度按公式（3－59）计算，$(A/l)_m$ 按公式（3－60）计算，$(I/l)_m$ 按公式（3－61）计算，惯性矩 C'_s 按公式（3－62）计算，系数 C'_s 根据参数 σ'_E/σ_s 值，查图 5.6 或表 5.5 确定，欧拉应力 σ'_E 按公式（3－63）计算，欧拉压力 P'_E 按公式（3－64）计算，系数 η 按公式（3－65）计算，系数 β_1 按公式（3－66）计算。

$$P'_{cr}=C'_gC'_sP'_E \tag{3-54}$$

$$P'_{cr}\geqslant 1.2P_c \tag{3-55}$$

$$C'_g=\begin{cases}1-0.14U & 0<U<1.2\\ 0.83 & U\geqslant 1.2\end{cases} \tag{3-56}$$

$$U=0.535\frac{t^3L}{(I/l)_m\sqrt{R_m[t+(A/l)_m\cos\gamma}} \tag{3-57}$$

$$R_m=0.5(R_1+R_2) \tag{3-58}$$

$$t=\left(\sum t_il_i\right)/L \tag{3-59}$$

$$(A/l)_m=\sum A_i\cos\gamma/[L-0.5(l_1+l_2)] \tag{3-60}$$

$$(I/l)_m=\sum I_i\cos\gamma/[L-0.5(l_1+l_2)] \tag{3-61}$$

$$I_i = I_0 + (y_0 + 0.5t_i)^2 \frac{l_i t_i A_i}{l_i t_i + A_i \cos\gamma} + \frac{l_i t_i^3}{12\cos\gamma} \tag{3-62}$$

$$\sigma'_E = \frac{P'_E R_m}{[t + (A/l)_m]\cos\gamma} \tag{3-63}$$

$$P'_E = \frac{E\cos^3\gamma}{n^2 - \cos^2\gamma + 0.5\beta_1^2}\left[\frac{t}{R_1}\frac{2\eta}{1+\eta}\frac{\beta_1^4}{(\beta_1^2 + n^2)^2} + \frac{\beta(1+\beta)}{2R_1^3}(I/l)_m (n^2 - 1)^2\right] \tag{3-64}$$

$$\eta = R_1/R_2 \tag{3-65}$$

$$\beta_1 = \frac{\pi}{2\ln(R_2/R_1)}(\tan\gamma_1 + \tan\gamma)\cos\gamma \tag{3-66}$$

式中 P'_{cr}——舱段总体失稳临界压力，MPa；

C'_g、C'_s——系数；

P'_E——欧拉压力，MPa；

σ'_E——欧拉应力，MPa；

U——参数；

η、β_1、$(A/l)_m$、$(I/l)_m$——系数；

R_m——舱段平均半径，mm；

R_1——舱段小端半径，mm；

R_2——舱段大端半径，mm；

t_i——第 i 段壳板计算厚度，mm；

l_i——第 i 段肋距，mm；

A_i——每根肋骨型材剖面积，mm^2；

l_1、l_2——分别为两端舱壁离最近的肋骨的距离，mm；

I_i——每根肋骨计及带板的惯性矩，mm^4；

I_0——肋骨自身惯性矩，mm^4；

y_0——肋骨型材形心高，mm；

n——使欧拉压力 P'_E 取得最小值的周向失稳波数；

γ_1、γ——半锥角，(°)。

3.8 基于有限元的耐压船体结构稳定性计算实例

ABAQUS 是一款功能强大的有限元分析软件。软件使用非常简便，很容易建立复杂问题的模型，对于大多数数值模拟，用户只需要提供有限元模型、边界条件、材料性质、载荷情况等工程数据，通过使用相应求解器就可以轻松求解。

稳定性校核可以运用有限元分析软件 ABAQUS，在分析步中选取线性摄动中的屈曲模块进行失稳压力计算。根据需要在要求的特征数（Number of eigenvalues requested）中输入需要计算的失稳模态总数（图 3－15、图 3－16）。

计算过程中，压力以单位力 1 的形式施加，在舱段一端做简支约束，另一端释放轴向位移并施加等效节点力，等效节点力计算见下式：

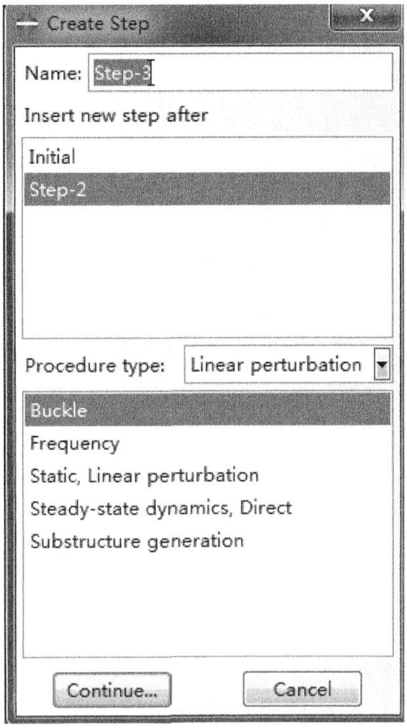

图 3－15　分析步面板

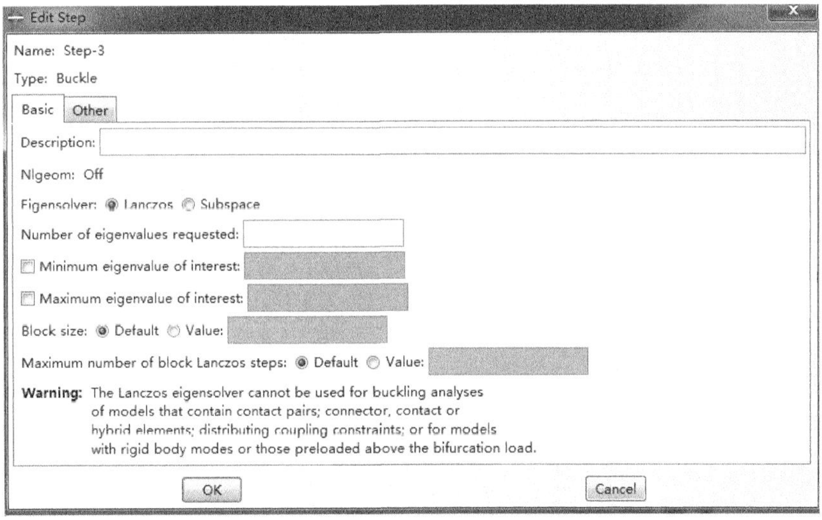

图 3－16　屈曲分析面板

$$T = -\pi R^2 P_c / n \tag{3-67}$$

式中　R——受力面积，m^2；

P_c——计算压力，Pa；

n——节点数。

以例 2－1 模型为例，载荷及边界条件施加见图 3－17。

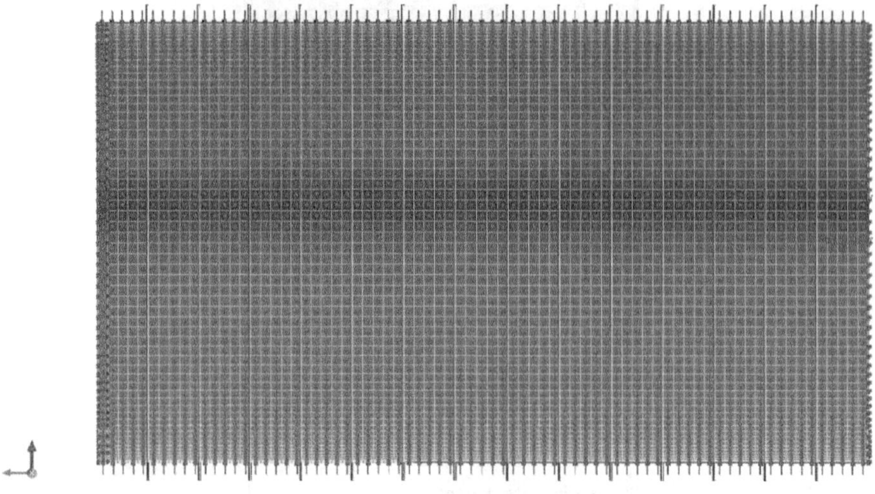

图 3－17　载荷及边界条件示意图

提交分析,结果提供一系列失稳模态及相应失稳模态下的结果,由于添加的载荷是单位力,所以结果中特征值一栏显示的即为相应模态下的欧拉压力

图中 EigenValue 栏 7.29422E＋06、7.60987E＋06 即为相应屈曲模态下有限元计算的欧拉压力。

实际工程中,模型一般在有限元软件 patran 中建立,可以通过生成 bdf 文件等方法导入 ABAQUS 中进行计算(图 3－18、图 3－19)。

图 3－18　屈曲模态及计算结果 1

图 3－19　屈曲模态及计算结果 2

3.9　新概念潜艇及其特点

潜艇具有隐蔽性好、突击力强的特点。潜艇作为攻击性武器是对抗航空母舰和进行核威慑的重要军备力量,在现代战争和战略中发挥着日益突出的作用。一直以来,各军事强国都希望获得性能更优异的潜艇,不断采用新的突破性技术,而新概念潜艇往往为这些关键技术上的技术飞跃提供了思路,从而推动了高性能潜艇的发展。

新概念潜艇就是与传统概念潜艇在名称、定义、例子和属性等方面有着巨大创新和突破的未来潜艇。

3.9.1　国外新概念潜艇研究概况

潜艇具有隐蔽性好,打击突然等特点,历来受到各国海军的高度重视,面向未来,为了应对下一次可能出现的海上危机,各发达国家都在积极探索和发展自己的新型高性能潜艇装备,对新概念潜艇的研究目前十分活跃,其中,美国、俄罗斯、英国、法国等国公布了各自新概念潜艇的图像。

(1)美国

①美国 Forward PASS 研究组设计的新一代潜艇(图 3－20)

该型艇艇长 156 m,耐压壳直径 10.35 m,非耐压壳体直径 12.8 m,正常排水量为 10 200 t, 装载 72 枚“战斧”导弹,12 枚重型鱼雷,2 个无人潜器,取消指挥台围壳装置,潜艇尾部采用 X 型艇尾,综合电力推进系统,艇艏共形声纳列阵,先进的信号控制系统。

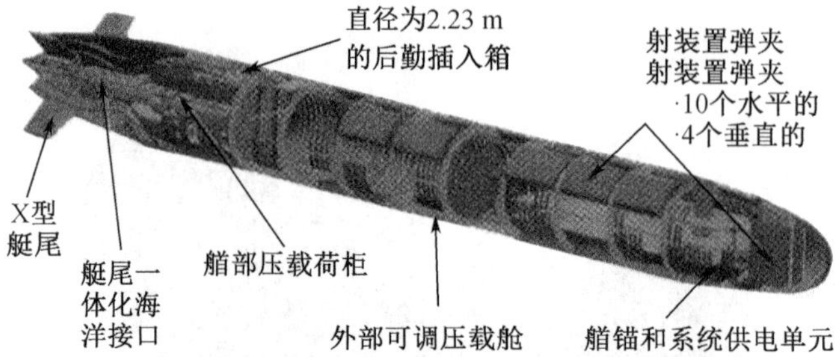

图 3－20　美国 Forward PASS 设计的潜艇

②美国电船公司推出的 21 世纪新概念潜艇(图 3－21)

图 3－21　美国 21 世纪新概念潜艇

该型艇完全按采用扁平外形,保留指挥台围壳并与艇体融为一体,采用外挂式武器发射装置及垂直发射系统,采用 X 型尾翼。

③美国 Forward PASS 研究组提出的扁平型概念潜艇(图 3－22)

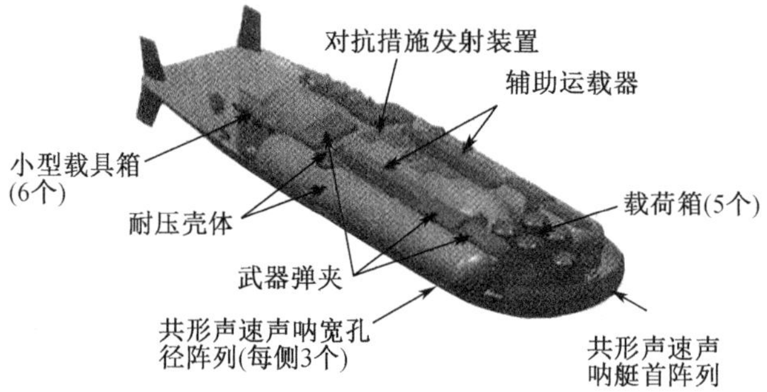

图 3－22　美国扁平型概念潜艇

该型艇扁平状,取消了指挥台围壳,艇艏设有共形声呐列阵,艉操纵面上两组垂直艉翼/方向舵,双壳体结构,并列三圆柱壳体,武器发射系统全部外置,抛出式发射武器弹夹装置,以降低武器发射时的暴露率。

(2)俄罗斯扁平型新概念潜艇(图 3－23)

该型艇总长为 58 m,型宽为 49 m,型深为 17 m,排水量为 11 800 t 的核潜艇,排水量介于 3 000 ~5 000 t 的常规潜艇,球形 + 环形耐压壳体结构。

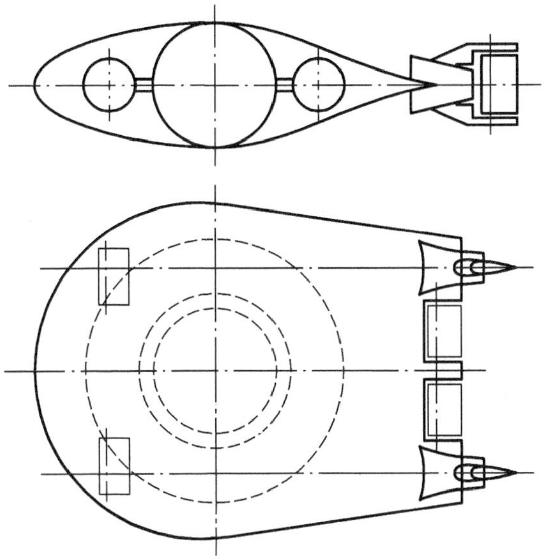

图 3－23　俄罗斯扁平型新概念潜艇

(3)英国

①英国宇航公司推出的新概念潜艇(图 3－24)

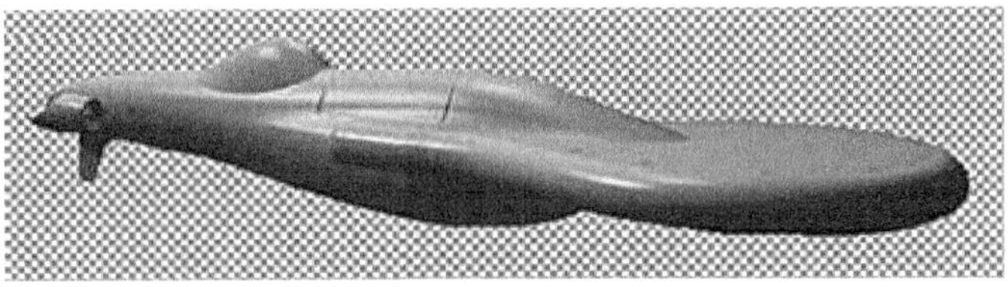

图 3－24　英国新概念潜艇

该型艇超安静型喷水推进吊舱,并与布置较低的舵相配合,采用艇首鸭嘴形声呐阵和舭翼阵。

②BMT 防务公司研究的新概念潜艇(图 3－25)

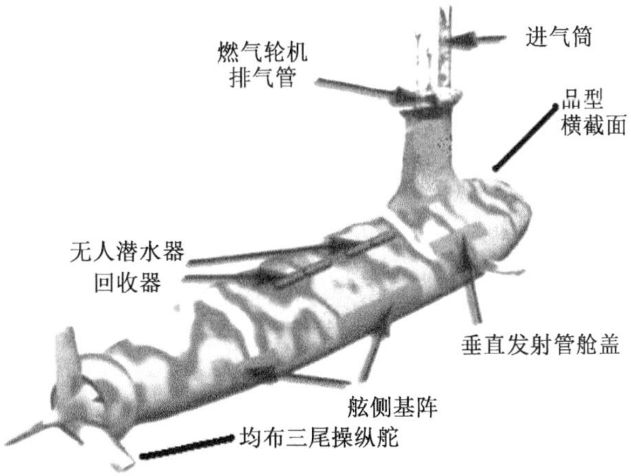

图 3－25　BMT 防务公司的新概念潜艇

该型艇艇长 80.8 m，艇宽 11.4 m，耐压壳直径 7.6 m，水面排 水量 3 700 t，水下排水量 4 195 t，水下最大航速 30 kn，通气管最大 航速 20 kn，燃料电池 AIP 的最大持续速度 10 kn，最大续航力：20 kn 时 6 000 n mile，10 kn 时 13 000 n mile，水下续航力：水下 5 kn 不小于 3 360 n mile。自持力：60 天，人员编制：25 人。

(4)法国 DCN 公司母子艇(图 3－26)

图 3－26　法国 DCN 公司母子艇概念图

该型艇由母艇(中大型潜艇)携带，从安全海区航行至中间海区(危险度较低)，然后子艇(小型潜艇)离开母艇在战斗海区执行任务。此作战样式实际上是突破了传统潜艇独立作战思想的一种水下作战平台协同作战新概念，充分发挥了小型潜艇灵活机动隐蔽性好的优点。

从上述已公布的新概念潜艇概念图像来看，未来新概念潜艇无论在外形、性能，还是作战使用方式(更加突出协同作战)，已超越了目前潜艇属性。实际上这种超越是未来作战需求对潜艇装备能力要求的体现。未来高技术条件下的局部战争，是以信息化为基本特征的战争，以信息战为重要样式，是逐步向信息化战争这一崭新战争形态演变的战争。未来信息化条件下的海战新的特点包括：海战场将呈现多维立体，由海向陆，多网相连，武器交链，有序控制，融合一体，栅格定位等信息化的特征；作战行动往往在陆、海、空、天、信息等多维空间同时展开，作战的成败取决于各种力量的紧密配合与优势互补；各种作战要素优化配置，对目标的攻击更为精确、可控、协调、有效，以快速的信息流支配传统的物质流和能量流。而上述信息化海战特点对潜艇这种机械化时代的典型装备提出了新的能力要求，即：更好的隐蔽性、更高的机动性、更强的火力和更好的信息化水平。装备是技术的物化和展示，新概念潜艇是新的潜艇设计思想和潜艇新概念技术发展在潜艇装备上的结晶。

从目前已公布的新概念潜艇概念图像来看，其支撑关键技术包括：

①新概念潜艇水动力技术

单轴、单桨、水滴型是现代潜艇典型外形，因此，目前潜艇水动力技术研究针对上述外形，在快速性(含推进)、操纵性以及隐身等方面展开，而且无论常规潜艇还是核潜艇，其总体布置和总体优化设计也是以上述外形包络进行。经过近半个世纪研究，传统的单轴、单桨、水滴型已难以满足更好的隐蔽性、更高的机动性、更强的火力对潜艇的要求，因此新概念潜艇采用隐身外形、非常规控制面及灵活的全方位推进控制方式，取消指挥台围壳和升降装置，另外采用柔性表皮控制流场和涡的产生，减少航行阻力和流噪声。目前新概念水动力技术研究包括新概念潜艇外形技术、新概念潜艇推进技术、新概念潜艇减阻技术、新概念潜艇操纵面技术等技术研究。

②新概念潜艇隐身技术

隐身是潜艇最突出的特点和优点，通过采用各种措施实现隐身性能的跨越式提高，也是目前新概念潜艇研究重点。目前已知的若干新概念潜艇大都采用双层壳体设计，潜艇耐压壳体建造成简单的圆柱壳体结构，潜艇的非耐压壳体的设计突破了常规的水滴型或拉长水滴型，而采用类似比目鱼的扁平流线线型，同时取消指挥台围壳或采用可回收的指挥台围壳等。扁平流线型壳体可以在水平方位上显著降低目标强度，这也是目前的新概念潜艇突破常规潜艇线型设计，而采用类似比目鱼扁平流线型设计的一个重要原因；同时，利用双层壳体设计充足的空间，在外壳以及内部耐压壳体表面敷设吸声覆盖层，并且在两层壳体之间填充吸声材料，这样都可以降低主动回声强度，减小目标强度，降低辐射噪声，提高隐身性能；另外，在结构设计上，围绕主要噪声源，如动力系统设置专门的耐压舱段采用集中布置并采用智能减振浮筏、阻尼敷盖层等多种措施。

③新类型动力系统技术

目前潜艇尾部的推进系统占据了整个艇长的50%，支配了整个设计。为了解除该设计约束，新概念潜艇将采用无轴推进技术，此推进系统不需要穿透耐压壳的轴，去掉减速齿轮装置和推进轴系，使艇体尺寸大大减小，备选方案包括分布式泵喷推进技术，采用内部驱动、轮缘驱动和轮毂驱动形式。另外，新概念潜艇还研究使用除传统核动力、柴电动力外的其他形式动力，如英国BMT防务公司正在研究的SSGT潜艇是一种非核、全电潜艇，该潜艇采用了一种新颖的组合推进组合，即燃气轮机交流发电机、燃料电池和钠氯化镍电池相结合，在动力系统上看，SSGT潜艇独树一帜，在航程、航速和自持力方面显著优于现有常规潜艇设计，国外称为第4类潜艇。

④新型发射储存装置和有效负载技术

突破传统潜艇武器主要布置在耐压壳内的方式，新概念潜艇多采用耐压壳外部储存和发射装置，用于取代传统发射管和垂直发射系统。该方式类似于轰炸机弹仓装备释放航空炸弹，只需将武器舱门打开即可，具备自由选择武器尺寸及利于无人潜航器利用等突出优势，由于 不占用艇内的空间，这种系统也可以使潜艇艇体尺寸大大减小，建造成本也更低。另外，由于战略核力量的缩减，对潜射核导弹部署的需要减少，而射程短、体积较小的常规导弹更加适合海军的作战需求，因此未来战略弹道导弹和战术弹道导弹可以分别装备不同的弹道导弹 核潜艇，或混装在同一艇上，这样弹道导弹核潜艇可以承担多种作战使命。此外，适应未来信息化海战需要，新概念潜艇均以潜艇来充当各种潜器的搭载平台，法国已公布的新概念潜艇图像中甚至包括携带小型潜艇协同作战，美国洛克希德－马丁公司正在开发一种潜艇携带的 多功能无人驾驶飞机，该装备能视其装备的不同类型的仪器而灵活执行侦察和打击任务。

⑤新概念潜艇平台信息化技术

新概念潜艇平台信息化技术，该技术实际上是智能舰技术在潜艇上的体现。智能舰的概念及发展计划是美国海军1995 年首次提出的，是针对舰船的平台各系统，采用现代信息技术、智能控制技术和综合集成技术，实现舰船操纵、机电控制、损管等平台管理活动的智能化，并使平台系统一体化的新一代舰船。新概念潜艇平台信息化将使平台管理系统和作战系统综合成为全舰统一的信息系统，使全舰的作战指挥、武器运用、航行操控、机电控制、损管、训练、保障等实现一体化。智能潜艇技术可减少对舰员数量的需求，降低运行和维护费用；减少舰员的工作强度，增强舰员的态势感知能力，全面提升舰船各系统、设备和装置对事件的反应能力和控制的准确性；大幅度增强设备的通用化、标准化和系列化，最终达到减员增效、提高战斗力的目的。

⑥其他关键技术

除了水动力、隐身、动力系统、有效负载、信息化技术外，新概念潜艇关键技术还包括：潜艇主动防空技术，采用水下发射的防空导弹为潜艇提供与反潜飞机对抗的措施；潜艇超高频多功能天线技术，使潜艇能在潜望镜深度实现高数据率卫星通信的天线技术；低剖面天线概念，发展和演示一种可从拖曳浮标上部署低剖面天线的可行性，它可使潜艇在潜望镜深度以下实现高数据率的双路卫星通信；艇体极低频(ELF) 接收天线，发展安装于艇体上可接收 ELF 信号，并且在潜 艇加速和深潜时仍有效的天线；声场监视技术，发展和演示先进的声 传感器技术(以提供低成本光纤阵和多线阵)、小直径阵设计和安装于艇体的声传感器；鱼雷制导和控制，发展鱼雷传感器和信息处理技术，以改善浅水战性能，提高混响抑制和增强反对抗能力；高速鱼雷动力系统，研制先进的鱼雷能源，包括锂基羟推进剂和用于未来武器的新型能源；长续航无人潜水器(UUV) 动力系统，发展 UUV 用的负担得起的长续航低功率能源，包括电动机和锂/ 钴二氧化物可充电电池；UUV 静寂技术，发展 UUV 用的通信、导航和自动控制技术，以及用于 UUV 和减少鱼雷信号特征的技术；水下战斗部和爆破器材，发展战斗部炸 药和引信技术，以提高水下攻防武器性能。

3.10 大潜深潜艇的耐压壳体结构稳定性

3.10.1 概述

潜艇采用大潜深、超大潜深技术是提高其隐蔽性的重要途径之一，随着现代对潜探测技术的不断改进完善，潜艇被探测到的概率不断增加，除了传统的声呐探测技术日臻完善外，磁探测技术、热探测技术、尾迹探测技术、流体内部扰动探测技术、激光探测技术等也取得突飞猛进的发展，潜艇受到的威胁日趋严重。而大潜深技术则能比较有效地应对这些威胁，甚至能有效地规避反潜武器的攻击。因此，当今世界主要核潜艇大国，都比较重视对潜艇大潜深、超大潜深技术的研究和应用，都面临着亟待突破大潜深、超大潜深的技术的局面。开展超大潜深潜艇结构设计能够使未来潜艇具有更广阔的活动空间，有利于隐蔽自己，打击敌人，对提高潜艇的战斗力和生命力有着十分重要的意义。

大潜深潜艇除了要采用高强度材料外，还要攻克采用这些高强度材料形成艇体的结构技术。这是一项更加复杂、攻关难度更大的关键技术。潜艇下潜深度增大后耐压壳体承受的海水压力也成比例增加。为保证耐压壳体具有足够的强度和稳定性，在不更换壳体材料、不改变基本结构形式的情况下，壳体厚度将成比例增加，从而导致耐压壳体重量快速增长。因此，为了既保证耐压壳体具有足够的强度和稳定性，又确保潜艇有效载荷不减少，必须采取有效措施，严格控制结构重量过快增长。那么，一种能够满足耐压壳体结构强度和稳定性，又能够严格地控制重量的耐压壳体结构形式，对于突破超大潜深技术具有重要的意义。

3.10.2　国内外大潜深技术的发展现状

在当今世界上，美、俄等国已掌握了大潜深及超大潜深材料技术。如美国的 HY 系列合金钢，其屈服强度已达到 820 MPa，用 HY100 型高强度合金钢制造的“海狼”级核潜艇下潜深度达到了 600 m；俄罗斯采用高强度的钛合金钢建造的“麦克”级试验核潜艇下潜深度达到了 1 250 m，成为名副其实的超大潜深核潜艇。近年来美国在大潜深技术方面没有继续坚持，而俄罗斯一直坚持走大潜深的路线。目前已经成为大潜深核潜艇领域技术最为先进的国家。纵观世界各海军大国核潜艇大潜深技术发展趋势，有的国家核潜艇下潜深度增加到一定深度，又回归到传统的 300 m，如美国；有的国家似乎无意继续在该方面投入过多精力，主张维持现状，如英国和法国；有的国家则义无反顾地追求更大的下潜深度，如俄罗斯。我国在大潜深技术方面，距离美俄等国家的研究水平尚有较大的差距，但是据媒体报道，我国已经研发出了最新一代的新型钢材，这种钢材的屈服度在 2 200 以上，是现有高强度钢材的 2 倍以上，这种钢材可以提升现役装备的作战能力，同时可以保证在下一代装备的开发中让我国占尽先机。另外，我国在潜器方面的发展也为潜艇的超大潜深技术提供了一定的技术储备。

英国防务研究局(DRA)的 Graham 博士应用解析方法，特别是非线性有限元法讨论了潜艇和潜水器耐压壳体设计中的一些主要问题。不论是单壳体还是双壳体结构，绝大部分艇体承压部分均为圆柱形加封头的薄壁壳体。英国的 Graham 采用解析法讨论了潜器结构设计过程中的一些关键性问题；Yim 和 Park 详细介绍了一种可以预测周向和轴向受压的圆柱壳体破坏载荷的方法，该方法考虑了结构的弹塑性大变形以及几何非线性。荷兰的 Koiter 提出了初挠度分析的理论，系统研究了初挠度的存在可能造成的影响，在初始过屈曲问题上也有深刻的见解，为壳体稳定理论的发展做出了不可磨灭的贡献。他认为，薄壳结构对其本身的初挠度是否敏感、敏感程度如何，主要取决于该薄壳的初始失稳性能。英国著名学者 Faulkner 首次提出了潜艇的可靠性设计概念，在此之后，逐步建立起了一套完备的、极具理论意义的潜艇结构计算可靠性理论。国内的一些学者在近 30 年的时间内也对此也进行了大量的研究。对于轴压圆柱壳，Donnell 首先做出解释，他认为：依据线性理论来计算失稳分叉点的临界压力是远远不够的，必须采用非线性优先挠度理论来计算失稳厚度状态，基于 Karman 大挠度方程，他推导出壳体非线性方程。然而，由于方程太过简化，在实际应用时局限性比较大。

郭日修在我国“潜艇结构设计计算规则”（CB/Z148—80）中关于初挠度对壳板应力的影响以及初挠度允许标准规定的基础上，深入分析研究了壳板初挠度对结构强度的影响以及超差加强的方法，进行了大量的理论推导、数值计算以及钢模试验，制订初挠度的允许标准要根据初挠度的幅值、凹凸方向以及耐压壳的结构参数等众多因素来综合评定，对于耐压圆柱壳结构强度受壳板初挠度影响的因素有了更加全面的考虑。

当环肋圆柱壳采用高强度钢制造时，随着材料屈服极限提高以及壳体直径的加大，壳板相对厚度减小，继续加大肋骨的刚度或者减小计算跨度是无法保证总能解决问题的，这个时候结构会出现一种“异常特性”，具体表现为：当跨度成倍减小、肋骨刚度成倍增加时，总体失稳欧拉应力 PE 却几乎不变，失稳纵向半波数 $m \neq 1$。王晓天和谢祚水等等通过对大型潜艇短粗环肋柱壳总稳定特性的研究，详细论述了产生“异常特性”的条件，绘制了判别特性变化区域的图线，总结出各种反常特性的类型及其可能产生的后果，提出了当出现该异常特性后应对原有的应力以及稳定计算作应有的修正,并且采用钛合金模型的实验来证实上述研究的正确性。王晓天和许辑平从理论上分析了肋骨跨距对环肋耐压壳结构强度和稳定性的影响,详细论述了肋骨跨距在耐压圆柱壳结构设计过程中所起到的作用和物理意义。通过理论分析并结合实例计算,验证了在相邻肋骨中间布置中间支骨能更加有效地提高圆柱壳的壳板稳定性。同时还指出,中间支骨的结构形式存在不利区域,这为潜艇设计理论进一步的发展,提供了不可或缺的理论依据。谢祚水和许辑平研究了潜艇大半径薄壁圆柱壳的总体稳定性,发现:只受轴向力的无肋光壳在预报均匀受压异常环肋柱壳的总体稳定性时,具有很高的精度,在大半径薄壁环肋圆柱壳的总体稳定性能模型试验中,第一次观察到纵向失稳半波数 $m=5$,在纵横加筋圆柱壳的总体稳定性模型试验中,证实了增设纵骨对提高异常环肋柱壳的总体稳定性有相当巨大的作用。何福志、马建军在消化吸收国内外潜艇长舱段结构强度和稳定性研究方法的基础上,总结出长舱段的总体失稳波形和计算方法,在此基础上应用有限元方法对长舱段结构强度和总体稳定性进行数值分析研究,揭示了长舱段结构的力学特性、结构强度和稳定性分布规律等。武杰通过探讨环肋耐压壳稳定方程式的特性,阐明了壳失稳临界压力计算公式的适用范围。如果超出其适用范围,那么所求得的结果就不正确。还从理论角度论证环肋耐压壳总体失稳时纵向失稳半波数 $m=1$ 的条件,提出潜艇环肋耐压壳的 m 值恒等于 1。谢祚水、施丽娟对环肋柱壳、环肋锥壳、锥-柱结合壳还有耐压液舱等壳体结构的稳定问题进行了系统的讨论,进行了大量的理论分析及有限元计算,指出了求解环肋柱壳结构壳板稳定性时,解析法和有限元法所得结果的差异,同时还分析了产生差异的具体原因,对解析法的计算公式进行了修正。王仁华、俞铭华研究了钛合金材料力学性能实验数据,拟合出了钛合金材料的性能曲线,同时将泰勒水池公式计算结果与有限元结果比较,应用泰勒水池公式相关思想来处理并改进有限元分析结果,可以较好评估大潜深载人潜水器的耐压壳极限承载能力。提出了可用该方法,预测大潜深载人潜水器耐压壳初步设计阶段的结构承载力。吕春雷研究了采用不同型式肋骨进行加强的环肋耐压壳结构的稳定性,通过理论分析并辅以实例计算,比较了不同肋骨形式圆柱壳体的总体稳定性和局部稳定性。冯亮通过具体解算弹性基础梁和圆柱壳结构的综合因子 N,应用强度稳定综合理论(CTSS)方法解决上述两种结构复杂稳定性的问题,经过跟王晓天等人的工作以及实验结果做比较,最终证明 CTSS 方法可以适用于计算圆柱壳壳板的极限强度。

3.10.3 大潜深耐压壳体结构稳定性粗算

3.10.3.1 加筋圆柱壳耐压结构

材料参数:

• 钛合金:

杨氏模量 113 GPa;屈服限 880 MPa; 泊松比 0.3。

• HY130 高强度钢:

杨氏模量 207 GPa;屈服限 900 MPa; 泊松比 0.3。

• 有限元试算:

船长 60 m,分四个舱段。试算舱段长 15 m,半径 2.5 m,肋距 500 mm,舱壁取 46 mm。

以下方案仅考察外壳,外壳屈服强度均满足要求,舱壁及舱壁与外壳过渡处出现应力超标,需要在后续设计中进行结构加强。

方案 1:

材料:钛合金。板厚 60 mm 肋骨 20a 球扁钢重 76 t,耐压壳体结构重量大致为 304 t(图 3－27)。

图 3－27　带有球扁钢环肋的钛合金圆柱耐压壳失稳示意图

欧拉压力 6.65 MPa,稳定性远不满足要求。

方案 2:

材料:钛合金。板厚 60 mm 肋骨使用 T 型材,面板 60 ×40,腹板 200 ×30 重 88 t,全船重 352 t(图 3－28)。

图 3－28　带有 T 型材环肋的钛合金圆柱耐压壳失稳示意图

欧拉压力 12.39 MPa,失稳临界压力 12.39 ×0.85 ×0.9 =9.48 MPa,约 960 m 水深,通

过优化结构,在考虑裕度的情况下,稳定性有望满足要求。

方案 3:

材料:HY130 高强度钢。板厚 60 mm 肋骨使用 20a 球扁钢 重 136 t,全船重 544(图 3-29)。

图 3-29　带有球扁钢环肋的 HY130 高强度钢圆柱耐压壳失稳示意图

欧拉压力 12.1 MPa,失稳临界压力 $12.1 \times 0.85 \times 0.9 = 9.48$ MPa,约 944 m 水深,通过优化结构,在考虑裕度的情况下,稳定性有望满足要求。但是结构重量过重。

方案 4:

材料:HY130 高强度钢。板厚 45 mm 肋骨使用 T 型材,面板 50×20,腹板 200×20 重 116 t,全船重 464 t(图 3-30)。

图 3-30　带有 T 型材环肋的 HY130 高强度钢圆柱耐压壳失稳示意图

欧拉压力 14.84 MPa,失稳临界压力 $14.84 \times 0.85 \times 0.9 = 11.35$ MPa,约 1 150 m 水深,

通过优化结构，在考虑裕度的情况下，稳定性有望满足要求。但是结构重量可能过重。

3.10.3.2 串联球型耐压结构

(1)钛合金参数

杨氏模量 113 GPa；屈服限 880 MPa；泊松比 0.3。

(2)模型试算

试算舱段长 9.5 m，耐压球结构直径 2.5 m，相邻两球心距离 2 m，模型重 57 t。由此耐压壳结构质量约为 372 t。模型见图 3-31。

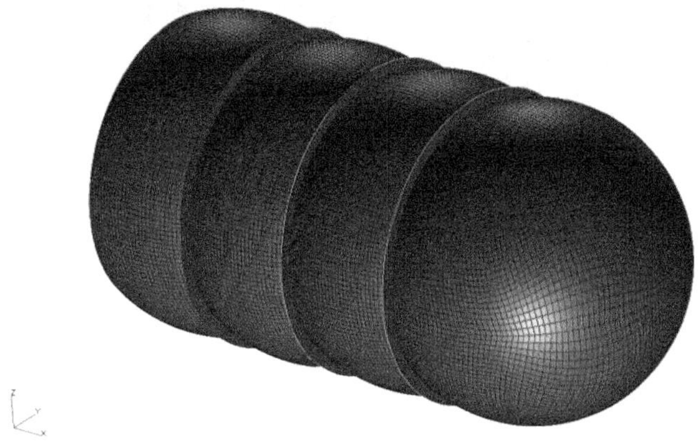

图 3-31 串联球型耐压结构有限元模型

模型耐压壳板厚 80 mm，舱壁板厚 45 mm，耐压球相贯处设一道环形肋骨，环形肋骨腹板 200×30 mm，面板 60×40 mm。

(3)强度计算

计算压力取 1 000 m 水深压力 9.8 MPa(图 3-32)。

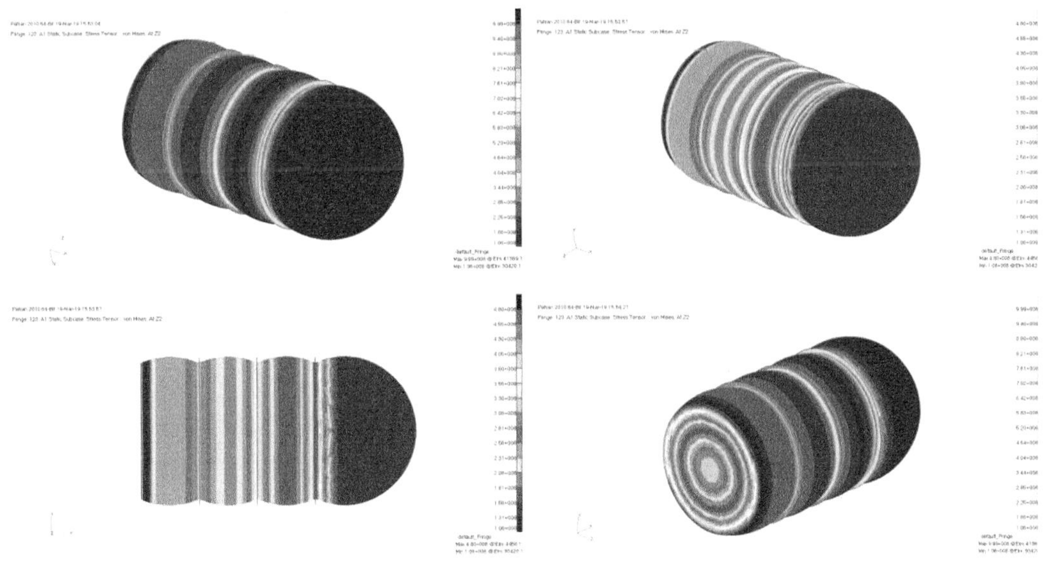

图 3-32 串联球型耐压壳体结构应力分布示意图

由于试算主要考察耐压壳强度及稳定性,舱壁未设加强筋,所以模型最大应力出现在舱壁与耐压球相接处,为 999 MPa。耐压壳部分应力最大为 480 MPa,满足强度要求。

(4)稳定性计算

计算结果见图 3-33。

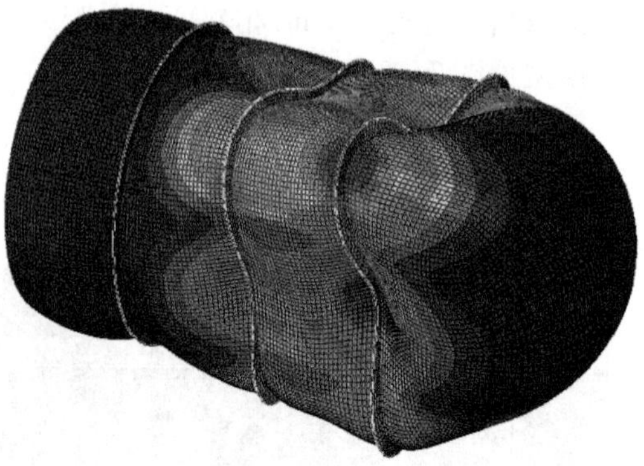

图 3-33 串联球型耐压壳体结构失稳示意图

在该情况下,欧拉压力为 12.6 MPa,考虑修正系数,失稳临界压力约为 $12.6\times0.85\times0.9=9.48$ MPa,相当于 983 m。可以通过对结构做适当优化,满足 1 000 m 潜深要求。

3.11 长舱段耐压壳体结构稳定性

3.11.1 概述

随着现代潜艇对大型化要求和潜深的增加,对环肋圆柱壳的结构强度和稳定性要求日益提高。长舱段的广泛使用通常认为使得舱段稳定性问题日益突出。随着下潜深度的增加为保证潜艇的结构安全,必须增加壳体的板厚以保证舱段有足够的承载能力。但随着板厚逐渐增加,壳板的稳定性将逐渐超过环肋的稳定性,这使得长舱段在失稳时环肋先于壳板失稳,即:发生总体失稳。出现《规范》中不允许的总体稳定性弱于壳板稳定性的不利情况,其失稳特性与长舱段一致。故由于耐压壳体下潜深度的增加,《规范》中要求:总体稳定性应为局部稳定性 1.2 倍所被掩盖的总体稳定性问题将会日益突出。因而,有必要研究基于大潜深条件下潜艇长舱段强度与稳定性的突出问题。

虽然增大长舱段的周向刚度能在一定程度上提高舱段的稳定性,但当周向刚度超过其临界刚度时,提高舱段的周向刚度已无法提高其稳定性,即出现结构的“异常特性”。因而有必要研究“异常特性”下长舱段的加强方式。

以往潜艇舱段环肋均为等刚度等间距布置,但该方法也会导致材料无法完全参与承载,为不影响长舱段的其他性能,分析非均匀加肋方式对长舱段环肋圆柱壳稳定性的影响,以期在不改变周向刚度的前提下提高舱段的总体稳定性。

3.11.2　大潜深潜器长舱段强度与稳定性分析

3.11.2.1　舱段材料与模型选择

长期以来我国的军用舰艇用钢与西方发达国家存在不小的差距，如我国的某型所用的钢材屈服极限仅为 $\sigma_s = 785$ MPa，与美俄有着明显的差距。目前，我国宝钢自主研发的超高强度结构钢材 BS11000E 热轧板研制成功，该种钢材的屈服极限为 $\sigma_s = 1\ 100$ MPa，可满足我国下一代大潜深攻击型核潜艇的设计制造。

基于以上新材料的出现，本章选用舱段模型为：$L = 13\ 200$ mm，$R = 2\ 500$ mm，$t = 20$ mm，$l = 600$ mm，$\mu = 0.3$，$E = 2.1 \times 105$ MPa，$\sigma_s = 1\ 100$ MPa，$I = 4.89 \times 10^7$ mm^4，肋骨采用 T 型材，其结构参数如表 3－1 所示。

表 3－1　肋骨采用 T 型材结构参数　　单位：mm

面板宽度	面板厚度	腹板高度	腹板厚度
100	10	170	12

3.11.2.2　承载力校核标准

(1)强度校核

根据《潜艇结构设计计算方法》，需要对潜艇环肋圆柱壳结构的三个关键部位应力进行校核：

①跨中中面周向应力：常规潜艇 $\sigma_2^0 \leqslant 0.85\sigma_s$，核潜艇 $\sigma_2^0 \leqslant 0.9\sigma_s$；

③跨端内表面纵向应力：$\sigma_1' \leqslant 1.15\sigma_s$；

③肋骨应力：$\sigma_f \leqslant 0.6\sigma_s$。

(2)稳定性校核

计算深度的确定：

对于承受静水外压力的耐压结构，其计算深度按式(3－68)确定

$$h_j = Kh_e \tag{3-68}$$

式中　K——安全系数，常规潜艇 $K = 1.45$，核潜艇 $K = 1.5$；

h_e——极限水深，m；

h_j——计算水深，m。

计算压力的确定：

对于承受静水外压力的耐压结构，其计算压力按式(3－69)确定

$$P_j = \rho g h_e \tag{3-69}$$

式中　P_j——计算压力，N；

ρ——海水密度，kg/m^3。

$$P_{cr} = C_g C_s P_E \tag{3-70}$$

式中：C_g、C_s、P_E 分别由壳体几何非线性的修正系数，材料物理非线性的修正系数，以及环肋圆柱壳耐压结构的总体失稳的理论临界压力得到。

总体稳定性校核：

$$P_{cr} \geqslant 1.2P_j \tag{3-71}$$

式中 P_{cr} 为总体失稳临界压力。

壳板局部稳定性校核：

$$P_{cr1} \geqslant P_j \tag{3-72}$$

式中 P_{cr1} 为局部失稳临界压力。

3.11.2.3 强度与稳定性计算结果

(1)模型强度计算结果

对于3.11.2.1中所选择的材料和舱段模型，当 $\sigma_2^0 \leqslant 0.85\sigma_s = 935$ MPa，$\sigma_1' \leqslant 1.15\sigma_s = 1\ 265$ MPa，$\sigma_f \leqslant 0.9\sigma_s = 660$ MPa 时强度满足设计要求。为了实现耐压结构的大潜深目标，现在采用超高强度钢材 BS11000E 的基础上，通过不断增加耐压壳体板厚，以强度为衡量标准，探究在不同板厚下耐压壳体下潜的极限水深 h_e 以及极限水深下关键部位的应力数值。

强度校核下极限水深计算结果如表3-2所示，其中不满足强度的在其上标记 * 。

表3-2 不同板厚下耐压壳体下潜的极限水深

板厚 t/mm		20	25	30	35	40
极限水深 h_e/m		524	670	761	875	1 003
关键部位应力值/MPa	σ_2^0	935 *	935 *	883 *	861	863
	σ_1'	1 010	891	763	720	722
	σ_f	583	660 *	606	601 *	660 *

(2)模型稳定性计算结果

对于3.11.2.1中所选择的材料和舱段模型，当 $P_{cr1} \geqslant P_j$ 时局部稳定性满足设计要求，当 $P_{cr} \geqslant 1.2P_j$ 时满足总体稳定性设计要求。为了实现耐压结构的大潜深目标，通过不断增加耐压壳体板厚，以稳定性为衡量标准，探究在不同板厚下耐压壳体下潜的极限水深 h_e 以及极限水深下各失稳临界压力数值。

稳定性校核下极限水深计算结果如表3-3所示，其中不满足稳定性的在其上标记 * 。

表3-3 不同板厚下耐压壳体下潜的极限水深

板厚 t /mm	20	25	30	35	40
极限水深 h_e/m	323	582	823	845	1214
P_{cr1}/MPa	4.87 *	8.77 *	14.93	16.61	24.38
P_{cr}/MPa	11.60	11.91	12.40 *	13.04 *	21.95 *

3.11.2.4 计算结果分析

根据表3-2、表3-3的计算结果，绘制不同板厚下以强度作为舱段设计标准时舱段的极限下潜深度曲线和以稳定性作为舱段设计标准时舱段的极限下潜深度曲线。如图3-34所示。

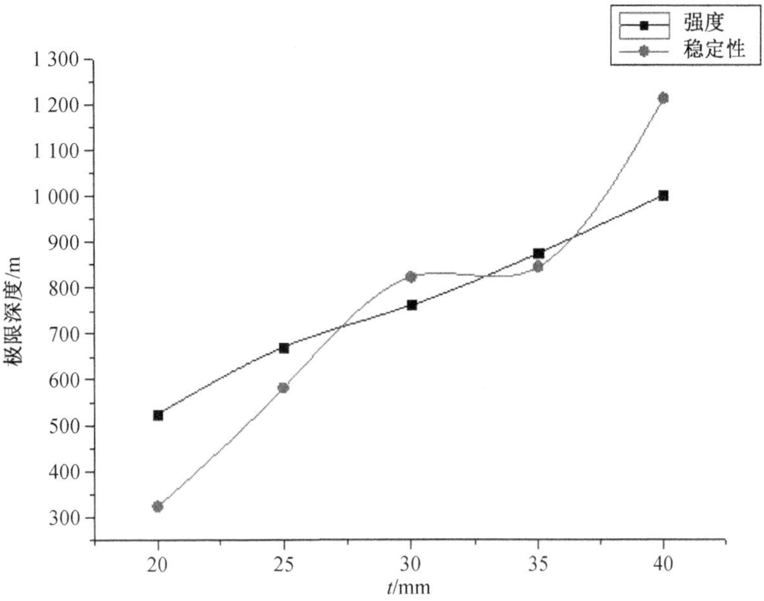

图 3－34 不同板厚下舱段极限下潜深度曲线

从图 3－34 可以看出:强度曲线随着板厚的增加,极限下潜深度几乎是线性增加的,而稳定性曲线存在一个缓慢增长的"平台期",在"平台期"前后极限下潜深度都成线性增长,且稳定性曲线的斜率远比强度曲线大。同时,图中两条曲线出现三个交点,这表明由于下潜深度和壳板厚度的增加,环肋圆柱壳的强度问题和稳定性问题,二者的突出性是会不断发生变化的,并不是像以往认为的由于采用了高强度钢材,使得稳定性问题比强度问题更加突出,从而在设计中为了获得更大的下潜深度,稳定性问题成为更亟待解决的问题。

当耐压壳体板厚较薄时,由于发生的是局部失稳,故随着板厚的增加,稳定性决定的耐压舱段下潜极限深度明显增加,呈线性趋势;当板厚增加到一定程度,失稳模态发生变化,由局部失稳向总体失稳转变:周向肋骨失稳进而带动壳板失稳。故在小范围内继续增加壳板厚度并未明显增加舱段的下潜极限深度,出现"平台期"。但继续增加板厚到一定程度,即:壳板的刚度远大于肋骨刚度,此时舱段模型趋向于无环肋的圆柱壳,主要的承压结构为壳板而非环肋,故此时由稳定性决定的极限下潜深度继续增加呈线性趋势。

而图 3－34 中的两条曲线多次出现相交的情况,这说明对于潜艇耐压结构而言,并非由于使用了高强度钢材就一定导致稳定性问题更为突出。在实际设计过程中应对强度和稳定性问题进行判断,对二者中更为突出的问题着重解决,更符合实际情况。同时,经以上结果分析可知:无论是强度破坏还是稳定性破坏,随着板厚的增加,均是由壳板破坏逐渐向环肋破坏过渡。因此,随着板厚的增加,环肋将成为耐压舱段中更为薄弱的结构,应得到适当的加强。

3.11.3 异常特性长舱段稳定性研究

所谓的"异常特性",是指增加耐压圆柱壳结构的周向刚度或减小其失稳跨距都无法再有效地提高舱段总体失稳临界压力,结构特性与仅受轴向外压时特性一致的现象[11]。在我国潜艇的结构设计过程中,通常"异常特性"的问题并未得到重视。这是因为《潜艇结构设计计算方法》中要求其舱段总体稳定性储备应为壳板局部稳定性的1.2倍,所以普通舱段壳板局部失稳是主要的失稳形式。虽然在设计的过程中,舱段结构可能处于"异常特性"的范围,导致总体稳定性降低,储备已不足1.2倍,但是有可能仍然高于局部稳定性,从而使总体稳定性中"异常特性"的问题被掩盖起来。但是随着潜艇舱段的大型化,出于布置的需求,长舱段的使用日益广泛,对于长舱段其总体稳定性劣于壳板稳定性的特性而言,伴随着高强度钢材的使用和下潜深度的增加,对舱段总体稳定性将日益提高,所以"异常特性"的问题将会凸显,成为必要考虑的因素。

对于处于"异常特性"的潜艇舱段而言,通常增加周向刚度的常规手段已经无法再明显增加其总体失稳临界压力。因而,从"异常特性"的诱导原因出发,需要考虑增加其纵向刚度,提出采用增设纵向肋骨的方式来提高潜艇结构总体稳定性,同时验证该方案比增加板厚效果更加显著同时对结构更加有利。

3.11.3.1 具有异常特性的长舱段稳定性理论分析

通常环肋圆柱壳总体稳定性采用里兹法对结构的总体位能方程进行一阶求导,得到均匀外压下环肋圆柱壳的总体失稳方程

$$T_1 m^2\alpha_1^2 + T_2(n^2 - 1) = \frac{D}{R^2}(m^2\alpha_1^2 + n^2 - 1)^2 + \frac{Etm^4\alpha_1^4}{(m^2\alpha_1^2 + n^2)^2} + \frac{EI}{R^2 l}(n^2 - 1)^2 \tag{3-73}$$

式中:$T_1 = 0.5P^{(1)}R$, $T_2 = P^{(2)}R$。

则可得均匀外压下环肋圆柱壳的总体失稳压力方程

$$0.5P^{(1)}m^2\alpha_1^2 + P^{(2)}(n^2 - 1) = \frac{D}{R^2}(m^2\alpha_1^2 + n^2 - 1)^2 + \frac{Etm^4\alpha_1^4}{R(m^2\alpha_1^2 + n^2)^2} + \frac{EI}{R^3 l}(n^2 - 1)^2 \tag{3-74}$$

式中 $P^{(1)}$——圆柱壳在轴向受到的均匀外压,N;

$P^{(2)}$——圆柱壳在周向受到的均匀外压,N。

环肋圆柱壳所受横向和纵向联合作用力如图3-35所示。

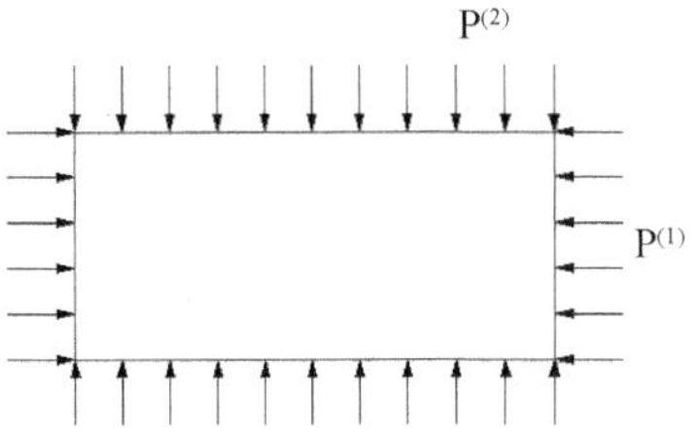

图3-35 环肋圆柱壳所受横向和纵向联合作用力

由(3-74)式可得仅受轴压时的总体失稳压力方程:

$$P_E^{(1)} = \frac{2}{m^2\alpha_1^2}\left[\frac{D}{R^3}(m^2\alpha_1^2 + n^2 - 1)^2 + \frac{Et}{R}\frac{m^4\alpha_1^4}{(m^2\alpha_1^2 + n^2)^2} + \frac{EI}{R^3 l}(n^2 - 1)^2\right] \tag{3-75}$$

由(3-75)式可得仅受周向时的总体失稳压力方程

$$P_E^{(2)} = \frac{1}{n^2 - 1}\left[\frac{D}{R^3}(m^2\alpha_1^2 + n^2 - 1)^2 + \frac{Et}{R}\frac{m^4\alpha_1^4}{(m^2\alpha_1^2 + n^2)^2} + \frac{EI}{R^3 l}(n^2 - 1)^2\right] \quad (3-76)$$

为了计算和讨论的方便,引入参数β、γ其中

$$\beta = \frac{10^6 I}{R^3 l},\ \gamma = \frac{100t}{R}$$

通过参数α、β、γ,将式(3－74)、式(3－75)、式(3－76)改写成如下所示:

$$P_E = \frac{E \times 10^{-6}}{n^2 - 1 + 0.5m^2\alpha^2}\left[\frac{\gamma^3}{12(1-\mu^2)}(m^2\alpha^2 + n^2 - 1)^2 + \frac{\gamma m^4\alpha^4 \times 10^4}{(m^2\alpha^2 + n^2)^2} + \beta(n^2 - 1)^2\right] \quad (3-77)$$

$$P_E^{(1)} = \frac{2E \times 10^{-6}}{m^2\alpha^2}\left[\frac{\gamma^3}{12(1-\mu^2)}(m^2\alpha^2 + n^2 - 1)^2 + \frac{\gamma m^4\alpha^4 \times 10^4}{(m^2\alpha^2 + n^2)^2} + \beta(n^2 - 1)^2\right] \quad (3-78)$$

$$P_E^{(2)} = \frac{E \times 10^{-6}}{n^2 - 1}\left[\frac{\gamma^3}{12(1-\mu^2)}(m^2\alpha^2 + n^2 - 1)^2 + \frac{\gamma m^4\alpha^4 \times 10^4}{(m^2\alpha^2 + n^2)^2} + \beta(n^2 - 1)^2\right] \quad (3-79)$$

由引入的参数意义可知:

(1)α表示:舱段长度对总体失稳临界压力的影响;

(2)β表示:环肋刚度对总体失稳临界压力的影响;

(3)γ表示:壳板厚度对总体失稳临界压力的影响。

现采用控制变量法,只改变其中一个参数,分析其对P_E、$P_E^{(1)}$、$P_E^{(2)}$三者的影响,并绘制相关曲线。

(1)改变α,取β=4.0,γ=0.7,得到表3－4。

表3－4　舱段失稳压力随α变化情况　　单位:MPa

α	0.5	1.0	1.5	2.0	2.5	3.0	3.5	4.0	4.5
P_E	4.07	8.12	12.23	12.26	12.32	12.23	12.23	12.29	12.32
$P_E^{(1)}$	12.46	12.48	12.48	12.47	12.48	12.48	12.48	12.48	12.48
$P_E^{(2)}$	4.24	8.62	14.22	16.67	22.86	25.55	27.14	29.92	32.96

根据表3－4得到舱段失稳压力随α变化的图3－36。

(2)改变β,取α=2.0,γ=0.7,得到表3－5。

表3－5　舱段失稳压力随α变化情况　　单位:*MPa*

β	0.5	1.0	1.5	2.0	2.5	3.0	3.5	4.0	4.5	5.0
P_E	3.60	5.93	7.76	9.16	10.55	11.94	12.26	12.29	12.32	12.36
$P_E^{(1)}$	12.48	12.48	12.48	12.48	12.48	12.48	12.48	12.48	12.48	12.48
$P_E^{(2)}$	3.90	6.42	8.94	11.46	11.95	13.53	15.10	16.68	18.25	19.83

根据表3－5得到舱段失稳压力随β变化的图3－37。

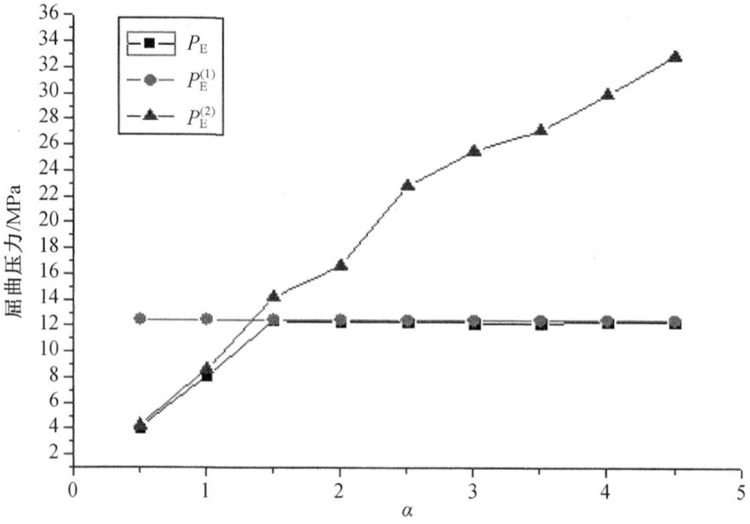

图 3－36　舱段失稳压力随 α 变化情况

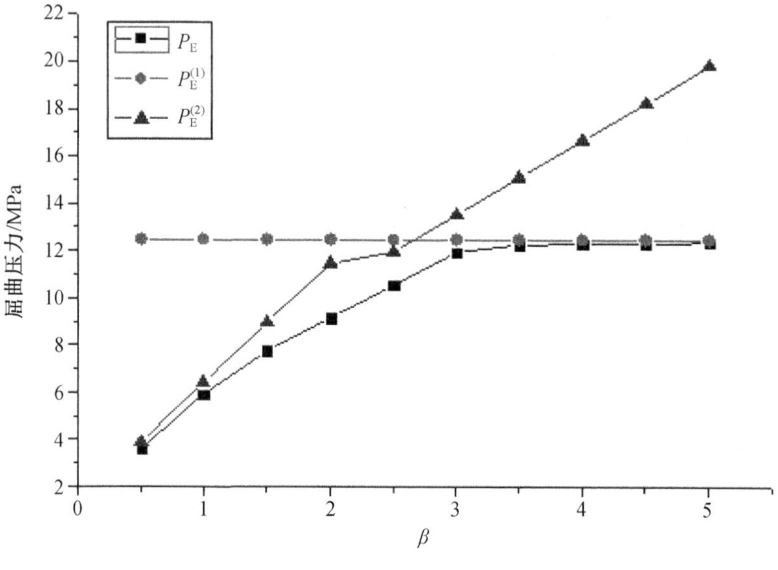

图 3－37　舱段失稳压力随 β 变化情况

从图 4.4 和图 4.5 可知：P_E、$P_E^{(1)}$、$P_E^{(2)}$ 分别是三种完全不同的壳体稳定特性。可以得到以下一些结论：

(1)当 α 逐渐增大时，环肋圆柱壳总体稳定性主要受到 $P_E^{(1)}$ 的制约。这主要是由于对于环肋圆柱壳结构当仅受到周向外压作用时，总体失稳载荷总是随着失稳跨距的减小而增大，故表现为 $P_E^{(2)}$ 随 α 的增大而增大，且纵向失稳波数恒为 1；当对于仅受到轴向外压的圆柱壳结构来说，其理论失稳载荷与光壳失稳载荷基本相当，由文献[13]中光壳的理论临界失稳压力计算公式(3－11)至公式(3－13)可知其理论失稳临界压力与舱段长度无关。因而，α 的增大无法增加 $P_E^{(1)}$。

$$P_{\mathrm{E}}^{(1)} = \frac{2Et^2}{R^2\sqrt{3(1-\mu^2)}} \tag{3-80}$$

(2)当 β 逐渐增大时,环肋圆柱壳总体稳定性仍主要受到 $P_{\mathrm{E}}^{(1)}$ 的制约。这是因为,增大 β 即增大环肋圆柱壳的周向刚度,纵向刚度并没有增大,因而增大 β 对 $P_{\mathrm{E}}^{(1)}$ 几乎没有作用,但对改善 $P_{\mathrm{E}}^{(2)}$ 失稳载荷效果显著。

由此可见,当 α、β 增大到一定程度时,若想继续改善环肋圆柱壳的总体失稳压力,需要提高壳体的纵向刚度,通常可选的方案有增加壳体板厚,但是这样不利于整体结构的其他技术指标,因而增设纵向肋骨也许是一项可行的方案。

(3)由上图分析可知:受各向均匀的外压作用下,长舱段耐压结构总体失稳临界压力应满足:$P_{\mathrm{E}} < P_{\mathrm{E}}^{(1)}$,$P_{\mathrm{E}} < P_{\mathrm{E}}^{(2)}$。同时由图 4.4 和 4.5 可得到环肋圆柱壳处于异常特性时的舱段结构参数。由图 4.4 可得,当 $\alpha < \alpha_i = 1.3$ 时,舱段总体稳定性 P_{E} 主要受到 $P_{\mathrm{E}}^{(2)}$ 的制约,随着 α 的增大,当 $\alpha > \alpha_i$ 时,总体稳定性 P_{E} 受到 $P_{\mathrm{E}}^{(1)}$ 的制约,并且 P_{E} 不再增大;由图 4.5 可得,当 $\beta < \beta_i = 2.5$ 时,舱段总体稳定性 P_{E} 主要受到 $P_{\mathrm{E}}^{(2)}$ 的制约,随着 β 的增大,当 $\beta > \beta_i$ 时,总体稳定性 P_{E} 受到 $P_{\mathrm{E}}^{(1)}$ 的制约,并且 P_{E} 不再增大。

(4)综上所述:对于常规潜艇环肋圆柱壳结构而言,在 $\alpha < \alpha_i$,$\beta < \beta_i$ 的结构参数范围内,总体稳定性规律 P_{E} 与 $P_{\mathrm{E}}^{(2)}$ 特性一致,主要变现为 P_{E} 随着壳体周向刚度的增加而增大,纵向失稳半波数 $m=1$,表现为壳体的"通常特性",一旦结构参数超过此范围,则表现为壳体与仅受轴向外压作用时一直,称之为"异常特性",这异常特性的实质。根据文献[15]可知,光壳的纵向失稳半波数可通过下式估算

$$m \approx \frac{L}{1.728\sqrt{Rt}} \tag{3-81}$$

从式(3-81)可知:当 $L/\sqrt{Rt} > 1.728$,就有可能产生 $m \neq 1$ 的情况,故 $m \neq 1$ 并不一定舱段是判断处于"异常特性"时的衡量标志。

异常特性对耐压结构设计最主要的启示是:为改善环肋圆柱壳的总体稳定性而减小舱段长度 L 和增大环肋尺寸是毫无作用的。同时由这一特性可知:

①当舱段处于"异常特性"时,其内设置的特大肋骨对改善舱段总体稳定性几乎无有效贡献。舱段内设置特大肋骨,主要作用就是利用其大刚度的作用起到减小失稳跨距或提高周向刚度以期待提高壳体稳定性,而"异常特性"使得减小失稳跨距等方式无用,故通常使用的加设特大肋骨在此情况下也是失效的,若忽视了"异常特性"的存在,反而在无效的方案上更不利于舱段总布置,得不偿失。

②舱段内壳板与环肋总体稳定性临界压力等于甚至小于其孤立环肋的失稳临界压力。当失稳跨距 L 无限长时,其孤立肋骨的失稳临界压力就是其总体失稳临界压力。但由于舱段 L 是有限长的,通常情况下舱段理论压力大于孤立肋骨临界压力。但处于"异常特性",由于减小跨距是无效的,故环肋圆柱壳总体失稳临界压力等于其孤立肋骨失稳临界压力。

3.11.3.2　中间支骨的"异常特性"问题

在本章之前的小节中已经分析了,对处于"异常特性"的耐压结构中加设特大肋骨、减小舱段跨距等常规加强方式均无效。现分析采用中间支骨加强方式对环肋圆柱壳结构的影响。

对于含有中间支骨的环肋圆柱壳,其总体稳定性公式可以通过一般环肋圆柱壳总体稳定性公式稍加改造而得。只要将环肋圆柱壳总体稳定性公式(2-15)中,用 l 和 i/λ 分别取代原来的 L 和 I/l,即可得到中间支骨失稳理论临界压力公式[13]

$$P_E = \frac{1}{n^2 - 1 + 0.5m^2\alpha_1^2}\left[\frac{D}{R^3}(m^2\alpha_1^2 + n^2 - 1)^2 + \frac{Et}{R}\frac{m^4\alpha_1^4}{(m^2\alpha_1^2 + n^2)^2} + \frac{Ei}{R^3\lambda}(n^2 - 1)^2\right] \tag{3-82}$$

式中 $\alpha = \pi R/l$;

$\lambda = \dfrac{l}{2}$——中间支骨与肋骨之间的距离,mm;

i——计及带板的中间支骨惯性矩,可用下式计算:

$$i \approx i_0 + \left(y_0 + \frac{t}{2}\right)^2 \frac{A_i\lambda t}{A_i + \lambda t} \tag{3-83}$$

现选取如下模型进行验证:

舱段长度:$L = 13.6$ m,舱段半径:$R = 4.1$ m,屈服极限:$\sigma_s = 800$ MPa。

弹性模量:$E = 2.0\times10^5$ MPa,泊松比:$\mu = 0.3$。

肋骨选择 T30c 型 T 型钢,中间支骨选用 5 号球缘扁钢。

(1)增大肋骨间距对舱段与中间支骨理论临界压力的影响

现选用壳板厚度 $t = 35$ mm,环肋间距从 500 ~ 1 000 mm 变化,探究舱段总体稳定性和中间支骨稳定性理论临界压力的变化趋势。

舱段总体稳定性变化趋势见表 3-6。

表 3-6 舱段总体稳定性随肋骨间距的变化趋势 单位:MPa

l/mm	500	600	700	800	900	1 000
P_E	14.71	14.12	12.87	11.73	10.90	10.16
P_{E1}	16.74	16.74	16.74	16.74	16.74	16.74
P_{E2}	16.03	15.06	13.54	12.48	11.37	10.81

中间肋骨稳定性变化趋势见表 3-7。

表 3-7 中间支骨稳定性随肋骨间距的变化趋势 单位:MPa

l/mm	500	600	700	800	900	1 000
P_E	10.86	9.33	7.54	6.47	5.71	5.13
P_{E1}	15.71	14.92	13.10	11.67	8.42	6.51
P_{E2}	12.38	11.36	10.36	9.54	8.62	7.91

舱段总体稳定性和中间肋骨稳定性随肋骨间距变化趋势如图 3-38(a)、(b)所示。

(2)增大板厚对舱段与中间支骨理论临界压力的影响

现选择 $l = 600$ mm 的板厚,板厚从 35 ~ 43 mm 变化,探究舱段总体稳定性和中间支骨稳定性理论临界压力的变化趋势。

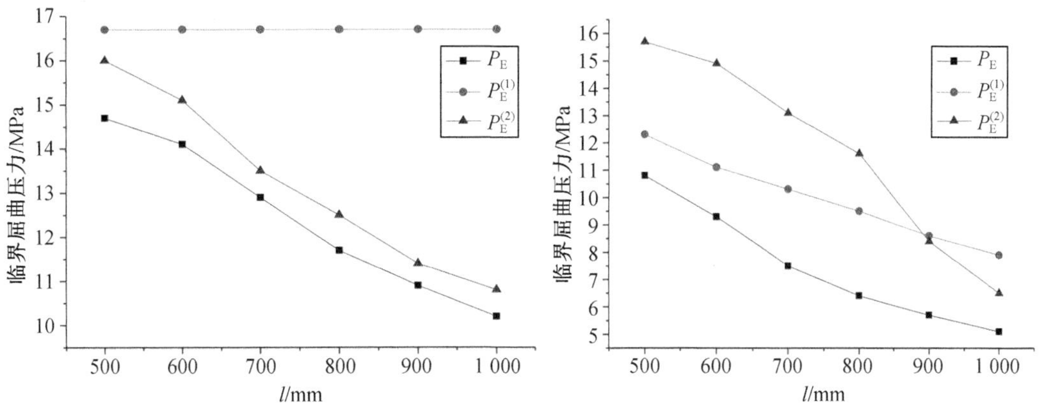

图 3-38　舱段总体稳定性和中间肋骨稳定性随肋骨间距变化趋势

(a)舱段总体稳定性随肋骨间距变化趋势;(b)中间肋骨稳定性随肋骨间距变化趋势

舱段总体稳定性变化趋势如下表 3-8 所示。

表 3-8　舱段总体稳定性随板厚的变化趋势　　单位:MPa

t/mm	35	37	39	41	43
P_E	15.20	15.54	15.81	16.26	16.57
P_{E1}	17.53	19.47	21.96	24.34	26.51
P_{E2}	15.89	16.43	16.85	17.17	17.49

中间肋骨稳定性变化趋势如下表 3-9 所示。

表 3-9　中间支骨稳定性随板厚的变化趋势　　单位:mm

t/mm	35	37	39	41	43
P_E	5.62	7.36	8.92	11.63	13.40
P_{E1}	8.35	9.16	10.65	12.22	14.17
P_{E2}	10.74	11.68	13.45	14.62	15.71

舱段总体稳定性和中间肋骨稳定性随板厚变化趋势如图 3-39(a)、(b)所示。

从本小节中的图和表分析可知:舱段总体稳定性始终满足 $P_E < P_E^{(2)} < P_E^{(1)}$ 的关系,总体稳定性受到周向刚度的制约;对于中间支骨而言,图 4.5(b)在肋骨间距较小时($l<750$ mm)有 $P_E < P_E^{(1)} < P_E^{(2)}$,图 4.6(b)随着板厚的增大,始终有 $P_E < P_E^{(1)} < P_E^{(2)}$,即结构出现了“异常特性”,表明在同一环肋圆柱壳中中间支骨相比普通肋骨更容易出现“异常特性”。这是因为加设中间支骨后,公式中的 α 值由 $\alpha = \pi R/L$ 变为 $\alpha = \pi R/l$,增大了若干倍,这使得中间支骨的 α 值更容易超过临界值 α_i 从而出现“异常特性”。

综上所述,加设中间支骨虽然能提高壳体的总体稳定性,但中间支骨自身的稳定性无法保证,为保证不出现中间支骨“异常特性”其所需要的刚度甚至有可能大于一般肋骨刚度。因此,在中间支骨设计过程中,应同普通环肋一样,在计算时考虑结构是否处于“异常特性”，这一点相比于普通环肋而言可能更为重要，若忽略此现象可能得到偏于危险的结论。

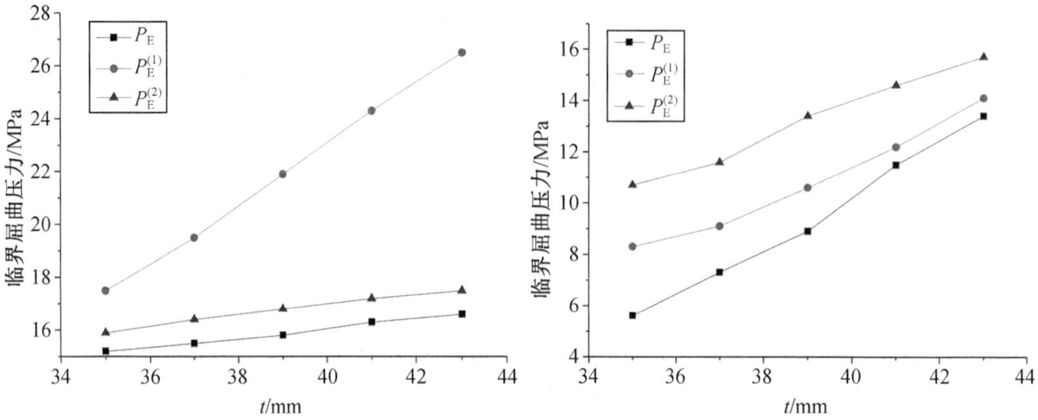

图 3-39　舱段总体稳定性和中间有稳定性随板厚变化趋势

(a)舱段总体稳定性随板厚变化趋势；图 3-39(b)中间肋骨稳定性随板厚变化趋势

3.11.4　纵横加筋圆柱壳稳定性公式推导

纵横加筋环肋圆柱壳总体稳定性公式同样可由里兹法推导而出，主要在总位能方程中计及纵骨应变能即可。

单根纵向肋骨的应变能为[14]

$$V_i = \frac{EJ_i}{2}\int_0^L \left[\frac{\mathrm{d}^2 w}{\mathrm{d}x^2}\right]^2 \mathrm{d}x = \frac{\pi L}{4R}\left[-\frac{2EJ_i}{R^2\lambda n}m^4\alpha^4\sin^2\frac{2\pi}{\lambda}y_i\right]C^2 \tag{3-84}$$

式中　w——壳体的径向位移，$w = C\sin\frac{m\pi x}{L}\sin\frac{2\pi y}{\lambda}$；

x,y——圆柱壳中面上任一点的坐标；

λ——圆周方向失稳波长，$\lambda = \frac{2\pi R}{n}$。

$$J_i = J_0 + \frac{b_e t^3}{12} + \left(y_{of} + \frac{t}{2}\right)^2 \frac{b_e f t}{f + b_e t} \tag{3-85}$$

式中　b——纵骨间距，mm；

$b_e = b/6$——附连翼板宽度，mm；

f——纵骨剖面积，mm^2。

若增设了 N_i 根纵骨，则可以到纵骨的总应变能为

$$V = \frac{\pi L}{4R}\left[\frac{2Em^4\alpha^4}{R^2\lambda n}\sum_{i=1}^{N_i} J_i\sin^2\frac{2\pi}{\lambda}y_i\right]C^2 \tag{3-86}$$

通常纵骨同环肋一致都是等间距，等刚度布置，即：$J_i = J$，在整个周向上，肋骨间距可取 $b = \frac{2\pi R}{N_i}$。每根肋骨的圆心角 $\Delta\varphi = \frac{360}{N_i}$，则可将式(3-86)改写为

$$V = \frac{\pi L}{4R}\left[\frac{2Em^4\alpha^4}{R^2\lambda N_I}\sum_{i=1}^{N_i} \sin^2(n_i\Delta\varphi)\right]C^2 \tag{3-87}$$

由于 $n \neq n_0 \dfrac{\pi R}{b}$($n_0$ 为自然数),故可以得到

$$\frac{2}{N_i}\sum_{i=1}^{N_i}\sin^2(ni\Delta\varphi) = 1 \tag{3-88}$$

故根据式(3-88)可得

$$V = \frac{\pi L}{4R}\frac{EJm^4\alpha^4}{R^2 b}C^2 \tag{3-89}$$

由普通环肋圆柱壳总体稳定性计算公式的推导过程,可得纵横加筋环肋圆柱壳的总体理论失稳临界压力计算公式

$$P_{\mathrm{E}} = \frac{1}{n^2-1+0.5m^2\alpha^2}\left[\frac{D}{R}(n^2-1+m^2\alpha^2) + \frac{Et}{R}\frac{m^4\alpha^4}{(m^2\alpha^2+n^2)^2} + \frac{EI}{R^3 l}(n^2-1)^2 + \frac{EJ}{R^3 l}m^4\alpha^4\right] \tag{3-90}$$

式中

$$J = J_0 + \frac{b_{\mathrm{e}}t^3}{12} + \left(y_{\mathrm{of}} + \frac{t}{2}\right)^2\frac{fb_{\mathrm{e}}t}{f+b_{\mathrm{e}}t} \tag{3-91}$$

纵横加筋环肋圆柱壳还有其他的推导方法,但是该方法计算结果偏于安全,故本文通过该方法计算纵横加筋圆柱壳的总体失稳临界压力。

若仅发生纵骨和壳板失稳,则可另 $I=0$,$\alpha=\dfrac{\pi R}{l}$,可得理论失稳公式为

$$P_{\mathrm{E}} = \frac{1}{n^2-1+0.5\mathrm{m}^2\alpha^2}\left[\frac{D}{R}(n^2-1+m^2\alpha^2)^2 + \frac{Et}{R}\frac{m^4\alpha^4}{(m^2\alpha^2+n^2)^2} + \frac{EJ}{R^3 l}m^4\alpha^4\right] \tag{3-92}$$

若仅壳板发生失稳,则可另 $I=0$,$J=0$,$\alpha=\dfrac{\pi R}{l}$,可得纵横加筋圆柱壳壳板失稳理论临界压力计算公式为

$$P_{\mathrm{E}} = \frac{1}{n^2-1+0.5\mathrm{m}^2\alpha^2}\left[\frac{D}{R}(n^2-1+m^2\alpha^2)^2 + \frac{Et}{R}\frac{m^4\alpha^4}{(m^2\alpha^2+n^2)^2}\right] \tag{3-93}$$

3.11.5　“异常特性”模型确定

为了确定合适的计算模型,我们选取了某一大型潜艇的结构参数作为基本模型,并验证该模型处于结构“异常特性”。该模型的基本结构参数为

$$L=17\ \mathrm{m},\ R=4.5\ \mathrm{m},\ t=33\ \mathrm{mm},\ l=600\ \mathrm{mm},\ I=4.633\,1\times10^4\ \mathrm{cm}^4$$

$$E=2.0\times10^5\ \mathrm{MPa},\ \sigma_{\mathrm{s}}=785\ \mathrm{MPa},\ \mu=0.3$$

肋骨采用 T 型材,其结构参数:面板宽度:150 mm;面板厚度:24 mm;腹板高度:300 mm;腹板厚度:25 mm。

我们将基本模型的结构参数 $\alpha=0.831$,$\beta=8.473$,$\gamma=0.733$ 代入公式(3-10)~公式(3-11)中得:$P_{\mathrm{E}}=13.606$ MPa ($m=25$,$n=2$)。若将 β 增大一倍,其余参数不变,则此时 $P_{\mathrm{E}}=13.606$ MPa,($m=13$,$n=2$);若将 β 增大一倍,其余参数不变,则此时 $P_{\mathrm{E}}=12.683$ MPa ($m=25$, $n=2$)。以上的结果可以看出,无论是减小失稳跨距还是增加肋骨刚度,结构的失稳临界压力几乎不变,因此结构处于“异常特性”。本篇论文在其余结构参数保持不变的基

础上选取 $L=13.2\ \mathrm{m}$ 的舱室作为计算模型,分别增设 2、3、4 根截面尺寸与环肋一致的纵向肋骨,分析其对稳定性的影响。

3.11.6 异常特性下纵横加筋圆柱壳纵骨数量对总体稳定性的影响

纵横加筋圆柱壳数量总体稳定性理论计算。为了更好地研究纵骨对加筋圆柱壳总体稳定性的影响,引入参数 $\eta=\dfrac{10^6 J}{R^3 b}$,可将纵横加筋圆柱壳总体失稳临界压力计算公式改写为

$$P_{\mathrm{E}} = \frac{E\times 10^{-6}}{0.5\ m^2\alpha^2}\left[\frac{\gamma^3}{12(1-\mu^2)}(m^2\alpha^2+n^2-1)^2+\frac{m^4\alpha^4\times 10^4}{(m^2\alpha^2+n^2)^2}+\beta(n^2-1)^2+\eta m^4\alpha^4\right] \tag{3-94}$$

同时,为了分析采用纵横加筋方式对处于“异常特性”的圆柱壳的优越性,引入相当厚度的概念,其计算公式为:

$$\bar{t} = t+\frac{F\times m}{2\pi R} \tag{3-95}$$

式中 m——纵骨数目;

F——环肋的剖面积。

(1)加设两根纵向肋骨总体失稳理论计算

由式(3-94)可得,在增设两根纵骨后,长舱段环肋圆柱壳的总体失稳临界压力 $P_{\mathrm{E}}=51.96\ \mathrm{MPa}(m=8,n=3)$。若要到达该总体失稳临界压力,采用增加板厚的方式。此时,板厚 $t=55.11\ \mathrm{mm}$。相当板厚 $\bar{t}=34.68\ \mathrm{mm}$。很明显,可以得到增设纵向肋骨可以有效地提高耐压圆柱壳的稳定性,从而不会引起船体重量太大的增加。

(2)加设三根纵向肋骨总体失稳理论计算

由式(3-94)可得,在增设三根纵骨后,长舱段环肋圆柱壳的总体失稳临界压力 $P_{\mathrm{E}}=51.96\ \mathrm{MPa}(m=8,n=3)$。若要到达该此总体失稳临界压力,采用增加板厚的方式。此时,板厚 $t=58.21\ \mathrm{mm}$。相当板厚 $\bar{t}=35.52\ \mathrm{mm}$。很明显,可以得到增设纵向肋骨可以有效地提高耐压圆柱壳的稳定性,从而不会引起船体重量太大的增加。

(3)加设四根纵向肋骨总体失稳理论计算:

由式(3-94)可得,在增设四根纵骨后,长舱段环肋圆柱壳的总体失稳临界压力 $P_{\mathrm{E}}=58.73\ \mathrm{MPa}(m=8,n=3)$。若要到达该总体失稳临界压力,采用增加板厚的方式。此时,板厚 $t=58.59\ \mathrm{mm}$。相当板厚 $\bar{t}=36.36\ \mathrm{mm}$。很明显,可以得到增设纵向肋骨可以有效的提高耐压圆柱壳的稳定性,从而不会引起船体重量太大的增加。

纵横加筋圆柱壳数量总体稳定性有限元计算结果如图 3-40 所示。

由上述三个算例的理论计算结果和仿真计算结果,可以得出以下结论:结构参数处于“异常特性”范围下,增设纵骨可以大幅度地改善环肋圆柱壳的总体失稳临界压力,同时避免过分的增加板厚导致潜艇重量增加的不利影响。这是因为环肋圆柱壳处于“异常特性”时,其失稳临界压力主要受结构纵向刚度控制。单根纵骨带板比单根环肋带板范围大得多,这导致单根纵骨对刚度的提升要比环肋明显得多,增设纵骨能够有效地增加环肋圆柱壳结构纵向刚度。正因此,布置少量的纵骨就能够显著改善“异常特性”下长舱段环肋圆柱壳总体稳定性。并且,当舱段设置三根、四根纵骨时,其结构失稳临界压力与布置两根纵骨

相比并没有显著的提升。正是因为,此时结构纵向刚度与周向刚度大小趋近相同,结构正处于“异常特性”状态向“非异常特性”转变的过渡阶段。结构失稳临界压力已不完全由纵向刚度控制,所以此时在增设纵骨,效果已不再明显。经以上分析可知,耐压圆柱壳结构的“异常特性”和“非异常特性”并不是一沉不变的。存在一个“过渡区域”,即结构参数接近:$\alpha = \alpha_i$,$\beta = \beta_i$ 时在此“区域”下无论增加纵向或周向刚度都无法显著提升结构总体失稳临界压力。

(a)纵横加筋圆柱壳有限元模型

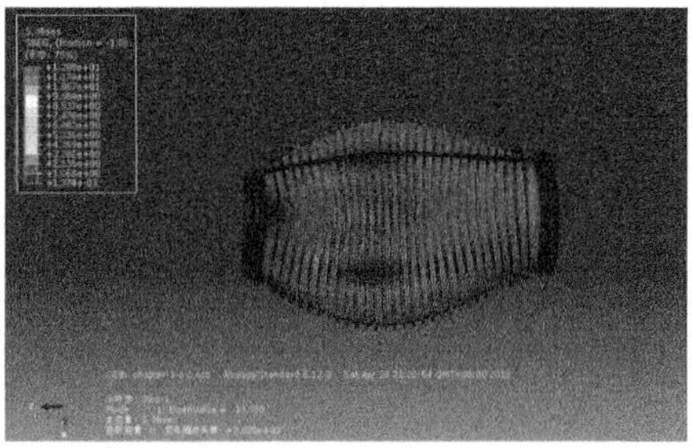

(b)两根纵骨纵横加筋圆柱壳有限元结果

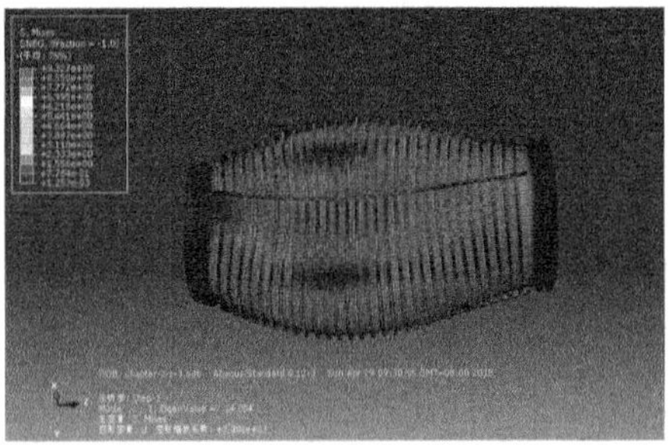

(c)纵横加筋圆柱壳有限元模型

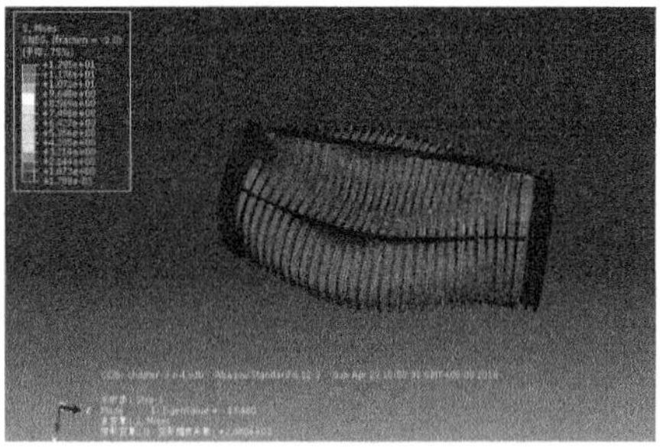

(d)两根纵骨纵横加筋圆柱壳有限元结果

图 3-40　纵横加筋圆柱壳数量总体稳定性有限元计算结果

因此,若设置等刚度的若干纵骨,从结构的对称性出发本论文建议设置四根为宜。若要继续提升其失稳压力,则必须大幅度的加大纵骨尺寸,但纵骨过大对舱室布置不利且容易使得纵骨应力过大对强度不利。此时,应同时增加板厚和增大纵骨尺寸,避免过大的纵骨对强度和布置造成不利影响。

3.11.7　异常特性下纵横加筋圆柱壳各参数对总体稳定性的影响

3.11.7.1　纵横加筋圆柱壳各参数对总体稳定性的影响

在纵横加筋圆柱壳的总体失稳临界压力计算公式中其失稳压力的数值与参数 α、β、η 有关。现讨论这些参数不同取值对其失稳压力和失稳波数的影响,见表 3-10、表 3-11、表 3-12。

表 3－10　当 $\beta=2.5$ 时加筋圆柱壳失稳临界压力随 α_1 与 η 的变化　单位:MPa

α	η			
	1	2	3	4
1	56.809 (7,5)	69.137 (5,5)	77.128 (3.11,4)	83.529 (3.11,4)
2	58.235 (3.11,5)	71.409 (3,5)	77.128 (2,4)	83.529 (2,4)
3	57.009 (2,5)	70.344 (1,4)	73.944 (1,4)	77.544 (1,4)

表 3－11　当 $\eta=3$ 时加筋圆柱壳失稳临界压力随 α 与 β 的变化

α	β				
	1	1.5	2	2.5	3
1	57.288 (1,3)	68.944 (3,4)	73.944 (3,4)	78.944 (3,4)	82.754 (3.11,4)
1.5	60.973 (2,5)	68.944 (2,4)	73.944 (2,4)	78.944 (2,4)	83.701 (3,4)
2	57.922 (1,4)	69.172 (1,4)	77.129 (2,4)	79.941 (2,4)	82.754 (2,4)
2.5	59.958 (1,4)	68.158 (1,4)	74.358 (1,4)	81.558 (1,4)	85.328 (2,4)
3	60.973 (1,5)	68.944 (1,4)	73.944 (1,4)	78.944 (1,4)	83.944 (1,4)

表 3－12　当 $\alpha=2$ 时加筋圆柱壳失稳临界压力随 β 与 η 的变化　单位:MPa

β	η			
	1	2	3	4
1	50.149 (2,5)	56.549 (2,5)	62.949 (2,5)	69.349 (2,5)
2	57.009 (3,5)	70.949 (2,5)	77.349 (2,5)	83.528 (2,4)
3	61.835 (3.11,5)	77.809 (3,5)	91.749 (2,5)	98.149 (2,5)

括号外是失稳临界压力，括号内 (m,n) 是使失稳临界压力取最小值所对应的失稳波数。

从表 3－10 可得，处于“异常特性”的环肋圆柱壳，增大纵向刚度对结构总稳定性有着明显的有利影响，同时，纵向失稳波数随纵向刚度增加呈递减规律，表明结构处于由“异常”

向“非异常”特性转变的阶段，而这转变的临界点处于纵向失稳波数 $m=1$ 的时刻。

从表 3－11 可得，此时环肋圆柱壳结构处于“非异常特性”，结合表 3－8，我们可以发现无论环肋圆柱壳处于何种状态，其纵向失稳波数都有可能出现 $m\neq1$ 的情况。这是因为若潜艇耐压结构处于“非异常特性”，其周向刚度小于纵向刚度，纵向失稳波数 $m=1$。但为了增加结构的失稳临界压力而增加周向刚度，而这通常是通过加大环肋实现的。当环肋增大到一定程度就会在舱段某些位置处起到舱壁作用，在舱段失稳时并未压垮，故出现 $m\neq1$ 的情况；若潜艇环肋结构处于“异常特性”，其周向刚度大于纵向刚度，对结构而言，环肋已显得过大，故出现 $m\neq1$ 的情况。所以，$m\neq1$ 不是判断潜艇耐压结构是否处于“异常特性”的依据。而文献[15]认为，由公式(3－80)可知：当普通潜艇 $L/1.728\sqrt{Rt}>1.5$ 时，就有可能出现 $m\neq1$ 的情况。并认为这是潜艇舱段的固有性质，从而否认了存在“异常特性”。对于该点本文认为：长舱段环肋圆柱壳的“异常特性”实质与其结构仅受轴向外压时的特性一致，并不是结构体现出 $m\neq1$ 的情况。并认为这是潜艇舱段的固有性质，从而否认了存在“异常特性”。对于该点本文认为：长舱段环肋圆柱壳的“异常特性”实质与其结构仅受轴向外压时的特性一致，并不是结构体现出 $m\neq1$ 的特性。判断其是否处于“异常特性”的关键在于判断纵向和轴向刚度之间的关系，而非纵向失稳波数是否等于 1。

从表 3－12 中可以看出：当 α_1 保持不变时，只要有增设纵骨的情况下，无论是增大 β 还是 η 都能使失稳临界压力增大，其中增大 η 的效果最明显。

3.11.7.2　失稳临界压力曲线

为了更加清晰地反映处于“异常特性”结构参数下纵横加筋圆柱壳总体失稳临界压力与 α、β、η 的关系，根据当 $\alpha>\alpha_i=1.3\beta>\beta_i=2.5$ 时舱段处于“异常特性”，研究舱段失稳临界压力与 α、β、η 的单调性质，做出他们的曲线图。

当 $\beta=2.5$，$\eta=2$ 时，做出曲线 $P-\alpha$，如图 3－41 所示。

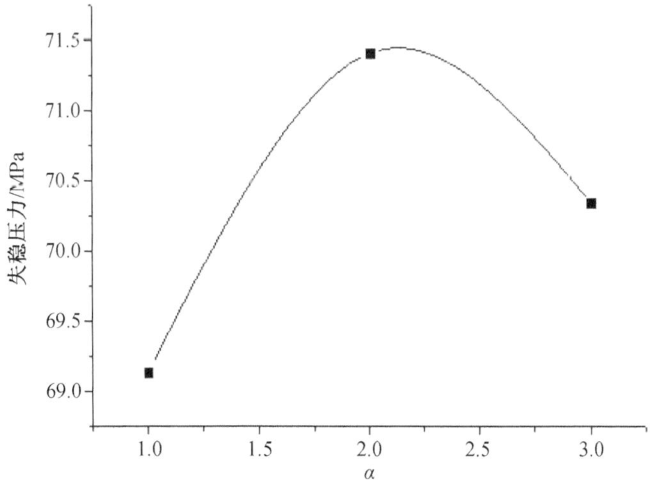

图 3－41　$P-\alpha$ 曲线

当 $\eta=3$，$\alpha=1.5$ 时，做出曲线 $P-\beta$，如图 3－42 所示。

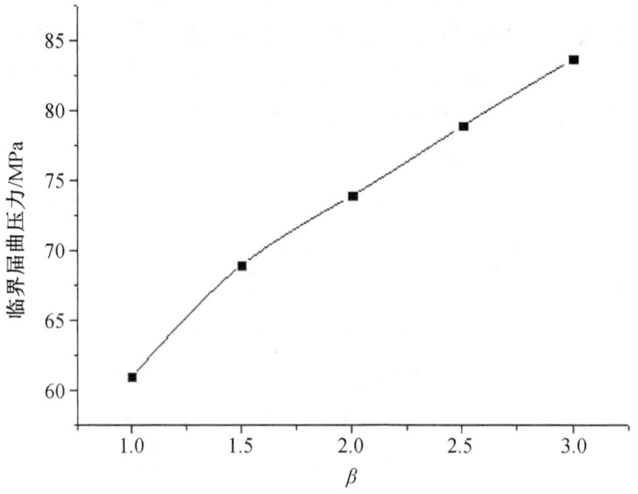

图 3-42　$P-\beta$ 曲线

当 $\alpha=2,\beta=3$ 时，做出曲线 $P-\eta$，如图 3-43 所示。

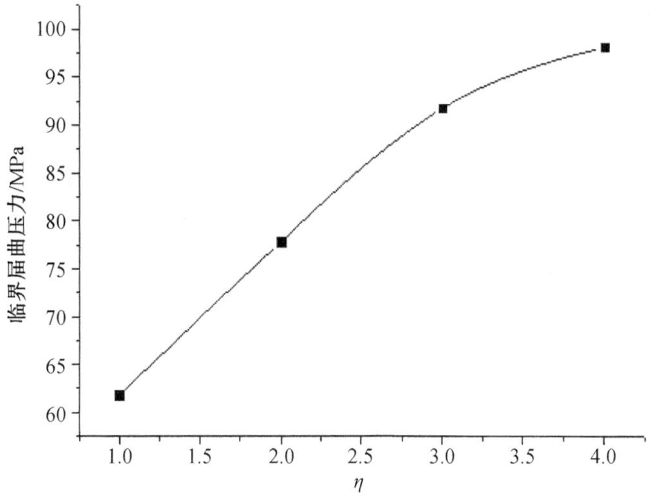

图 3-43　$P-\eta$ 曲线

从图 3-41 到 3-43 可得：若仅改变 α 时，失稳临界压力变现处想增大后减小的趋势，而在有增设纵向肋骨的情况下，无论是继续增大周向刚度还是仅增大纵向刚度，对于“异常特性”下的环肋圆柱壳都可增加其总体失稳临界压力，但是对于仅增大周向刚度的方案（缩小舱段长度和仅增大环肋）都是无效的方案，因为此时的失稳临界压力取决于纵向刚度，必须设置纵骨或先设置纵骨在增大环肋，才为可行方案。若条件允许，则可同时对纵向和周向刚度均增加，效果更明显。综上所述：对于处于“异常特性”圆柱壳而言，通过加设尺寸合适的纵骨能够明显的提高其总稳定性，是一种合适且有效的方案。

3.11.8　非均匀加肋的长舱段稳定性研究

现代大型潜艇潜深要求不断提高,同时随着高强度钢材使用日益广泛,但其材料的弹性模型 E 相比屈服极限 σ_E 并未明显增加,使得稳定性问题日益突出。对于长舱段环肋圆柱壳来说,其总体失稳先于壳板失稳发生的不利情况,因此,需要寻找合适的加强方式来提高其长舱段耐压壳体的总稳定性。

目前,在常规手段中提高长舱段耐压壳体的总稳定性,通常使用缩短舱段长度、增设特大肋骨、减小肋骨间距等方式来提高潜艇耐压圆柱壳体的失稳临界压力 P_E[16]。但这些加强方式也存在某些不足之处:(1)缩短舱室长度:现代大型潜艇为了布置各种大型设备,需要长度较大的舱段提供足够的布置空间,缩短舱室长度不利于空间布置;(2)增设特大肋骨:虽然特大肋骨可以在一定程度上保证了结构的稳定性,但是其截面突变明显,会引起过大的焊接应力集中且容易引起焊接裂纹,对于强度不利;(3)减小肋骨间距和增加壳板厚度:这两种加强方式都会引起壳体结构重量增加,这有违使用高强度钢材减轻壳体重量的初衷。为了避免以上加强方式的不足之处,本章提出了:分别采用等间距不等刚度非均匀加肋和等刚度不等间距非均匀加肋两种加强方式增强长舱段的总体稳定性。

3.11.8.1　等间距不等刚度非均匀加肋方式稳定性公式推导及算例验证

(1)等间距不等刚度非均匀加肋长舱段总体失稳理论临界压力计算公式

长舱段耐压壳体总体稳定性理论计算公式

$$P_E = \frac{1}{n^2 - 1 + 0.5m^2\alpha^2}\left\{\frac{D}{R^3}(n^2 - 1 + m^2a^2)^2 + \frac{Et}{R}\frac{m^4\alpha^4}{(n^2 + m^2\alpha^2)^2} + \frac{E(n^2 - 1)^2}{R^3}\frac{I}{l}\right\} \tag{3-96}$$

通过能量法,推导出长舱段耐压壳体非均匀加肋时,舱段失稳临界压力理论计算公式[17]。对比均匀加肋方式,等间距不等刚度非均匀加肋方式中总位能的变化主要源自环肋应变能的变化。设第 i 个肋位与左侧舱壁的距离为 x_i,处的肋骨刚度为 I_i,则在 x_i 处一根环肋的应变能为

$$V_{3i} = \frac{EI_i}{2R^3}\pi(n^2 - 1)^2C^2\sin^2\frac{m\pi x_i}{L} \tag{3-97}$$

则长舱段耐压壳体中所有环肋应变能之和为

$$V_3 = \frac{\pi L}{4R}\frac{2E}{R^2L}(n^2 - 1)^2C^2\sum_{i=1}^{L/l-1}I_i\sin^2\frac{m\pi x_i}{L} \tag{3-98}$$

将(3-97)式代入耐压圆柱壳总位表达式中,化简后可以得到非均匀加肋下长舱段耐压壳体总体稳定性理论临界压力公式

$$\begin{aligned}P_E = &\frac{1}{n^2 - 1 + 0.5m^2\alpha^2}\left\{\frac{D}{R^3}(m^2a^2 + n^2 - 1)^2 + \frac{Et}{R}\frac{m^4\alpha^4}{(m^2\alpha^2 + n^2)^2}\right.\\ &\left. + \frac{2E}{R^3L}(n^2 - 1)^2\sum_{i=1}^{L/l-1}\left(I_i\sin^2\frac{m\pi x_i}{L}\right)\right\}\end{aligned} \tag{3-99}$$

式中　m 通常取1;

　　n 取 $n=2,3,4$ 代入上式,取使临界压力最小的值。

从文献[13]可知:由于长舱段其舱段长度与壳体半径之比 L/R 往往大于5,其舱壁对

舱段中段肋骨稳定性的有利影响很小，使得舱段肋骨与舱段两端的环肋对比成为孤立肋骨,更易发生失稳现象,进而带动壳板发生总体失稳,这是长舱段耐压壳体总稳定性劣于局部稳定性的主要原因。通过分析孤立肋骨的理论临界失稳压力计算公式可得等间距不等刚度非均匀加肋长舱段环肋圆柱壳的总体稳定性理论计算公式

$$P_{\mathrm{E}} = \frac{6E}{R^3 L}\sum_{i=1}^{L/l-1}\left(I_i \sin^2 \frac{m\pi x_i}{L}\right) \tag{3-100}$$

(2)肋骨不同肋位下其刚度的选择

对于长舱段环肋圆柱壳而言,其舱段中央肋骨得到的有利加强最弱,最易失稳,同时其失稳时的径向位移也是比较大的。这不仅会使其舱段稳定性快速丧失而且失稳位移的增大也使得其区间内关键应力的快速增大,于强度和稳定性均不利[18]。因此,本章认为,若环肋的径向失稳位移越大,则相关舱段部位总体稳定性越需要得到加强。本节等间距不等刚度分均匀加肋方式,旨在均匀加肋方式的基础对肋骨刚度(本质上是调整肋骨尺寸)进行重新分配,即:保持肋骨总数、肋骨刚度总和不变的基础上,按总体失稳时不同肋位径向位移与各个肋位径向位移总和的比值来重新分配肋骨刚度。

环肋刚度重新分配后,计算非均匀加肋舱段耐压壳体的总体稳定性和关键部位的应力值,并与均匀加肋舱段比较。若舱段耐压壳体承载能力得到加强,则依据分配后的环肋惯性矩重新设计环肋的剖面几何参数。并利用有限元软件模拟非均匀加肋模型的承载能力,验证理论计算的正确性。

在重新设计舱段环肋刚度时以保证舱段环肋总体积最小为目标,则环肋的腹板高度应尽可能大,面板宽度应尽可能小[19]。故本章节选取的肋骨剖面结构为:腹板高度/面板宽度比值较大的组合作为新环肋结构。同时,为在建造过程中保证施工的便捷性,本章节建议只改变肋骨腹板高度来改变肋骨刚度的设计方式。

(3)等间距不等刚度非均匀加肋算例理论验证

为验证该种非均匀加肋的可行性,选取2.3.1节的长舱段模型为算例一验证。算例一中普通肋骨刚度(记及带板)$I=4.89\times10^7\ \mathrm{mm}^4$,肋骨采用$T$型材,其结构参数:面板宽度:100 mm;面板厚度:10 mm;腹板高度:170 mm;腹板厚度:12 mm。

具体的重新分配肋骨刚度过程如下:

①计算该舱段所有环肋总刚度:均匀加肋时环肋刚度$I=4.89\times10^7\ \mathrm{mm}^4$,则21根环肋的总截面惯性矩为$I_{总}=1.0269\times10^9\ \mathrm{mm}^4$。

②计算总体失稳时各肋位肋骨径向位移:由《钢结构稳定设计》一书中可知,环肋圆柱壳丧失总体稳定性时,其径向失稳位移表达式为[18]

$$w = C\sin n\varphi \sin\frac{m\pi x}{L} \tag{3-101}$$

③由公式(3-73)我们可得舱段总体失稳时不同环肋径向位移与各环肋径向位移和的比值。由此,重新分配肋骨的截面惯性矩

$$I_i = \frac{\sin\dfrac{m\pi x_i}{L}}{\sum\limits_{i=1}^{21}\sin\dfrac{m\pi x_i}{L}} \tag{3-102}$$

式中I_i为各肋位肋骨刚度,mm^4。

经过以上步骤可得刚度重新分配后，每根环肋刚度如表 3 – 13 所示。

表 3 – 13　重新分配后的肋骨截面惯性矩

肋位号	1	2	3	4	5	
$I_{总}=(mm^4\times10^7)$	1.045	2.069	3.051	3.970	4.809	
肋位号	6	7	8	9	10	11
$I_{总}=(mm^4\times10^7)$	5.550	6.803	6.680×10^7	7.047	7.269	7.344

（1）根据表 3 – 12 中各肋位环肋刚度重新设计得到环肋腹板高度，如表 3 – 14 所示：

表 3 – 14　重新分配后的肋骨高度

肋位号	1 和 21	2 和 20	3 和 19	4 和 18	5 和 17	
高度/mm	77.3	114.3	135.2	153.7	168.3	
肋位号	6 和 16	7 和 15	8 和 14	9 和 13	10 和 12	11
高度/mm	180.0	189.2	196.1	200.9	203.8	204.8

若每档肋骨采用不同的肋骨刚度则不利于实际建造过程肋骨的建造以及加工，现根据表 3 – 14 中重新分配后的肋骨刚度将环肋分成四挡进行非均匀加肋，且每档肋骨中的肋骨高度根据每档的不同，在区间内进行肋骨高度平均得到每档肋骨的高度，如表 3 – 15 所示。

表 3 – 15　分档后的肋骨高度

肋位号	1 – 3	4 – 6	7 – 9	10 – 11
高度/mm	108	167	195	204
体积/mm^3	3.63×10^7	4.82×10^7	5.34×10^7	5.54×10^7

将表 3 – 13 中的数据代入公式（3 – 99），可得两种加肋方式总体失稳临界压力：

①均匀加肋时长舱段耐压壳体总体失稳临界压力：$P_{El}=5.175$ MPa。

②等间距不等刚度非均匀加肋时长舱段总体失稳临界压力：$P_{El}=6.397$ MPa。

通过计算可知：采用非均匀加肋后失稳压力提高 23.613%；同时，根据表 3 – 13 可得非均匀加肋后肋骨总体积为 $V'_{总l}=9.93\times10^8\ mm^3$，而均匀加肋时肋骨总体积为 $V_{总l}=1.02\times10^9\ mm^3$，其肋骨总体积反而减小了 2.6%，说明非均匀可行，并在理论上证明了其加肋方式的优越性。

3.11.8.2　等间距不等刚度非均匀有限元验证

该数值仿真模型使用线弹性材料，壳体与环肋均采用 ABAQUS 中的壳单元，环肋均采用内肋骨形式。一端边界条件设置为约束 x、y、z 方向，另一端设置为约束 x、y 方向，放松 z 方向。在壳单元上施加计算压力 $P=1$ MPa，放松 z 向的一端施加壳边载荷 $F=0.001\ 25$ MN。非均匀加肋模型一特征值屈曲分析一阶模态如图 3 – 44 所示。

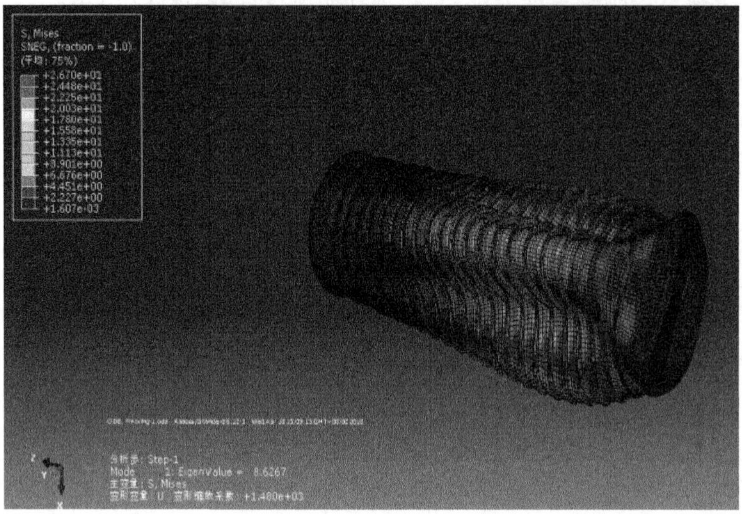

图 3 – 44　非均匀加肋模型一有限元失稳一阶模态

通过数值仿真特征值屈曲分析可得，均匀加肋和非均匀加肋长舱段总体稳定性和特殊位置的应力值，见表 3 – 16。

表 3 – 16　应力值和失稳临界压力值　　单位：MPa

模型一	失稳临界压力	σ_2^0	σ_1'	σ_f
均匀加肋	5.175	427.623	654.208	240.153
非均匀加肋	6.397	433.481	669.908	243.755

强度校核：根据《潜艇结构设计计算方法》，三个应力应满足的条件为：$\sigma_1' \leqslant 1.15\sigma_s$，$\sigma_2^0 \leqslant 0.85\sigma_s$，$\sigma_f = 0.6\sigma_s$。经校核非均匀加肋方式强度满足《潜艇结构设计规范》要求，该方式可行[15]。

基于以上的分析方法，重复以上过程，我们选取了模型 2 和模型 3 进行理论计算和有限元模拟分析。

我们选取了文献[15]中的模型作为模型 2 进行相关计算，模型二的结构参数：$L = 18$ m，$R = 4$ m，$t = 30$ mm，$l = 600$ mm，$\mu = 0.3$，弹性模型 $E = 2.1 \times 10^5$ MPa，$\sigma_s = 800$ MPa。

我们选取了文献[16]中的模型作为模型 3 进行相关计算，模型三的结构参数：$L = 21$ m，$R = 5$ m，$t = 30$ mm，$l = 700$ mm，$\mu = 0.3$，弹性模型 $E = 2.1 \times 10^5$ MPa，$\sigma_s = 800$ MPa。

模型二、三肋骨剖面结构参数见表 3 – 17。

表 3 – 17　模型肋骨为 T 型材结构参数　　单位：mm

	面板宽度	面板厚度	腹板高度	腹板厚度
模型二环肋为 T 型材	125	20	300	15
模型三环肋为 T 型材	200	22	320	18

采用模型一中的方法，分别得到模型二和模型三重新分配肋骨刚度后肋骨的分段高

度,见表 3－18 和表 3－19。

表 3－18　模型二肋骨分段高度

肋位号	1－3	4－6	7－9	10－12	13－15
高度/mm	168	262	317	349	363

表 3－19　模型三肋骨分段高度

肋位号	1－3	4－6	7－9	10－12	13－15
高度/mm	176	278	338	375	390

模型二和模型三等间距不等刚度非均匀加肋有限元计算结果如图 3－45 所示。

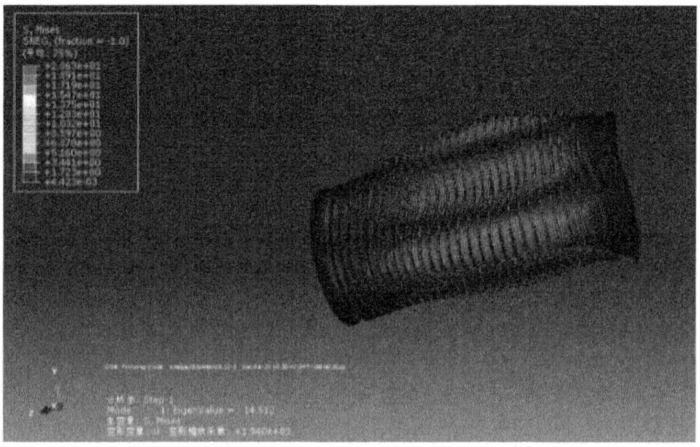

模型二

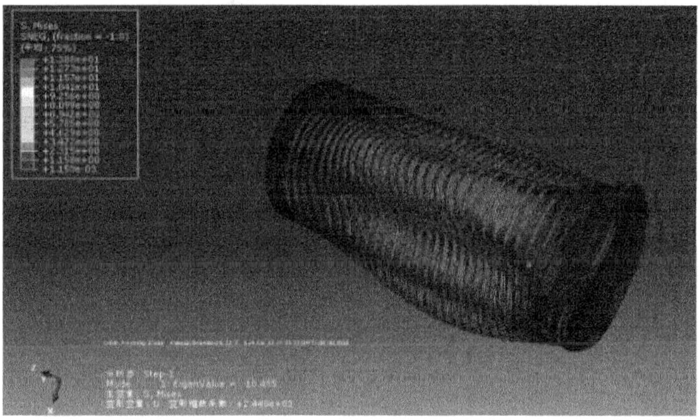

模型三

图 3－48　模型二和模型三失稳模态示意图

通过以上三个模型的相关计算和有限元模拟,可以得到表 3－20 的结果。

表 3-20　模型计算结果汇总　　　　单位：MPa

			模型一	模型二	模型三
失稳压力	理论值	均匀加肋	5.175	12.251	7.106
		非均匀加肋	6.597	15.887	9.257
		增加比例%	27.48	29.67	30.27
	有限元值	均匀加肋	5.714	13.921	7.846
		非均匀加肋	6.835	17.467	10.238
		增加比例%	19.62	25.47	30.49
应力值	σ_2^0	均匀加肋	427.623	573.106	449.085
		非均匀加肋	433.481	581.072	471.135
		增加比例/%	1.37	1.39	4.91
	σ_1'	均匀加肋	654.208	846.225	820.103
		非均匀加肋	669.908	862.219	858.968
		增加比例%	2.34	1.98	4.74
	σ_f	均匀加肋	240.153	274.664	269.588
		非均匀加肋	243.755	277.877	275.815
		增加比例%	1.50	1.17	2.31

从表 3-20 中可以得出：非均匀加肋方式可以有效地提高长舱段的失稳临界压力且相比于均匀加肋方式应力提高幅度不大，都在规范要求的范围内。这是因为，在肋骨等刚度布置情况下舱段失稳时，靠近舱壁附近的肋骨较于舱段中央的肋骨径向变形小很多，其刚度并未充分地参与结构承载，从而造成了刚度浪费；肋骨非等刚度布置使得舱段失稳时变形在整个舱段内趋于“平均”，每根肋骨的刚度尽可能得到利用，从而在结构总刚度未改变的情况下，环肋圆柱壳总体失稳临界压力得到明显提高。从强度的角度看，虽然此类非均匀加肋方式导致舱段中部的肋骨尺寸增大，其肋骨截面突变加剧，使得关键部位应力增大；但此类非均匀加肋方式也使整个舱段变形趋于“平均”，特别是舱段中部的径向变形明显减小，又使得关键部位应力减小，两种因素叠加导致该种加肋方式并未使得结构的关键部位应力明显增大，仍处于规范要求的范围内。结合以上分析，非均匀加肋方式环肋总体积在一定程度上减小，能够避免为提高失稳临界压力，而增加板厚所引起造价增加和抵消采用高强度钢所带来的益处。相比于采用特大肋骨的加强方式，非均匀加肋方式，肋骨刚度变化更加平缓，在减小舱段失稳径向位移的同时，避免肋骨变化剧烈带来的特大肋骨处应力突变，对强度有益。

3.11.8.3　等刚度不等间距非均匀加肋方式稳定性理论公式推导

由等间距不等刚度非均匀加肋方式总体失稳临界压力公式(3-99)推导过程可知：其结构总位能的变化主要是由于环肋应变能的变化。

因此，等刚度不等间距非均匀加肋方式下在 $x=x_i$ 处一根环肋的应变能为

$$(V_{3i})_{x=x_i} = \frac{EI_i}{2R^3}\pi(n^2-1)^2C^2\sin^2\frac{m\pi x_i}{L} \tag{3-103}$$

同理可得等刚度不等间距非均匀加肋方式长舱段环肋圆柱壳总体失稳临界压力公式

$$P'_E = \frac{1}{n^2 - 1 + 0.5m^2\alpha^2}\left[\frac{D}{R^3}(m^2\alpha^2 + n^2 - 1)^2 + \frac{Et}{R}\frac{m^4\alpha^4}{(m^2\alpha^2 + n^2)^2} + \frac{2EI}{R^3L}(n^2 - 1)^2\sum_{i=1}^{N}\left(I_i \sin^2\frac{m\pi x_i}{L}\right)\right] \tag{3-104}$$

3.11.8.4　等刚度不等间距非均匀加肋算例验证

为了分析该种非均匀加肋方式与均匀加肋方式对长舱段总体稳定性的影响，我们通过理论计算和有限元模拟计算，验证该种非均匀加肋方式相比于均匀加肋方式对总体稳定性的有利影响，且对强度影响不大。依据耐压圆柱壳径向失稳位移越大，越需要加强的原则，以各肋位环肋间距与失稳位移比值成反比为依据，来重新分配各环肋之间的间距。

我们分别以算例一、二、三作为计算模型，不改变长舱段的环肋总数和剖面结构参数，重新分配环肋间距，见表 3－21、表 3－22。

表 3－21　模型一重新分配肋骨间距

肋位号	0－1	1－2	2－3	3－4	4－5	5－6	6－7	7－8	8－9	9－10	10－11
间距/mm	2 014	1165	690	530	437	379	340	315	298	289	286

因每档肋骨采用不同的肋骨间距则不利用实际建造过程肋骨的建造以及规范规定了最小和最大的肋骨间距，即根据表 3－21 中重新分配后的肋骨将环肋分成四挡进行非均匀加肋，且每档肋骨中的肋骨间距在区间内进行肋骨高度平均得到每档肋骨的高度，见表 3－22。

表 3－22　模型一重新分配肋骨间距

肋位号	0－3	3－6	6－9	9－11
间距/mm	725	650	600	450

等刚度不等间距非均匀加肋模型和数值仿真计算结果如图 3－46 所示。

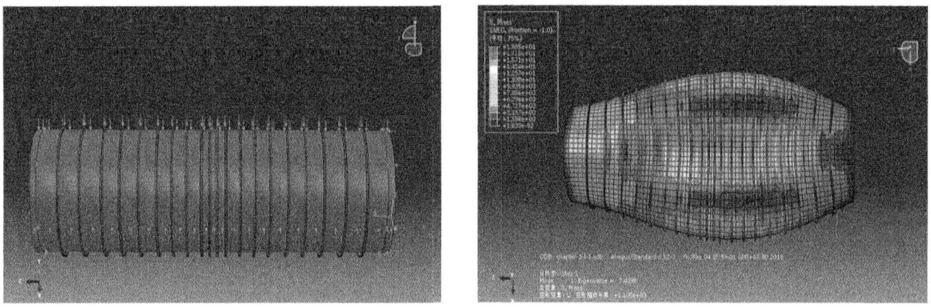

(a) 非均匀加肋模型一　　(b) 非均匀加肋模型一仿真计算结果

图 3－46　模型一等刚度不等间距非均匀加肋

采用模型一中的方法，分别得到模型二和模型三重新分配肋骨刚度后肋骨的分段高度，见表3－23和表3－24。

表3－23　模型二重新分配肋骨间距

肋位号	0－3	3－6	6－9	9－12	12－15
间距/mm	800	750	650	470	400

表3－24　模型三重新分配肋骨间距

肋位号	1－3	4－6	7－9	10－12	13－15
间距/mm	850	775	725	650	600

根据以上结果可得：

（1）算例一等刚度不等间距非均匀加肋有限元总体失稳压力：$P'_{E1}=5.689$ MPa；

（2）算例二等刚度不等间距非均匀加肋有限元总体失稳压力：$P'_{E2}=12.211$ MPa；

（3）算例三等刚度不等间距非均匀加肋有限元总体失稳压力：$PP'_{E3}=8.618$ MPa。

以上三个模型计算结果见表3－25。

表3－25　模型计算结果汇总　　单位：MPa

			模型一	模型二	模型三
失稳压力	理论值	均匀加肋	5.175	10.251	7.106
		非均匀加肋	5.689	12.211	8.618
		增加比例%	9.93	19.12	21.27
	有限元值	均匀加肋	7.429	13.357	10.486
		非均匀加肋	7.429	13.357	10.486
		增加比例%	3.12	14.36	23.94
应力值	σ_2^0	均匀加肋	427.623	573.106	449.085
		非均匀加肋	384.861	604.168	493.589
		增加比例%	－9.98	5.41	9.90
	σ'_1	均匀加肋	654.208	846.225	820.103
		非均匀甲	681.337	863.194	834.626
		增加比例%	4.14	2.00	1.77
	σ_f	均匀加肋	240.153	274.664	269.588
		非均匀加肋	250.959	283.728	283.067
		增加比例%	4.49	3.30	4.99

从表3－25可以得出：耐压圆柱壳的失稳临界压力都有较大幅度的提升，且关键部位的应力并没有明显的增大，符合《规范》校核的要求。所以，等刚度不等间距的非均匀加肋方式对改善长舱段环肋圆柱壳的失稳临界压力存在一定的适用性。同等间距不等刚度非均

匀加肋方式的原理，该非均匀加肋方式加强了舱段中央处的周向刚度，使得周向刚度更充分的参与结构的承载，提升了舱段总体稳定性，也使得舱段的整体变形趋于“平均”。同时，相较于等间距不等刚度非均匀加肋方式而言，肋距非均匀加肋方式，不需要建造不同尺寸规格的肋骨，在施工上更具优势。

第 4 章

耐压液舱的应力和稳定性计算

潜艇耐压液舱是指潜艇的浮力调整水舱和快潜水舱,由于这些水舱在潜艇潜航状态时,要承受与耐压船体壳板相同的深水压力,故称之为耐压液舱。

耐压液舱就其布置形式来看有两种,一种布置在耐压船体外面,另一种布置在耐压船体里面,如图 4－1 所示。

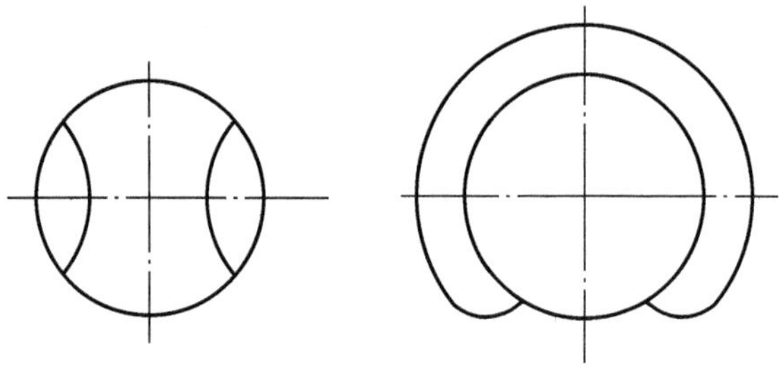

图 4－1　耐压液舱布置形式

从液舱结构形式来看,有托板式、实肋板式和实肋板带纵骨式三种,如图 4－2 所示。托板式结构是由耐压船体壳板及肋骨、耐压液舱壳板及肋骨和托板组成。实肋板结构是由耐压船体和耐压液舱壳板及实肋板组成。实肋板带纵骨式的结构,其横向构件为实肋板,但在液舱壳板上设置了密集的纵骨以提高液舱壳板的稳定性。

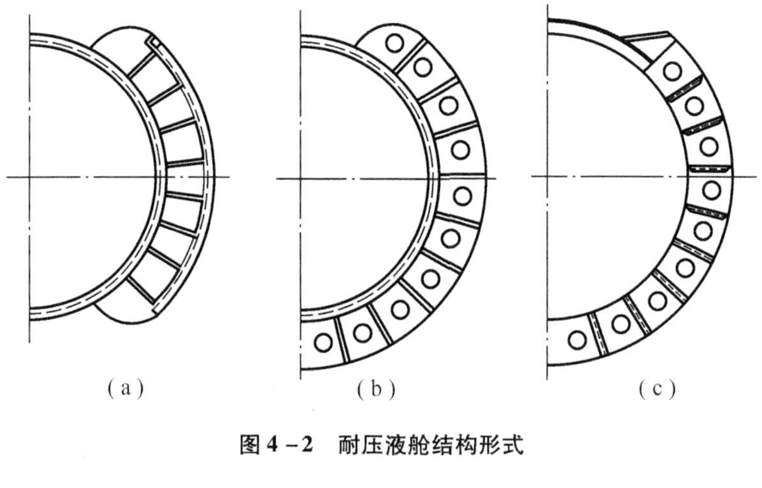

图 4－2　耐压液舱结构形式

至于采用哪一种结构形式为好。主要是根据潜艇的大小及其设计要求决定。一般中型潜艇采用托板式,大型潜艇则采用实肋板带纵骨式的。

本章主要介绍托板式的耐压液舱横向构件及其壳板的应力和稳定性计算方法。

4.1　圆环在均匀外压下的静力特性

为了分析液舱横向构件的受力状态及其变形特征,本节主要介绍圆环在均匀外压作用下的静力特性,以及圆板杆件受轴向压缩力作用下弯矩的计算方法。

4.1.1　半径为 R 受均匀外压力 q 作用的部分圆环处于平衡状态,它不发生弯曲的条件是在圆弧端点沿其切线方向作用着力 T,其值为

$$T = qR \tag{4-1}$$

这个特性可以从圆环的变形特点得到。我们知道一个圆管在均匀内压作用下,它的变形是均匀地向外胀,没有弯曲变形发生。而圆管在均匀外压作用下则是均匀收缩,也没有弯曲变形,可见圆管在均匀压力作用下其断面不存在弯矩和剪力,只有切线方向的力。

利用截面法,若用 0 – Ⅰ 及 0 – Ⅱ 截面将圆环切开,如图 4 – 3 所示。根据静力平衡条件,我们知道在截面上作用着沿切线方向的周向力 $T = qR$。如果我们把圆环切开取出来,但在其截面上仍保留原来的周向力 T 的作用,那么它的变形将仍然和未取出一样,即没有弯曲变形发生。根据力的合成定理。可把 T 分解为 X 和 Y 两个分力

$$X = qR\cos\alpha = qy \qquad Y = qR\sin\alpha = qx$$

由于圆环上任何截面上的内力都为 qR,因此它与其取出圆弧的长度无关。但分力 X、Y 则随圆弧的长短不同(因圆心角 α 不同)而变化。

4.1.2　有共同端点的任意形状的两根杆,在均匀压力作用下它们的静力效果相同。取任意形状的杆,如图 4 – 4 所示,在杆上任意点取一微段弧长 $\mathrm{d}s$,所受合力为 $q\mathrm{d}s$,故

平行于 $\bar{x}$ 方向的分力

$$\bar{X} = \int_o^s q\mathrm{d}s \cdot \sin\theta$$

平行于 $\bar{y}$ 方向的分力

$$\bar{Y} = \int_o^s q\mathrm{d}s \cdot \cos\theta$$

由于

$$\mathrm{d}x = \mathrm{d}s \cdot \cos\theta$$

$$\mathrm{d}y = \mathrm{d}s \cdot \sin\theta$$

故

$$\bar{X} = \int_o^o q\mathrm{d}y = q\int_o^o \mathrm{d}y = 0$$

$$\bar{Y} = \int_o^{AB} q\mathrm{d}x = q \cdot AB$$

由此可知:作用在任意形状曲杆上的均匀压力 q 的合力和曲线的形状无关,如图 4 – 4(b)所示,可用 $\overline{AB}$ 杆上所受的均匀压力来代替,其合力的大小为 $q\,\overline{AB}$,且方向垂直于 $\overline{AB}$ 杆。

这点可以从静水压力的特性得到,因为封闭容器在水压力作用下是处于平衡的。从图 4 – 5 中可以看到,作用在 $\overset{\frown}{ABC}$ 杆上的力和作用在 $\overset{\frown}{ABD}$ 杆上的力是彼此平衡的,因此 $\overset{\frown}{ABC}$ 杆与

$\overset{\frown}{ADB}$杆是静力等效的。

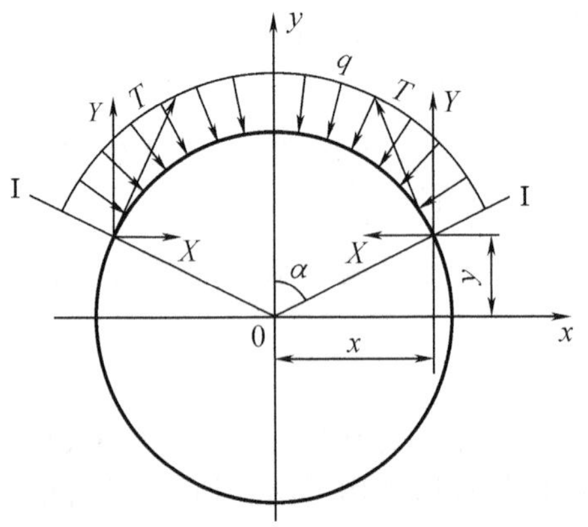

图4-3 圆环受力特性

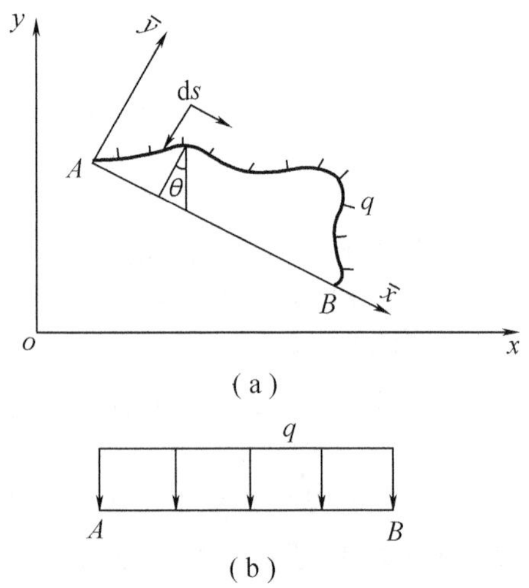

图4-4 曲杆受力特性

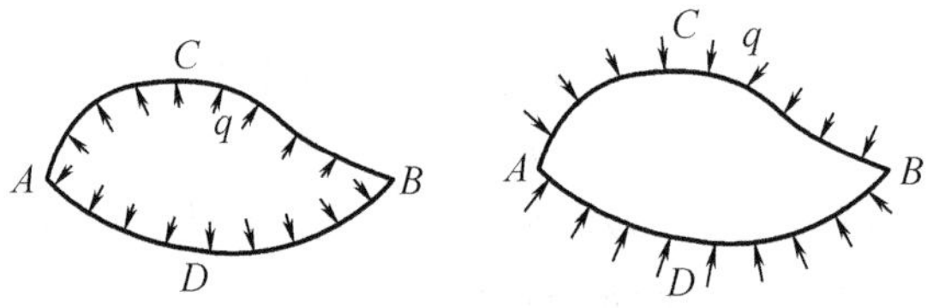

图4-5 曲杆的静力等效

4.1.3 两圆环(弧)相交,在均匀压力 q 作用下的变形,可以归结为切向力 qR 和 qR_1 引起的均匀压缩变形,以及由圆环交点上集中力所引起的弯曲变形,此集中力的大小为 T,方向垂直于$\overline{OO_1}$

$$T = q\,\overline{OO_1} \tag{4-2}$$

式中$\overline{OO_1}$为两圆环(弧)的圆心距离。

如图4-6所示,在两圆环交点 A 处,加两组相互平衡力 qR、qR_1,其中一组 qR 与 qR_1 将分别和两个圆环上的均匀压力 q 平衡,仅在环内引起均匀收缩变形。而另一组力 qR 与 qR_1 在垂直于$\overline{OO_1}$和平行于$\overline{OO_1}$方向上的投影分别为

$$T = qR\cos\alpha + qR_1\cos\alpha_1 = q\,\overline{OO_1}$$

$$N = qR\sin\alpha - qR_1\sin\theta_1 = q\,\overline{O'E} - q\,\overline{O'E} = 0$$

因此,这组力 qR、qR_1 的合力为 $q\,\overline{OO_1}$并垂直于$\overline{OO_1}$。此力将在环内引起弯曲。另外需注意:如圆心与弧在同一侧如图4-6所示,即交点指向$\overline{OO_1}$,则合力 T 指向$\overline{OO_1}$,反之,圆心与弧在不同侧,如图4-7所示,即交点背向$\overline{OO_1}$,则合力 T 也背向$\overline{OO_1}$。

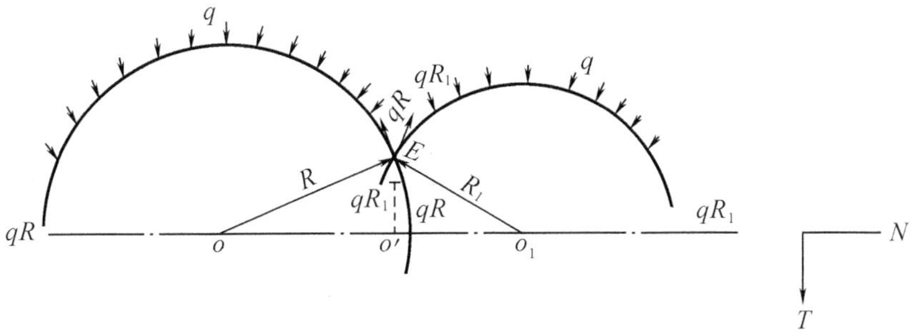

图 4-6　两圆环相交受力

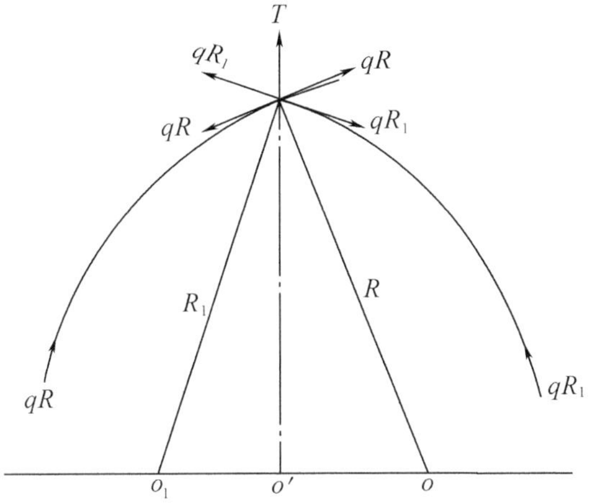

图 4-7　两圆环相交受力

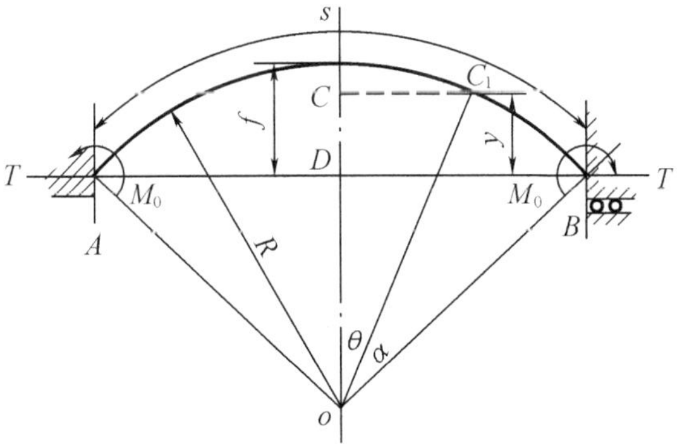

图 4-8　两端刚性固定的圆环

4.1.4　有一杆件$\overset{\frown}{AB}$如图 4-8，两端刚性固定，并沿弦向（$\overline{AB}$方向）受轴力 T 作用，若圆弧杆件的拱度很小（即 $2\alpha \leqslant 1$，$\frac{f}{R} \ll 1$），则在杆件断面上所引起的弯矩为

$$M_y = T\left(y - \frac{2f}{3}\right) \tag{4-3}$$

式中　y——所研究截面的拱高；

f——$\overset{\frown}{AB}$之最大拱高。

下面来证明这一公式，假定在 T 力作用下支座处产生弯矩为 M_0，则任一断面的弯矩为

$$M_y = M_o + Ty \tag{a}$$

式中

$$y = \overline{OC} - \overline{OD} = R\cos\theta - R\cos\alpha$$

将余弦开展成级数

$$\cos\alpha = 1 - \frac{\alpha^2}{2!} + \frac{\alpha^4}{4!} + \cdots$$

$$\cos\theta = 1 - \frac{\theta^2}{2!} + \frac{\theta^4}{4!} + \cdots$$

由于 α、θ 角很小。仅取级数前两项得

$$\left.\begin{aligned}\cos\alpha &= 1 - \frac{\alpha^2}{2}\\ \cos\theta &= 1 - \frac{\theta^2}{2}\end{aligned}\right\} \tag{b}$$

将(b)代入(a)式得

$$y = \frac{R}{2}(\alpha^2 - \theta^2) \tag{c}$$

根据卡氏定理得

$$\frac{\partial V}{\partial M_0} = 0$$

因圆弧杆的压缩变形与弯曲变形相比可忽略不计，则其应变能为

$$V = \frac{1}{2}\int_0^s \frac{M^2}{EJ}\mathrm{d}s = \frac{1}{2}\int_{-\alpha}^{\alpha} \frac{M^2}{EJ}R\mathrm{d}\theta = \int_0^{\alpha} \frac{M^2}{EJ}R\mathrm{d}\theta$$

$$\frac{\partial V}{\partial M_o} = \frac{2}{EJ}\int_o^{\alpha} M\frac{\partial M}{\partial M_o}R\mathrm{d}\theta = \frac{2}{EJ}\int_o^{\alpha}\left[M_o + \frac{TR}{2}(\alpha^2 - \theta^2)\right]R\mathrm{d}\theta = 0$$

从而求得

$$M_o = -\frac{1}{3}TR\alpha^2$$

由于

$$f = y_{\theta=0} = \frac{1}{2}R\alpha^2$$

则

$$M_o = -\frac{2}{3}Tf \tag{d}$$

将(d)式代入(a)式得

$$M_y = T\left(y - \frac{2}{3}f\right)$$

4.1.5　有一桁架如图 4－9 所示，$ABCD$ 四点共圆（节点铰支），由此桁架在均匀压力 q

作用下,仅在杆内引起拉伸(或压缩),而不产生引起桁架歪斜的剪力和弯矩。

桁架 $ABCD$ 四点共圆,其圆心为 M,受均匀外压 q 作用,则 $\overline{AB}$ 杆上受力与 $\overset{\frown}{AB}$ 弧上受力静力相当,同理 $\overline{BC}$ 杆与 $\overset{\frown}{BC}$ 弧、$\overline{CD}$ 杆与 $\overset{\frown}{CD}$ 弧、$\overline{DA}$ 杆与 $\overset{\frown}{DA}$ 弧也都静力等效。由于 $ABCD$ 为一封闭的圆环。环上受均匀外压力 q 的作用时,环上任一断面仅受均匀压缩,无剪力和弯矩,即使在环上再加几个铰支点,也不会改变其平衡条件,因此,桁架 $ABCD$ 在均匀外压 q 作用下,不会在节点处产生剪力和弯矩(使桁架歪斜)。

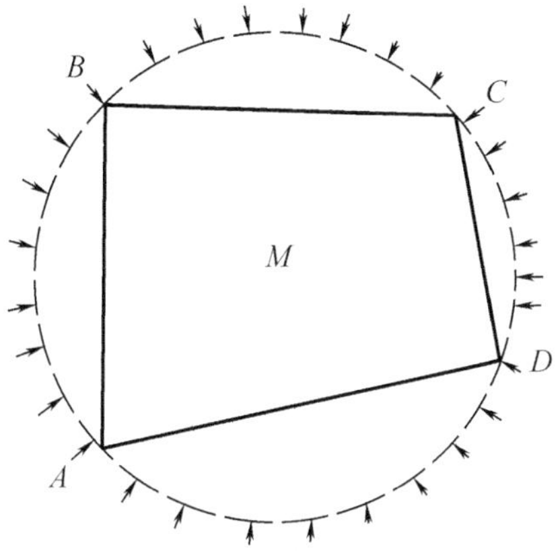

图 4-9　四点共圆的桁架

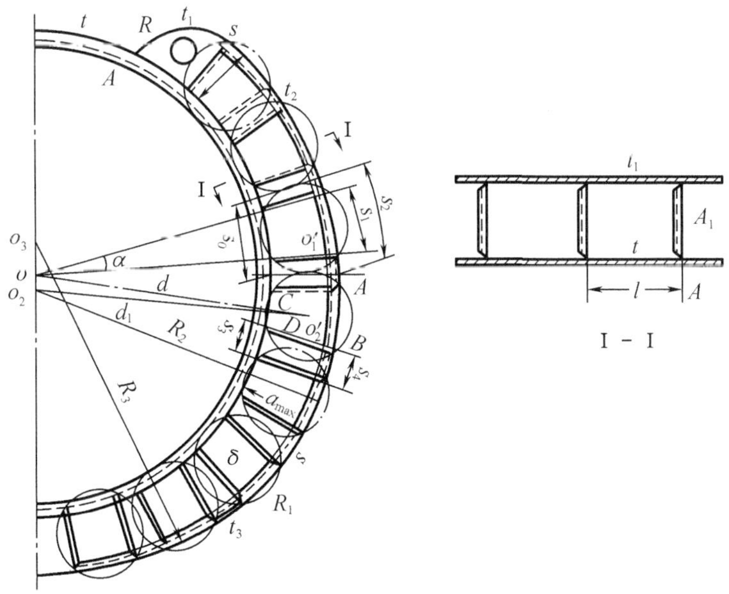

图 4-10　托板式液舱横向构架

4.2 耐压液舱横向构架计算

托板式液舱横向构架如图 4 – 10 所示，本节所采用符号的含义均标在图上，从图中可以看到其横向构架是由液舱肋骨和壳板、耐压船体肋骨和壳板以及托板组成。托板作为中间构件将它们牢固地连接成一个整体共同抵抗外载荷的作用。

由于托板式液舱横向构架的形状和结构比较复杂，这里只介绍一种简化的计算方法。这种简化计算方法是以下列假设为前提的：

(1)连接液舱肋骨和耐压船体的托板视为绝对刚性的，即托板在其自身平面内不变形。液舱和耐压船体骨视为有限刚性，这样可将整个液舱横向构架的计算简化成托板间构架来研究。

(2)托板间肋骨的中心角 $2\alpha \leqslant 1$。

(3)托板间肋骨的拉压应变和弯曲应变相比为很小，在计算应变能时，略去拉压应变能。即肋骨自身长度不变。

(4)均布载荷的作用线分别与液舱肋骨(包括带板面积)以及耐压船体肋骨(包括带板面积)的中和轴重合，并认为作用在一个肋骨间距上的均布水压力全部由肋骨来承受。

(5)托板布置时应满足每一刚架的四个节点都必须在同一圆周上，即 A、B、C、D 四点共圆。

从上述可见这种简化方法是一种近似的计算方法。

现就四点共圆的问题作一简单分析。托板式液舱横向构架是属于无斜杆支撑的曲杆刚架，其托板布置是否合理，应体现在刚架杆受轴向压力作用时，在其端点上无附加弯矩和使杆件倾倒的横向力。我们来看图 4 – 11 所示的无斜杆刚架 $ABCD$，在无载荷的曲杆上加上大小相等方向相反的分布荷重 q，如图 4 – 11(b)，那么$\overset{\frown}{AN}$部分上的荷重 q 和$\overset{\frown}{CN}$部分上的荷重 $-q$，由前节介绍的圆环静力特性可知：可以用作用在杆$\overline{AC}$的荷重 q 代替。同理作用在$\overset{\frown}{BMD}$上的荷重可以用作用在$\overline{BD}$杆上的荷重 q 代替，如图 4 – 11(c)所示。又根据圆环静力特性，作用在$\overset{\frown}{AB}$、$\overset{\frown}{AC}$、$\overset{\frown}{BD}$上的载荷 q 和作用在$\overset{\frown}{CD}$上的载荷 $-q$，可以用作用在整个圆周上的均布压力 q 来代替，如图 4 – 11(d)所示。必须记住，原来无载荷作用的$\overset{\frown}{NCDM}$杆件，经过这种代换后它受到均匀外压 q 的作用，由于曲杆刚架的构件是由圆环和相交于圆环的刚性撑杆组成，且其端点 A、B、C、D 四点在同一圆周上，所以这些杆件仅承受轴向压力，在端点无附加弯矩和横倾力作用，这样的杆件受力特性当然是最有利的。

托板式液舱横向构架计算，主要是解决耐压船体肋骨、耐压液舱肋骨和托板的应力计算问题。下面将分别进行介绍。

4.2.1 耐压船体肋骨应力计算

耐压船体肋骨的应力计算，即图 4 – 10 中$\overset{\frown}{CD}$杆的应力计算。为了便于讨论，我们把$\overset{\frown}{CD}$杆受力单独画出来，如图 4 – 12 所示。由圆环静力特性可知，作为两相交圆环撑杆$\overset{\frown}{CD}$将受到轴向压力 T 的作用，其值为

$$T = qd$$

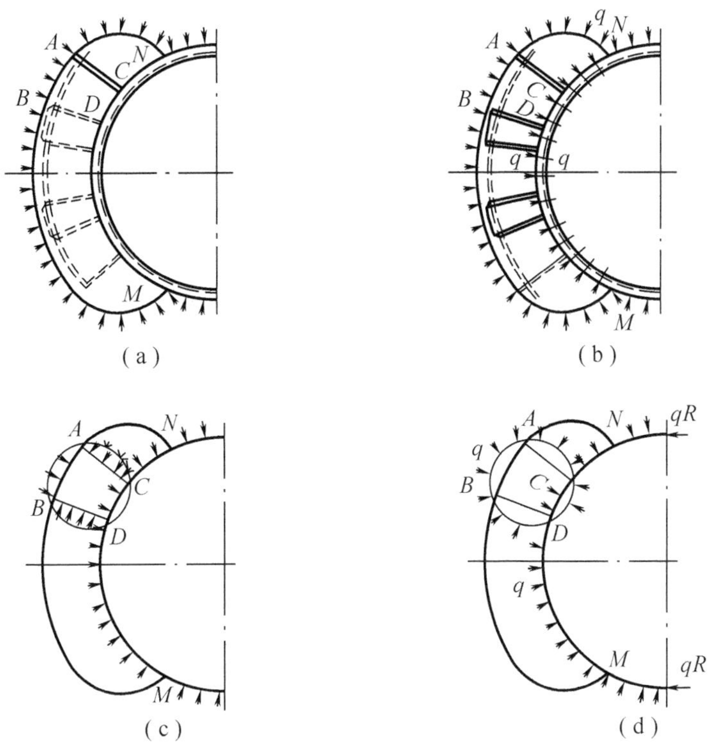

图 4－11　托板式液舱横向构架受力分析

由图 4－12(b)可知,作用在端点 C 断面上的剪力为

$$N = qd\sin\alpha$$

因 α 很小

$$\sin\alpha \approx \frac{s}{2R}$$

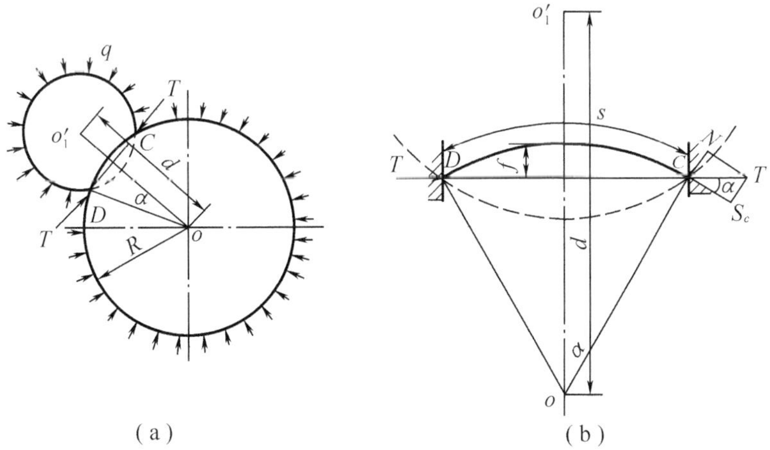

图 4－12　耐压船体肋骨受力

故

$$N = \frac{qs}{2}\frac{d}{R} \tag{a}$$

作用在同一断面上的压缩力 S_C 为

$$S_C = qd\cos\alpha$$

因 $$\cos\alpha \approx 1$$

故 $$S_C = T = qd \tag{b}$$

由前节介绍的曲杆受力特性可知,作用在杆件上的弯矩在端点 C 处为

$$M_C = -\frac{2}{3}qdf$$

式中 f 为拱高,近似地由下式确定

$$f = \frac{s^2}{8R}$$

故 $$M_C = -\frac{qs^2}{12}\frac{d}{R} \tag{c}$$

跨度中点的弯矩

$$M_{C-D} = -\frac{1}{2}M_C = \frac{qs^2}{24}\frac{d}{R}$$

求出力和力矩后,即可得到各断面上的应力,其总应力由压缩应力和弯曲应力叠加而成。

(1)在 C 点断面上的总应力

在肋骨内缘上

$$\sigma_C = -\frac{T}{A + lt} - \frac{M_C}{W_{\min}} \tag{4-4}$$

在船体壳板上

$$\sigma'_C = -\frac{T}{A + lt} + \frac{M_C}{W_{\max}} \tag{4-5}$$

(2)在跨度中点断面上的总应力

在肋骨内缘上

$$\sigma_{CD} = -\frac{T}{A + lt} - \frac{M_{C-D}}{W_{\min}} \tag{4-6}$$

在船体壳板上

$$\sigma'_{CD} = \frac{T}{A + lt} + \frac{M_{C-D}}{W_{\max}} \tag{4-7}$$

(3)在 C 点断面上的剪应力

$$\tau_C = \frac{N}{0.9h_0d_0} \tag{4-8}$$

上述式中

$W_{\min}$、$W_{\max}$——耐压船体肋骨及其带板的最小和最大的剖面模数;

h_0、d_0——分别为耐压船体肋骨腹板的高度和厚度。

4.2.2 耐压液舱肋骨的应力计算

耐压液舱的应力计算,即图 4-10 中 $\overset{\frown}{AB}$ 杆的应力计算。$\overset{\frown}{AB}$ 杆可视作其受均布压力 q 作

用的圆环的一段圆弧,其计算力学模型如图 4 - 13 所示。

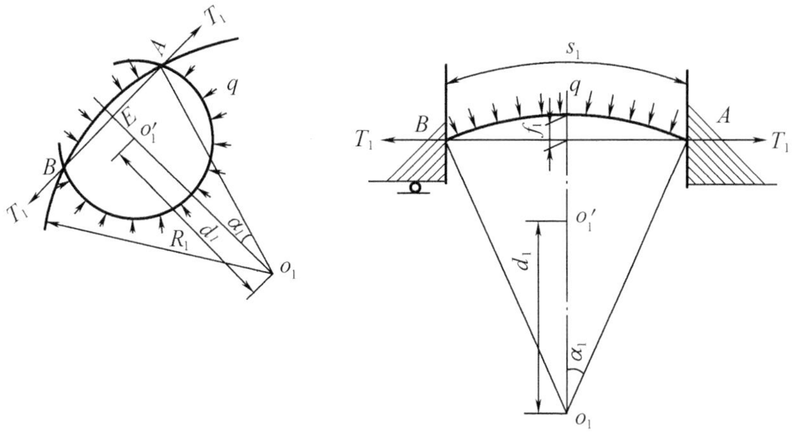

图 4 - 13　耐压液舱肋骨受力

根据圆环的静力特性,$\overset{\frown}{AB}$杆在两端受弦向拉力 T_1 为

$$T_1 = qd_1$$

由于受均匀压力 q,在杆$\overset{\frown}{AB}$内引起压缩力(切向力)Q 为

$$Q = qR_1$$

作用在端点 A 断面上的剪力 N_1 为

$$N_1 = -qd_1\sin\alpha_1 - qd_1\alpha_1 = -\frac{qs_1}{2}\frac{d_1}{R_1}$$

作用在 A 点断面上的压缩力 S_A 为

$$S_A = Q - T_1\cos\alpha_1 \approx qR_1 - qd_1 = q(R_1 - d_1)$$

在端点 A 处的弯矩由静力特性得

$$M_A = T_1\left(y - \frac{2}{3}f_1\right) = -T_1\frac{2}{3}f_1$$

因

$$T_1 = -qd_1 \qquad f_1 = \frac{s_1^2}{8R_1}$$

故

$$M_A = \frac{qs_1^2}{12}\frac{d_1}{R_1}$$

在$\overset{\frown}{AB}$杆跨度中点处的弯矩为

$$M_{A-B} = -\frac{1}{2}M_A = -\frac{qs_1^2}{24}\frac{d_1}{R_1}$$

求得力和弯矩后,即可求出$\overset{\frown}{AB}$杆各断面上的总应力。

(1)在端点 A 断面上的总应力:

在肋骨内缘上

$$\sigma_A = -\frac{T_1}{A_1 + lt_1} - \frac{M_A}{W_{1\max}} \tag{4-9}$$

在液舱壳板上

$$\sigma'_A = -\frac{T_1}{A_1 + lt_1} + \frac{M_A}{W_{1\max}} \quad (4-10)$$

(2)在$\overset{\frown}{AB}$杆跨度中点断面上的总应力:
在肋骨内缘上

$$\sigma_{AB} = -\frac{T_1}{A_1 + lt_1} - \frac{W_{A-B}}{M_{1\min}} \quad (4-11)$$

在液舱壳板上

$$\sigma'_{AB} = -\frac{T_1}{A_1 + lt_1} + \frac{M_{A-B}}{W_{1\max}} \quad (4-12)$$

(3)在端点 A 断面内的剪力

$$\tau_A = \frac{N_1}{0.9h'_0 d'_0} \quad (4-13)$$

上述式中

A_1——耐压液舱肋骨面积;

t_1——耐压液舱壳板的厚度;

$W_{1\min}$、$W_{1\max}$——液舱肋骨及其带板断面的最小和最大剖面模数;

h'_0、d'_0——分别为液舱肋骨腹板的高度和厚度。

4.2.3 托板的应力和稳定性计算

托板的潜航行过程中,承受从液舱壳板传来的静水压力作用,如图4-14所示。其压力大小由圆静力特性可知

$$T_2 = q\,\overline{O'_1 O'_2}$$

式中 $O'_1O'_2$为托板间两相邻圆的圆心距。

托板上的压应力为

$$\sigma = \frac{T_2}{A} \quad (4-14)$$

式中 A 为托板横截面面积。

因托板受力状态为受压,因此除了检验其强度,还应校验其稳定性,其理论临界应力为

因

$$T_{\mathrm{E}} = \frac{\pi^2 EJ}{a^2},\ \sigma_{\mathrm{E}} = \frac{\pi^2 EJ}{Aa^2}$$

引入惯性半径 $\rho = \sqrt{\dfrac{J}{A}}$

则

$$\sigma_{\mathrm{E}} = \pi^2 E\frac{\rho^2}{a^2}$$

取 $E = 2\times10^5$ MPa　　$\pi^2 = 9.89 \approx 10$

故

$$\sigma_{\mathrm{E}} = 200\left(\frac{100\rho}{a}\right)^2 \quad (4-15)$$

对于腹板稳定计算其力学模型应力:短边受到均匀压力 T_2,短边自由支持、长边为弹性支座支持的平板,实际计算可查阅计算规则可得到其解。

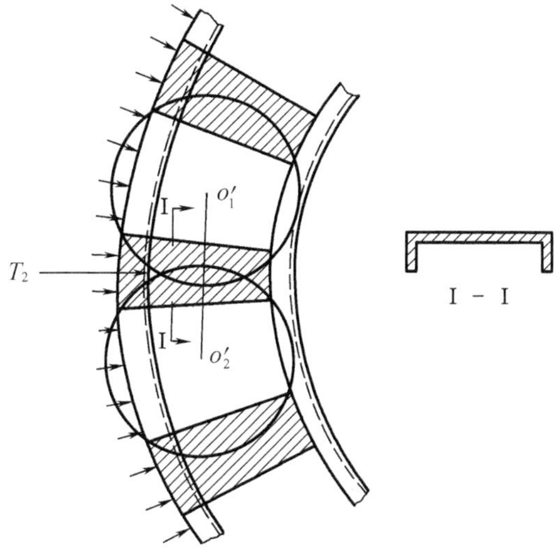

图 4-14　托 板 受 力

对于翼板稳定计算其力学模型应为：短边上受到均匀压力 T_2，一长边完全自由，三边自由支持的平板进行计算，计算公式可参见所学过的船舶结构力学。

4.2.4　存在问题

前面曾指出这是一种近似的计算方法，从模型试验和实艇测试的结果来看，确实存在着一定的误差，其计算值均比实测值大，可见是偏于完全的。只要稍加分析就可看到这种计算方法是存在很多问题的，现只简说几点：

(1)关于高腹板梁问题

在中型潜艇托板式液舱横向构架中，其横向肋骨在托板间跨度与肋骨腹板高之比分别为$\frac{s_1}{h_0'}\approx 2 \sim 3$，它们是属于高腹板梁的范畴，其肋骨断面内的应力分布是相当复杂的。而前述的计算方法则认为是线性分布的，因此，用线性分布应力来代替非线性分布应力是存在着相当误差的。

(2)关于液舱结构和耐压船体结构共同承受外荷作用的问题

我们知道，耐压液舱结构和耐压船体结构通过横向构件牢固地连接在一起，共同承担外荷的作用。实测表明，液舱壳板承受的均布载荷约有 80% 通过托板传到耐压船体上去，其余 20% 沿液舱壳板切向传到耐压船体上去。试验还表明耐压船体的强弱、托板尺寸的大小对液舱壳板和肋骨的变形及应力的大小是有影响的。反之液舱结构的强弱对液舱区域内的耐压船体是有很大影响的。前述的计算方法，将整个横向构架简化托板间构件来研究，显然是粗糙的。

(3)关于带板宽度问题

前述的计算方法，将托板间的横向构架近似地当作直杆处理。其带板宽度不论横向构件跨度 s、s_1 的大小，一律取其肋骨间距，致使有的实艇的肋骨带板宽度远远超过其横向构件的跨度，这也是不恰当的。

4.3 托板式耐压液舱壳板应力和稳定性计算

我们知道中型潜艇托板式液舱壳板是由不同半径和不同厚度的壳板组成的，如图4-15所示。过去有些计算方法是完全套用环肋圆柱壳的计算方法，要求对不同半径的壳块分别进行验算，认为在外荷作用下，任一段壳板的强度或稳定性不足，则整个液舱壳板就失去继续承载的能力。这种计算方法通过模型试验分析，可以看到存在的主要问题是：

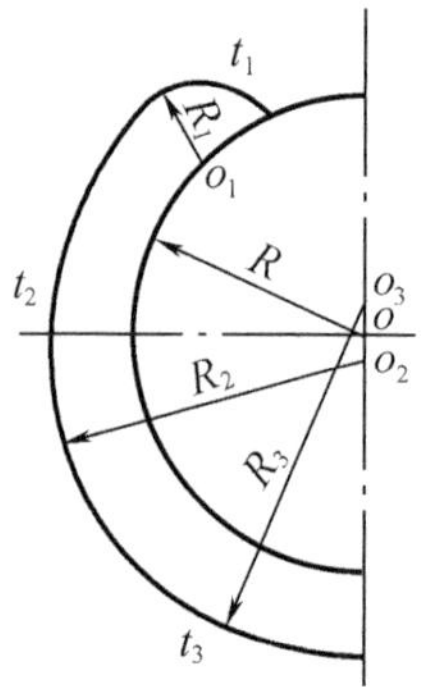

图4-15 耐压液舱壳板结构

(1)没有考虑托板对壳板的应力和稳定性的影响。其实托板的存在使壳板纵向边界得到加强，对其应力状态和稳定性是有影响的，其程度大小随 u 值而异。此外托板的存在使得纵向边界刚性不同，从而导致 σ_2^0 沿周向分布不均，且使弯曲应力 σ_{1W} 和 σ_{2W} 普遍比带肋柱壳高。

(2)没有考虑不同半径壳块的相互作用对应力和稳定性的影响。其实液舱壳板是由不同半径的壳板牢固地焊接成一个整体，共同抵抗外荷的作用。其相对刚度 $\left(\dfrac{t_i}{R_i}\right)$ 和它与耐压船体连接的情况对强度和稳定性是有影响的。此外，沿周向由于半径的变化和 $\left(\dfrac{t_i}{R_i}\right)$ 的不同，也使弯曲应力 σ_{2W} 增大，这是带肋柱壳无法描述的。特别当 $u>2.0$ 后其差别就更为明显。

由此可见，若借用环肋圆柱壳的计算方法时，必须考虑托板和不同半径壳块的刚度对其应力状态和稳定性的影响。

4.3.1 关于相当肋骨概念

从上节托板式液舱横向构架分析中我们得知，液舱肋骨和耐压船体肋骨通过托板牢固地连接成一个整体，共同抵抗外荷作用。对于液舱壳板来说，托板的存在使其纵向边界较之用肋骨加强的圆柱壳要强。至于强多少，我们引进了一个相当肋骨的概念来表征。相当肋骨是由托板和耐压船体肋骨及其带板组成，在应力计算时，还应包括液舱肋骨在内。下面介绍相当肋骨具体计算方法。参看图4-10及图4-16。

在计算壳板应力时，相当肋骨面积为 A_{X1}

$$A_{X1}=A_X+A_1 \tag{4-16}$$

式中 A_1——液舱肋骨面积；

A_X——托板和耐压船体肋骨及其带板组成的相当肋骨面积，其值为

$$A_X=K_f(a_p\delta+A+1.55t\sqrt{Rt}) \tag{4-17}$$

式中 K_f 为与托板布置有关的影响系数，其值为

$$K_f=1-\frac{s+s_1}{s_0+s_2} \tag{4-18}$$

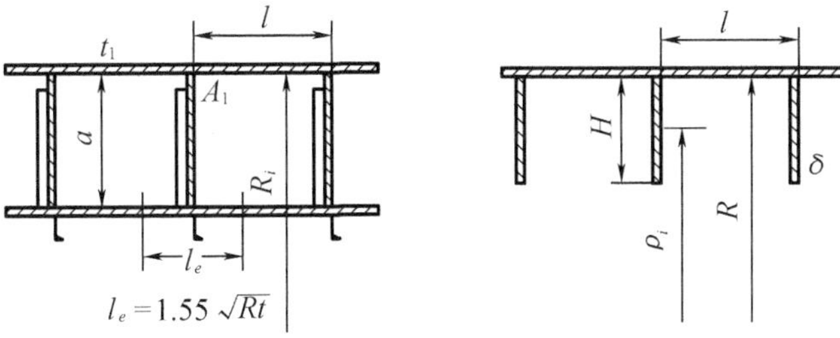

(a)　　　　　　　　(b)

图 4－16　耐压液舱相当肋骨

(a)原来结构；(b)相当肋骨

式中　s、s_1——两相邻托板间耐压船体肋骨和液舱肋骨的弧长，计算时应考虑其布置情况，取大值。

s_0、s_2——两相邻托板中心线间耐压船体和液舱肋骨的弧长，可以近似地取两相邻托板间肋骨弧长与其中一个托板宽度之和，即

$$s_0 = s + s_1$$

$$s_2 = s_1 + s_4$$

这里，a_p 为某一弧段液舱壳板内表面至相应耐压船体壳板外表面的平均高度，其值为

$$a_p = \frac{1}{2}(a_{max} + a_{min})$$

A 为耐压船体肋骨面积；$1.55\sqrt{Rt}$ 为耐压船体肋骨带板的有效面积。

在此，我们采用近似的方法来求取相当肋骨面积。值得指出的是系数 K_f 的含义，它可以这样来理解。

当 $K_f = 1$ 时即横向构件为实肋板，则式(4－17)为

$$A_X = a\delta + 1.55t\sqrt{Rt}$$

式中 $a \approx a_p$，为所校核断面实肋板的实际高度。$A = 0$，因实肋板起到强肋骨的作用，故在设置实肋处耐压船体内不再装设肋骨。

当 $K_f = 0$ 时，即液舱横向构件只有普通肋骨 A，没有托板加强，则

$$A_{X1} = A_1$$

由上可见，托板的存在对液舱壳板纵向边界的加强，是介于实肋板和普通肋骨之间，即 $0 < K_f < 1$。其加强程度决定 K_f 值的大小，也决定于托板的布置情况。

求得相当肋骨面积后，还应求出肋骨的有效面积，为此我们把 A_X 化成与托板同厚度的矩形断面肋骨，如图 4－16(b)，其相当肋骨高度为

$$H = \frac{A_X}{\delta}$$

在应力计算时，还应考虑 A_1 对其厚度的增加。则相当肋骨厚度为

$$\delta_X = \delta + \frac{A_1\delta}{A_X} \tag{4－19}$$

相当肋骨形心的曲率半径 ρ_i 为

$$\rho_i = R_i - \frac{A_{X1}}{2\delta_X} \tag{4-20}$$

因相当肋骨较高,故还应计及肋骨形心偏离壳板形心的影响,在外荷作用下,认为相当肋骨半径 ρ_i 在 q_i 作用下,与有效面积半径 R_i 在 q_i 作用下挠度相等。即

$$\frac{q_i R_i^2}{EA_{eff}} = \frac{q_i \rho_i^2}{EA_{X1}}$$

$$A_{eff} = A_{X1}\left(\frac{R_i}{\rho_i}\right)^2 \tag{4-21}$$

4.3.2 液舱壳板应力计算

从环肋圆柱壳理论可知,当 $u > 1.6$ 后,边界的增强对 σ_2^0 减少不大。当 $u > 2.0$ 后边界增强后反而使 σ_2^0 增大。这一点也可在前面第 2 章中有关耐压船体应力计算的相应图线中看到,边界增强使 β 值减少,K_2^0 值增大。但从实验中可发现,即使 $u > 2.0$,其 σ_2^0 实测值仍比用环肋圆柱壳理论计算值小 15% 以上,我们认为这是由于周向壳块的相对刚度和其与耐压船体连接方式的影响。鉴于液舱结构比较复杂,其周向边界嵌固程度和 $\left(\frac{t_i}{R_i}\right)$ 的变化是难以用解析式来表达的。于是我们做了这样的近似处理,当 $u > 1.5$ 后,在计及托板影响的基础上再考虑周向边界及 $\left(\frac{t_i}{R_i}\right)$ 对强度和稳定性的影响。引进了一个修正系数 C。其值按下式确定

$$C = \begin{cases} 0.9 & u > 1.6 \\ 2.5u & 1.5 < u < 1.6 \end{cases} \tag{4-22}$$

液舱壳板应力计算,我们仍然采用环肋圆柱壳公式,不同点在于考虑了托板和周向边界及 $\left(\frac{t_i}{R_i}\right)$ 的影响。

4.3.2.1 肋距跨中面周向应力

$$\sigma_2^0 = K_2^0 \frac{P_j R_i}{t_i} \tag{4-23}$$

式中 P_j——与耐压船体相同的计算载荷;

K_2^0——由参数 u、β 查耐压船体应力计算部分的 K_2^0 曲线确定。这里

$$\left.\begin{aligned} u &= 0.642 \frac{l}{\sqrt{R_i t_i}} \\ \beta &= \frac{l t_i}{A_{eff}} = \left(\frac{\rho_i}{R_i}\right)^2 \frac{l t_i}{A_{X1}} \end{aligned}\right\} \tag{4-24}$$

当 $u > 1.5$ 后,K_2^0 应取 CK_2^0。

4.3.2.2 跨端内表面的纵向应力

$$\sigma_1 = \left(\frac{1}{2} + \frac{3}{1 + \frac{\beta}{u}}\right)\frac{P_j R_i}{2t_i} \tag{4-25}$$

采用这一公式的理由是把用托板加强的肋骨近似地视为强肋骨来处理。至于膜应力

项取$\frac{P_j R_i}{4t_i}$，主要原因是液舱壳板所受到的纵向力较环肋圆柱壳小得多。为了便于说明这个问题，假定耐压船体壳板与耐压液舱壳板同心，如图 4 – 17 所示，其纵向力 T_1 为

$$T_1 = P_j \pi (R_i^2 - R)^2 = P_j \pi R_1^2 \left[1 - \left(\frac{R}{R_i}\right)^2\right]$$

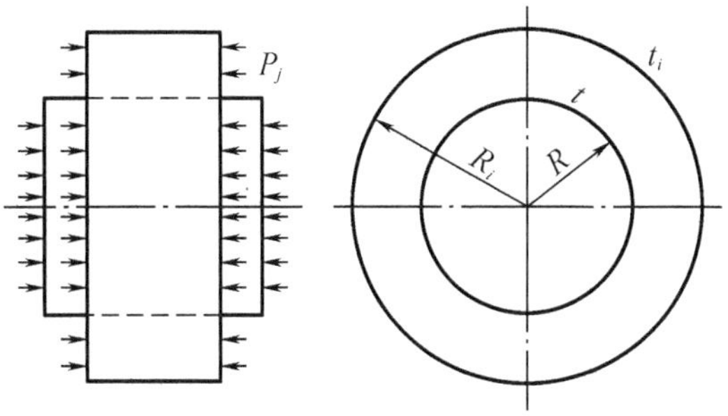

图 4 – 17　耐压船体、液舱纵向受力

为了安全起见，假定液舱端壁传业的纵向力 T_1 全部由舱壳板承受，则纵向膜应力为

$$\sigma_1^0 = \frac{T_1}{2\pi R_i t_i}\left[1 - \left(\frac{R}{R_i}\right)^2\right]$$

对于中型潜艇，一般液舱壳板与耐压船体壳板不同心，但

$$\left[1 - \left(\frac{R}{R_i}\right)^2\right] < 0.5$$

于是我们取

$$\left[1 - \left(\frac{R}{R_i}\right)^2\right] \approx \frac{1}{2}$$

则其纵向膜应力 σ_1^0 为

$$\sigma_1^0 = \frac{P_j R_i}{4t_i}$$

这一点也被试验所证实。

4.3.3　液舱壳板稳定性计算

对于两相邻肋骨间或肋骨与舱壁间壳板的失稳压力为

$$P_{cr} = C_g C_s P_E \tag{4-26}$$

式中　C_g——几何非线性修正系数，其修正方法与耐压船体稳定性相同；

C_s——物理非线性修正系数；

P_E——理论临界压力，其值为

$$P_E = \frac{E}{K_2^0}\left(\frac{t_i}{R_i}\right)^2 \frac{0.6}{u - 0.37} \tag{4-27}$$

上述公式与耐压船体壳板局部失稳公式相似，不同点在于：

(1)在计算理论临界压力时，引进了系数$\frac{1}{K_2^0}$，此系数视为托板和周向边界嵌固程度及各

壳块相对刚度$\left(\frac{t_i}{R_i}\right)$对稳定的影响系数。

在前面应力计算时,曾经指出纵向膜力 T_1 比环肋圆柱壳小得多,把它取为

$$T_1 = \frac{1}{4}K_2^0 P_j R_i$$

应该指出的是,决不能把它理解为托板加强对纵向膜力 T_1 的影响。

对有托板加强的液舱壳板周向膜力 T_2 取为

$$T_2 = K_2^0 P_j R_i$$

这种处理方法,既保留了环肋柱壳稳定性计算公式中的储备,又计及了托板的影响。至于周向边界和各壳块相对$\left(\frac{t_i}{R_i}\right)$的影响和应力的计算方法一样处理,即 $u > 1.5$ 时取 CK_2^0。

我们将上述的 T_1 和 T_2 代入环肋圆柱壳的有关的稳定方程,再作与环肋圆柱壳相同的处理,就可得到式(4-27)。

(2)在进行材料物理非线性修正时,取 σ_E 为

$$\sigma_E = \frac{P_E R_i K_2^0}{t_i} \tag{4-28}$$

它与环肋柱壳 C_s 修正的不同点,在于计及了托板及壳块相对刚度$\left(\frac{t_i}{R_i}\right)$等对 T_2 的影响,所以在修正时也必须计及这一因素,才能反映它的真实受力状态,否则就会夸大其受力状态,得出过于保守的结果。

4.4 实例计算

本节介绍托板式液舱结构的计算实例,作为学习本章的总结。

托板式液舱结构的应力和稳定性计算。

4.4.1 已知数据

计算压力	$P_j = 4.12$ MPa $= 42$ kgf/cm^2
耐压船体半径	$R = 266.2$ cm
耐压液舱半径	$R_1 = 343.4$ cm
耐压船体壳板厚度	$t = 2.4$ cm
耐压液舱壳板厚度	$t_i = 2.6$ cm
肋骨间距	$l = 60$ cm
托板高度	$a_p = 70$ cm
托板厚度	$\delta = 1.2$ cm
耐压船体肋骨在托板间的弧长	$s_0 = 80$ cm
	$s = 40$ cm
耐压液舱肋骨在托板间的弧长	$s_1 = 66$ cm
	$s_2 = 106$ cm

从船体中心到 A、B、C、D 四点共圆圆心距　$d=308$ cm

托板间四点共圆圆心距　$\overline{O_1O_2}=95$ cm

从液舱壳板半径圆心到 A、B、C、D 四点共圆圆心距　$d_1=304.5$ cm

耐压液舱肋骨球缘钢 22a 号　$A=32.215\ \text{cm}^2$　$y_0=13.2$ cm　$i_0=1\ 511\ \text{cm}^4$

耐压船体肋骨球缘钢 20a 号　$A=26.86\ \text{cm}^2$　$y_0=12.12$ cm　$i_0=1\ 008\ \text{cm}^4$

耐压船体结构钢材

$$\sigma_s=588\ \text{MPa}=6\ 000\ \text{kgf/cm}^2$$

$$E=1.96\times10^5\ \text{MPa}=2\times10^6\ \text{kgf/cm}^2$$

耐压液舱结构钢材

$$\sigma_s=588\ \text{MPa}=6\ 000\ \text{kgf/cm}^2$$

$$E=1.96\times10^5\ \text{MPa}=2\times10^6\ \text{kgf/cm}^2$$

4.4.2　液舱壳板应力和稳定性计算

(1)壳板应力

$$u=0.642\frac{l}{\sqrt{R_1t_1}}=\frac{0.642\times60}{\sqrt{343.3\times2.5}}=13.1$$

$$A_X=K_f[a\delta+A+1.55t\sqrt{Rt}]$$

$$K_f=1-\frac{s+s_1}{s_0+s_2}=1-\frac{40+66}{80+106}=0.43$$

$$A_X=0.43(70\times1.2+26.86+1.55\times2.3\sqrt{266.2\times2.3})=85.6\ \text{cm}^2$$

$$A_{X1}=A_X+A_1=85.6+35.215=117.8\ \text{cm}^2$$

$$\delta_X=\delta+\frac{A_1\delta}{A_X}=1.2+\frac{32.215\times1.2}{85.6}=1.65\ \text{cm}$$

$$\rho_1=R_1-\frac{A_{X1}}{2\delta_X}=343.4-\frac{117.8}{2\times1.65}=307.7\ \text{cm}$$

$$\beta=\left(\frac{\rho_1}{R_1}\right)^2\frac{lt_1}{A_{X1}}=\left(\frac{307.7}{343.4}\right)^2\frac{60\times2.5}{117.8}=1.02$$

$$K_2^0=0.725$$

$$\sigma_2^0=K_2^0\frac{P_jR_1}{t_1}=0.725\frac{4.12\times3.434}{2.5\times10^{-2}}=409.6\ \text{MPa}=4\ 182\ \text{kgf/cm}^2$$

$$\sigma_1=\left(\frac{1}{2}+\frac{3}{1+\dfrac{\beta}{u}}\right)\frac{P_jR_1}{2t_1}=\left(\frac{1}{2}+\frac{3}{1+\dfrac{1.02}{1.31}}\right)\frac{4.12\times3.434}{2\times2.5\times10^{-2}}$$

$$=618.5\ \text{MPa}=6\ 311.5\ \text{kgf/cm}^2$$

(2)稳定性

$$\rho_i=R_1-\frac{A_X}{2\delta}=343.4-\frac{85.6}{2\times1.2}=307.7\ \text{cm}$$

$$\beta=\left(\frac{\rho_i}{R_1}\right)^2\frac{lt_1}{A_X}=\left(\frac{307.7}{343.4}\right)^2\frac{60\times2.5}{85.6}=1.4$$

$$K_2^0=0.77$$

$$P_E = \frac{E}{K_0}\left(\frac{t_1}{R_1}\right)^2 \frac{0.6}{u-0.37} = \frac{1.96\times 10^5}{0.77}\left(\frac{2.5}{343.4}\right)^2 \frac{0.6}{1.31-0.37}$$

$$= 8.58\ \text{MPa} = 87.5\ \text{kgf/cm}^2$$

$$C_g = 0.91$$

$$\sigma_E = \frac{P_E R_1 K_2^0}{t_1} = \frac{8.58\times 3.434\times 0.77}{2.5\times 10^{-2}} = 911.4\ \text{MPa} = 9\ 255\ \text{kgf/cm}^2$$

$$\frac{\sigma_E}{\sigma_s} = \frac{911.4}{588} = 1.54$$

$$C_s = 0.72$$

$$P_{cr} = 0.91\times 0.72\times 8.58 = 5.62\ \text{MPa} = 57.33\ \text{kgf/cm}^2$$

4.4.3 托板式液舱横向构架应力计算

(1)耐压液舱及耐压船体肋骨型材要素计算

耐压液舱肋骨及带板型材要素计算

$$A_{Z1} = A_1 + lt_1 = 32.215 + 60\times 2.5 = 182.215\ \text{cm}^2$$

$$J = \frac{lt_1^3}{12} + i_0 + \left(y_0 + \frac{t_1}{2}\right)^2 \frac{A_1 lt_1}{A_1 + lt_1}$$

$$= \frac{60\times 2.5^2}{12} + 1\ 511 + (13.2 + 1.25)^2 \frac{32.215\times 60\times 2.5}{182.215} = 7\ 126.4\ \text{cm}^2$$

$$y_1 = h'_0 + \frac{t_1}{2} - y_1 = 21.45 + 2.5 - 20.14 = 3.18\ \text{cm}$$

$$W_{1\max} = \frac{J}{y_2} = \frac{7\ 126.4}{3.81} = 1\ 870.4\ \text{cm}^3$$

$$W_{1\min} = \frac{J}{y_1} = \frac{7\ 126.4}{20.14} = 353.6\ \text{cm}^3$$

同理,可求得耐压船体肋骨及带板的型材要素

$$A_Z = 164.8\ \text{cm}^2$$

$$W_{\max} = 1\ 540\ \text{cm}^3$$

$$W_{\min} = 274\ \text{cm}^3$$

(2)单位长度上的荷重

$$q = P_j l = 4.12\times 0.6 = 2.472\times 10^3\ \text{kN/m} = 252\ \text{t/m}$$

(3)节点截面内的弯矩

在液舱肋骨上

$$M_A = M_B = \frac{qs_1^2}{12}\frac{d_1}{R_1} = \frac{2\ 472\times 0.66^2}{12}\times\frac{3.045}{3.434} = 79.5\ \text{kN}\cdot\text{m}/8.11\ \text{t}\cdot\text{m}$$

在船体肋骨上

$$M_C = M_D = -\frac{qs^2}{12}\frac{d}{R} = -\frac{2\ 472\times 0.4^2}{12}\times\frac{3.08}{2.662}$$

$$= -3.81\ \text{kN}\cdot\text{m} = -3.88\ \text{t}\cdot\text{m}$$

(4)托板间肋骨跨中弯矩

在液舱骨上

$$M_{A-B}=-\frac{1}{2}M_A=-39.75\ \text{kN}\cdot\text{m}=-4.05\ \text{t}\cdot\text{m}$$

在船体肋骨上

$$M_{C-D}=-\frac{1}{2}M_C=19.1\ \text{kN}\cdot\text{m}=1.94\ \text{t}\cdot\text{m}$$

(5)肋骨压缩力

沿 $A-B$ 方向

$$T_1=q(R_1-d_1)=2\ 472(3.434-3.045)=961\ \text{kN}=98\ \text{t}$$

沿 $C-D$ 方向

$$T=qd=2\ 472\times 3.08=7\ 610\ \text{kN}=775\ \text{t}$$

(6)肋骨上的剪力

在液舱肋骨上

$$N_1=\frac{qs_1}{2}\frac{d_1}{R_1}=\frac{2\ 472\times 0.66}{2}\times\frac{3.045}{3.434}=723\ \text{kN}=74\ \text{t}$$

在船体肋骨上

$$\overline{N}=\frac{qs}{2}\frac{d}{R}=\frac{2\ 472\times 0.4}{2}\times\frac{3.08}{2.662}=572\ \text{kN}=58.3\ \text{t}$$

(7)在液舱肋骨内的总应力

①在支座截面内

在肋骨内缘上

$$\sigma_A=-\frac{T_1}{A_{Z1}}-\frac{M_A}{W_{1\min}}=-\frac{961\times 10^4}{182.215}-\frac{79.5\times 10^6}{353.8}=-277.44\ \text{MPa}=-2\ 830\ \text{kgf/cm}^2$$

在液舱壳板上

$$\sigma_A=-\frac{T_1}{A_{Z1}}+\frac{M_A}{W_{\max}}=\frac{961\times 10^4}{182.215}+\frac{79.5\times 10^6}{1\ 870.4}$$
$$=-10.24\ \text{MPa}=-104\ \text{kgf/cm}^2$$

②在跨度中央处

在肋骨球缘上

$$\sigma_{AB}=-\frac{T_1}{A_{Z1}}-\frac{M_{A-B}}{W_{1\min}}$$
$$=-\frac{961\times 10^4}{182.215}+\frac{39.75\times 10^6}{353.8}=59.6\ \text{MPa}=608\ \text{kgf/cm}^2$$

在液舱壳板上

$$\sigma_{AB}=-\frac{T_1}{A_{Z1}}+\frac{M_{A-B}}{W_{1\max}}$$
$$=-\frac{961\times 10^4}{182.215}-\frac{39.75\times 10^6}{1\ 870.4}=-73.5\ \text{MPa}=-755\ \text{kgf/cm}^2$$

(8)耐压船体肋骨内的总应力

①在支座截面内

在肋骨球缘上

$$\sigma_C = -\frac{T}{A_Z} - \frac{M_C}{W_{\min}}$$

$$= -\frac{7\ 610 \times 10^4}{164.86} + \frac{3.81 \times 10^6}{274} = -323\ \text{MPa} = -3\ 290\ \text{kgf/cm}^2$$

在船体壳板上

$$\sigma_C = -\frac{T}{A_Z} + \frac{M_C}{W_{\min}}$$

$$= -\frac{7\ 610 \times 10^4}{164.86} - \frac{38.1 \times 10^5}{1\ 540} = -485\ \text{MPa} = -4\ 950\ \text{kgf/cm}^2$$

②在跨度中央处

在肋骨球缘上

$$\sigma_{CD} = -\frac{T}{A_Z} - \frac{M_{C-D}}{W_{\min}}$$

$$= -\frac{7\ 610 \times 10^4}{164.86} - \frac{19.1 \times 10^6}{274} = -531.3\ \text{MPa} = -5\ 410\ \text{kgf/cm}^2$$

在船体壳板上

$$\sigma_{CD} = -\frac{T}{A_Z} + \frac{M_{C-D}}{W_{\max}} = -\frac{7\ 610 \times 10^4}{164.86} + \frac{19.1 \times 10^6}{1\ 540}$$

$$= -448.8\ \text{MPa} = -4\ 580\ \text{kgf/cm}^2$$

(9)最大剪应力

在液舱肋骨内

$$\tau_A = \frac{N_1}{0.9 h_0' d_0'} = \frac{723 \times 10^4}{0.9 \times 21.45 \times 1.1} = 340.5\ \text{MPa} = 3\ 480\ \text{kgf/cm}^2$$

在船体肋骨内

$$\tau_C = \frac{N}{0.9 h_0 d_0} = \frac{572 \times 10^4}{0.9 \times 19.5 \times 1.0} = 325.9\ \text{MPa} = 3\ 480\ \text{kgf/cm}^2$$

4.4.4 托板应力和稳定性计算

(1)托板所承受的力

$$T_2 = q\,\overline{O_1' O_2'} = 2\ 472 \times 0.95 = 2\ 348\ \text{kN} = 240\ \text{t}$$

(2)托板内压应力

$$\sigma = \frac{T_2}{A}$$

$$A = 40 \times 1.2 + 2 \times 8.8 \times 1.2 = 69\ \text{cm}^2$$

$$\sigma = \frac{T_2}{A} = \frac{2\ 348 \times 10^3}{69} = 340.3\ \text{MPa} = 3\ 472\ \text{kgf/cm}^2$$

(3)托板稳定性计算

托板截面最小惯性矩

$$J = \frac{40 \times 1.2^3}{12} + 2\,\frac{1.2 \times 8.8^3}{12} + 5^2\,\frac{48 \times 21}{69} = 506.6\ \text{cm}^4$$

$$\rho = \sqrt{\frac{J}{A}} = \sqrt{\frac{506.6}{69}} = 2.71\ \text{cm}$$

理论临界应力

$$\sigma_{\text{E}} = 200\left(\frac{100}{a}\right)^2 = 200\left(\frac{100 \times 2.71}{71}\right)^2 = 2\ 855.5\ \text{MPa} = 29\ 200\ \text{kgf/cm}^2$$

附录 A

表 A－1 球缘钢

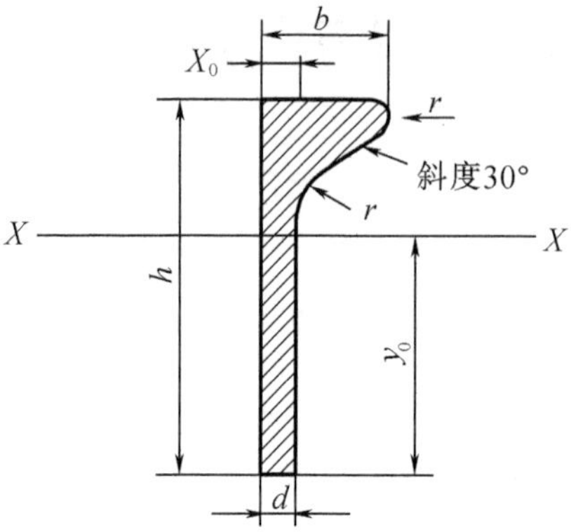

编号		质量	尺寸/mm				面积	对 XX 轴		截短 25% 以后		
			h	b	d	r	A /cm^2	l_0 /cm^4	y_0 /cm	A /cm^2	l_0 /cm^4	y_0 /cm
5		2.25	50	16	4	2.5	2.87	6.96	3.13	2.82	6.48	3.06
5.5		2.73	55	17	4.5	3	3.48	10.2	3.38	3.42	9.51	3.30
6		3.35	60	19	5	3.5	4.27	15.0	3.74	4.20	13.97	3.65
7		3.97	70	21	5	3.5	5.06	24.10	4.40	4.97	22.44	4.30
8		4.58	80	22	5	4	5.84	36.23	5.07	5.74	33.72	4.95
9		5.52	90	24	5.5	4	7.03	55.60	5.65	6.91	51.73	5.52
10		6.67	100	26	6	5	8.63	85.22	6.29	8.48	79.42	6.15
12		8.75	120	30	6.5	5	11.15	158	7.55	10.96	117.1	7.38
14	a	11.05	140	33	7	6	14.05	274	8.82	13.80	255.4	8.62
	σ	13.25	140	35	9	6	16.85	321	8.55	16.53	298.5	8.36
16	a	14.10	160	36	8	7	17.95	468	9.95	17.63	437.0	9.72
	σ	16.60	160	38	10	7	21.16	527	9.75	20.76	489.8	9.53
18	a	17.40	180	40	9	7	22.20	724	11.15	21.79	674.8	10.90
	σ	20.20	180	42	11	7	25.80	837	10.81	25.30	780.4	10.56
20	a	21.45	200	44	10	8	27.36	1 078	12.40	26.86	1 003	12.12
	σ	24.60	200	46	12	8	31.36	1 265	12.06	30.76	1 180	11.79
22	a	25.80	220	48	11	8.5	32.82	1 611	13.50	32.21	1 503	13.20
	σ	29.20	220	50	13	8.5	37.22	1 795	13.20	36.50	1 673	12.90
24	a	30.40	240	52	12	9.0	38.75	2 232	14.70	38.03	2 080	14.37
	σ	34.20	240	54	14	9.0	43.55	2 542	14.35	42.71	2 373	14.02
27	a	34.40	270	55	12	9.5	43.82	3 265	16.60	43.01	3 047	16.23
	σ	38.60	270	57	14	9.5	49.22	3 515	16.30	48.27	3 269	15.93

表 A-2 计算弹性基础梁用的克利舍维奇函数之数值表

ax	$W_0(ax)$	$\sqrt{2}W_1(ax)$	$W_2(ax)$	$\sqrt{2}W_3(ax)$
0.00	1.000	-1.000	0.000	1.000
0.10	0.900	-0.810	0.090	0.991
0.20	0.802	-0.640	-0.163	0.965
0.30	0.708	-0.489	-0.219	0.927
0.40	0.617	-0.356	-0.261	0.878
0.50	0.532	-0.242	-0.291	0.823
0.60	0.453	-0.143	-0.310	0.763
0.70	0.380	-0.060	-0.320	0.700
0.80	0.313	0.009	-0.322	0.635
0.90	0.253	0.066	-0.319	0.571
1.00	0.199	0.111	-0.310	0.508
1.10	0.151	0.146	-0.297	0.448
1.20	0.109	0.172	-0.281	0.390
1.30	0.073	0.190	-0.263	0.336
1.40	0.042	0.201	-0.243	0.285
1.50	0.016	0.207	-0.223	0.238
1.60	-0.006	0.208	-0.202	0.196
1.70	-0.024	0.205	-0.181	0.158
1.80	-0.038	0.199	-0.161	0.123
1.90	-0.048	0.190	-0.142	0.093
2.00	-0.056	0.179	-0.123	0.067
2.10	-0.062	0.168	-0.106	0.044
2.20	-0.065	0.155	-0.090	0.024
2.30	-0.067	0.142	-0.075	0.008
2.40	-0.067	0.128	-0.061	-0.006
2.50	-0.066	0.115	-0.049	-0.017
2.60	-0.064	0.102	-0.038	-0.025
2.70	-0.061	0.090	-0.029	-0.032
2.80	-0.057	0.078	-0.020	-0.037
2.90	-0.053	0.067	-0.013	-0.040
3.00	-0.049	0.056	-0.007	-0.042
3.10	-0.045	0.047	-0.002	-0.043
3.20	-0.041	0.038	0.002	-0.043
3.30	-0.036	0.031	0.006	-0.042
3.40	-0.032	0.024	0.009	-0.041
3.50	-0.028	0.018	0.011	-0.039
3.60	-0.025	0.012	0.012	-0.037
3.70	-0.021	0.008	0.013	-0.034
3.80	-0.018	0.004	0.013	-0.031
3.90	-0.015	0.001	0.014	-0.029

表 A－2(例)(续)

ax	$W_0(ax)$	$\sqrt{2}W_1(ax)$	$W_2(ax)$	$\sqrt{2}W_3(ax)$
4.00	−0.012	−0.002	0.014	−0.026
4.10	−0.010	−0.004	0.014	−0.023
4.20	−0.007	−0.006	0.013	−0.020
4.30	−0.005	−0.007	0.012	−0.018
4.40	−0.004	−0.008	0.012	−0.016
4.50	−0.002	−0.009	0.011	−0.013
4.60	−0.001	−0.009	0.010	−0.011
4.70	0.000	−0.009	0.009	−0.009
4.80	0.001	−0.009	0.008	−0.008
4.90	0.001	−0.009	0.007	−0.006
5.00	0.002	−0.008	0.007	−0.005
5.10	0.002	−0.008	0.006	−0.003
5.20	0.003	−0.008	0.005	−0.002
5.30	0.003	−0.007	0.004	−0.001
5.40	0.003	−0.006	0.004	−0.001
5.50	0.003	−0.006	0.003	0.000
5.60	0.003	−0.005	0.002	0.001
5.70	0.003	−0.005	0.002	0.001
5.80	0.003	−0.004	0.001	0.001
5.90	0.003	−0.004	0.001	0.002
6.00	0.002	−0.003	0.001	0.002
6.50	0.002	−0.001	0.000	0.002
7.00	0.001	0.000	−0.001	0.001
7.50	0.000	0.000	−0.001	0.001
8.00	0.000	0.000	0.000	0.000

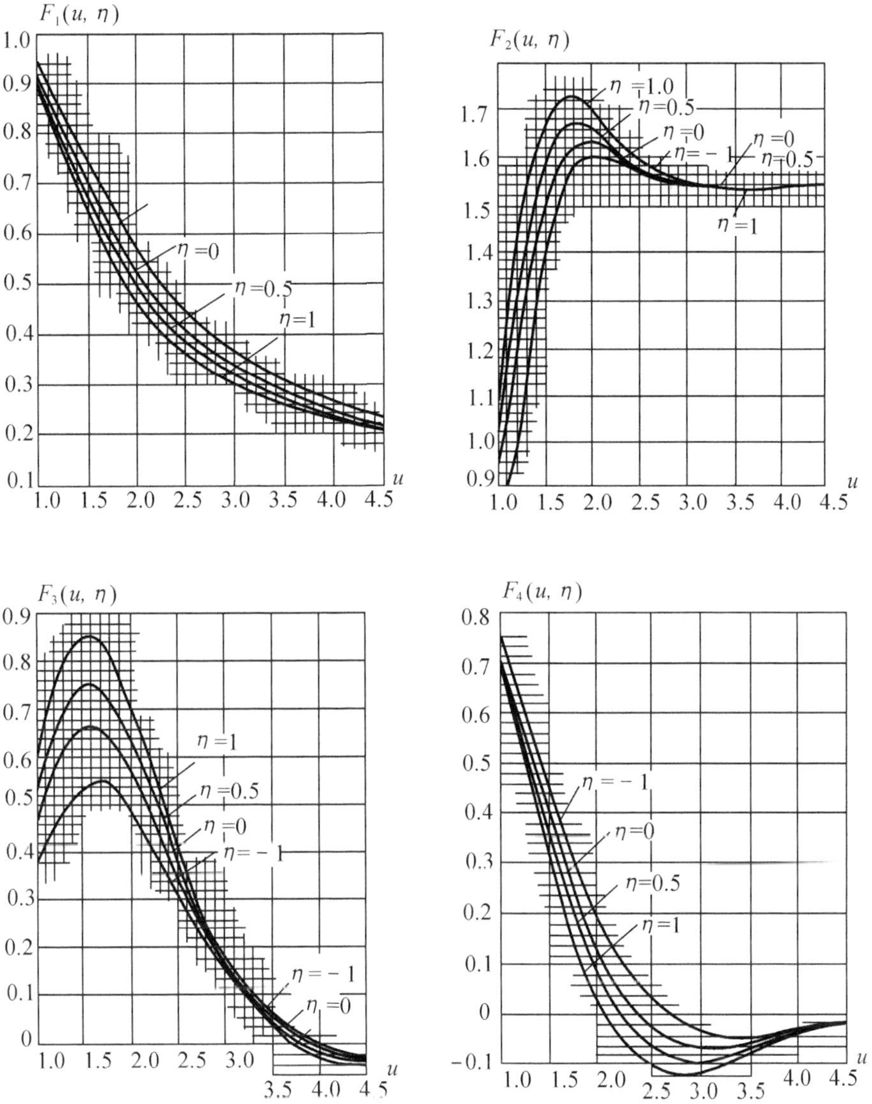

$F_1(u,\eta)$
1.0
0.9
0.8
0.7
0.6
0.5
0.4
0.3
0.2
0.1
$\eta=0$
$\eta=0.5$
$\eta=1$
1.0 1.5 2.0 2.5 3.0 3.5 4.0 4.5
u
$F_2(u,\eta)$
1.7
1.6
1.5
1.4
1.3
1.2
1.1
1.0
0.9
$\eta=1.0$
$\eta=0.5$
$\eta=0$
$\eta=-1$
$\eta=0$
$\eta=0.5$
$\eta=1$
1.0 1.5 2.0 2.5 3.0 3.5 4.0 4.5
u
$F_3(u,\eta)$
0.9
0.8
0.7
0.6
0.5
0.4
0.3
0.2
0.1
0
$\eta=1$
$\eta=0.5$
$\eta=0$
$\eta=-1$
$\eta=-1$
$\eta=0$
1.0 1.5 2.0 2.5 3.0 3.5 4.0 4.5
u
$F_4(u,\eta)$
0.8
0.7
0.6
0.5
0.4
0.3
0.2
0.1
0
−0.1
$\eta=-1$
$\eta=0$
$\eta=0.5$
$\eta=1$
1.0 1.5 2.0 2.5 3.0 3.5 4.0 4.5
u

图 A－1

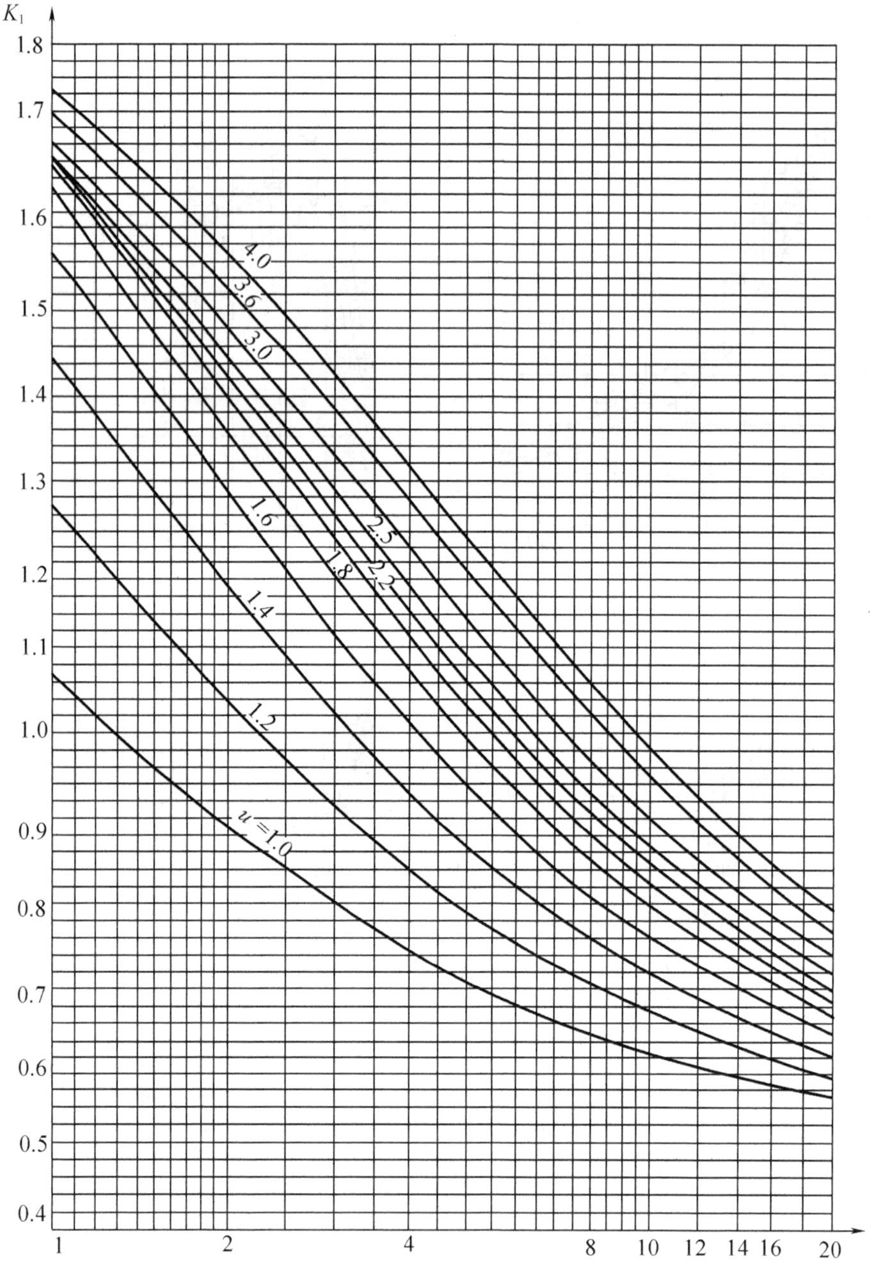
K_1
1.8
1.7
1.6
1.5
1.4
1.3
1.2
1.1
1.0
0.9
0.8
0.7
0.6
0.5
0.4
1
2
4
8
10
12
14
16
20
4.0
3.6
3.0
2.5
2.2
1.8
1.6
1.4
1.2
u=1.0

图 A-2

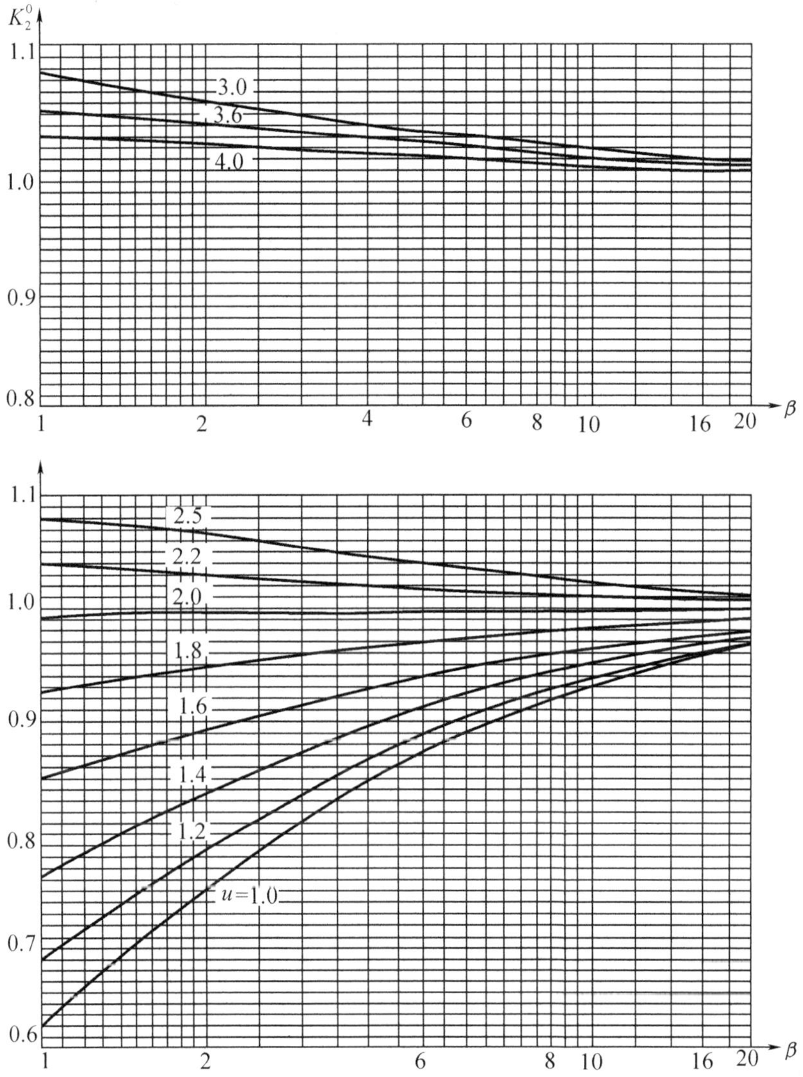
K_2^0
1.1
1.0
0.9
0.8
3.0
3.6
4.0
1
2
4
6
8
10
16
20
β
1.1
1.0
0.9
0.8
0.7
0.6
2.5
2.2
2.0
1.8
1.6
1.4
1.2
u=1.0
1
2
6
8
10
16
20
β

图 A-3

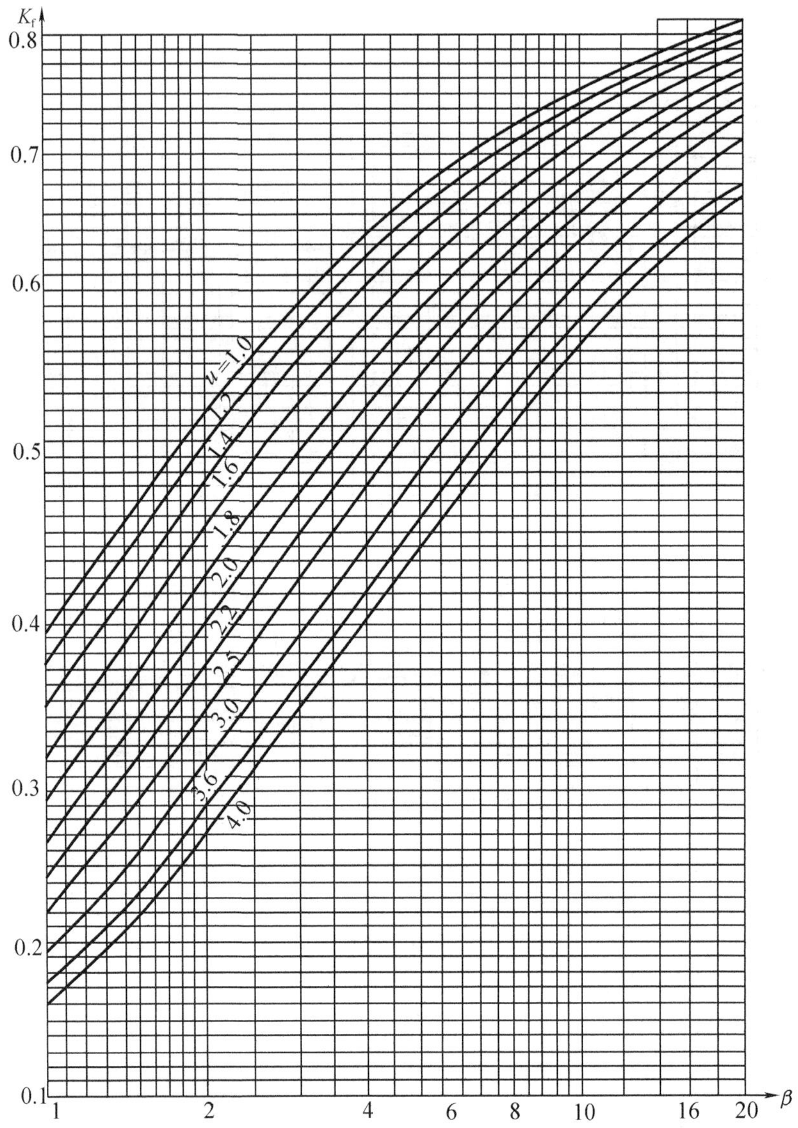
K_f
0.8
0.7
0.6
0.5
0.4
0.3
0.2
0.1
1
2
4
6
8
10
16
20
β
u=1.0
1.2
1.4
1.6
1.8
2.0
2.2
2.5
3.0
3.6
4.0

图 A-4

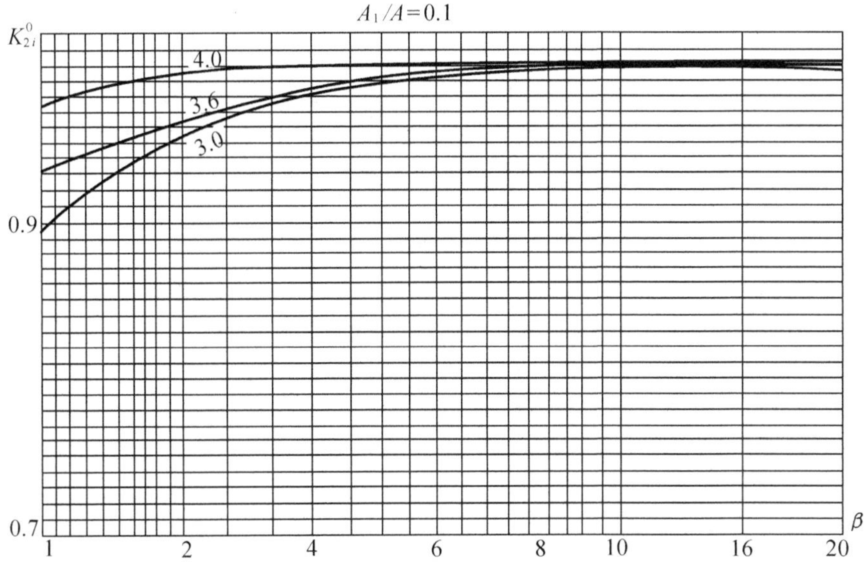
$A_1/A=0.1$
K_{2i}^0
4.0
3.6
3.0
0.9
0.7
β
1
2
4
6
8
10
16
20

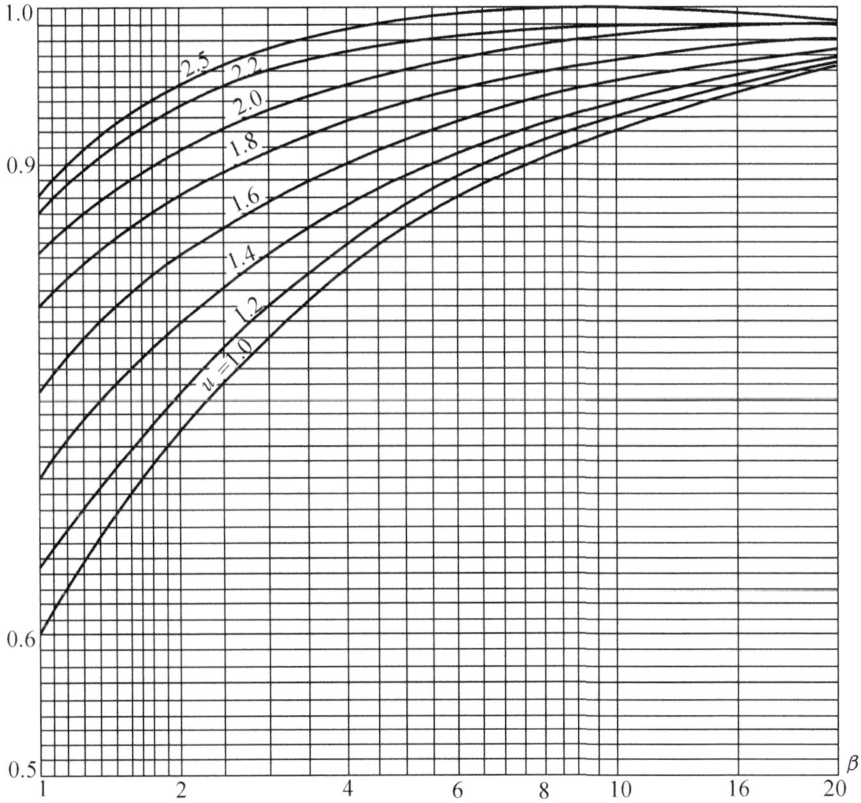
1.0
2.5
2.2
2.0
1.8
1.6
1.4
1.2
u=1.0
0.9
0.6
0.5
β
1
2
4
6
8
10
16
20

图 A－5

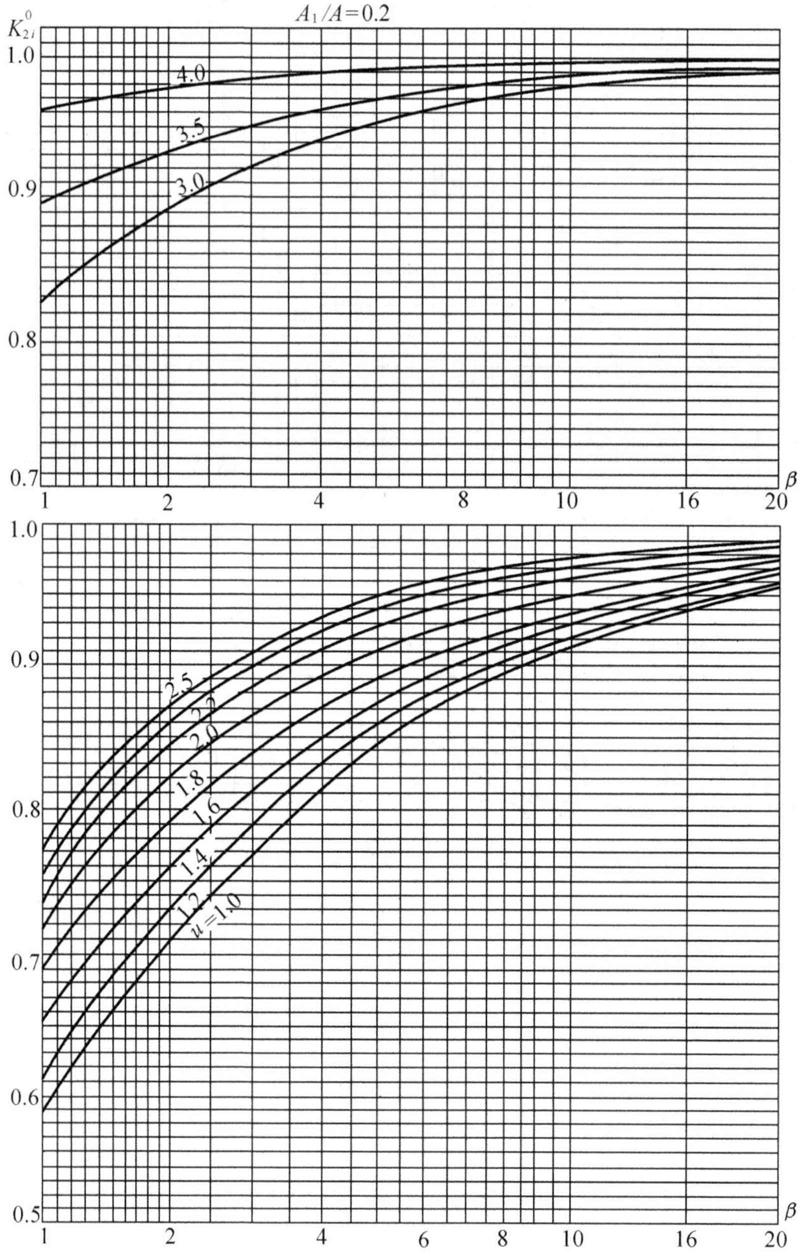
$A_1/A=0.2$
K_{2i}^0
1.0
0.9
0.8
0.7
4.0
3.5
3.0
β
1
2
4
8
10
16
20
1.0
0.9
0.8
0.7
0.6
0.5
2.5
2.2
2.0
1.8
1.6
1.4
1.2
u=1.0
β
1
2
4
6
8
10
16
20

图 A-6

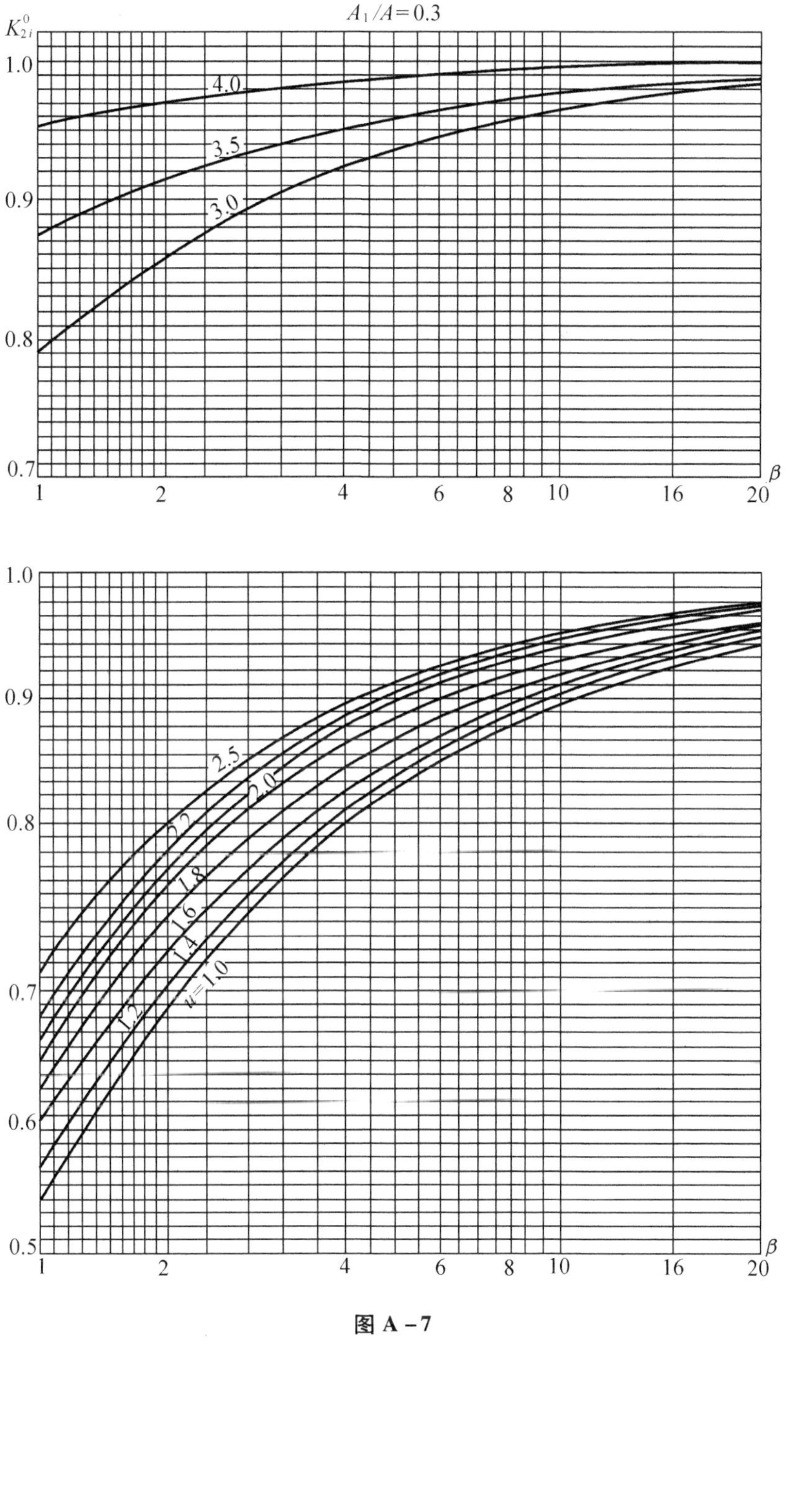
$A_1/A=0.3$
K_{2i}^0
1.0
0.9
0.8
0.7
4.0
3.5
3.0
β
1
2
4
6
8
10
16
20
1.0
0.9
0.8
0.7
0.6
0.5
2.5
2.2
2.0
1.8
1.6
1.4
1.2
$u=1.0$
β
1
2
4
6
8
10
16
20

图 A－7

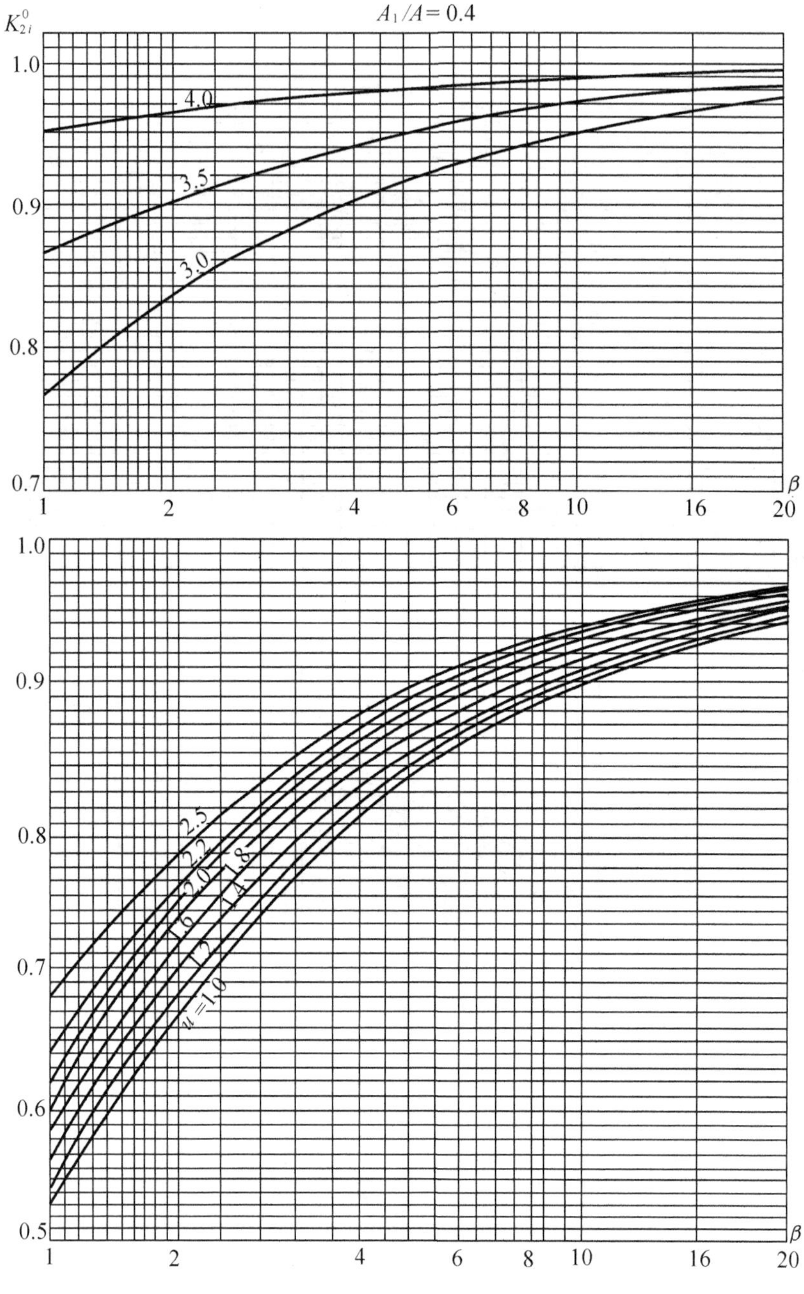
$A_1/A=0.4$
K_{2i}^0
1.0
0.9
0.8
0.7
4.0
3.5
3.0
β
1
2
4
6
8
10
16
20
1.0
0.9
0.8
0.7
0.6
0.5
2.5
2.2
2.0
1.8
1.6
1.4
1.2
u=1.0
β
1
2
4
6
8
10
16
20

图 A－8

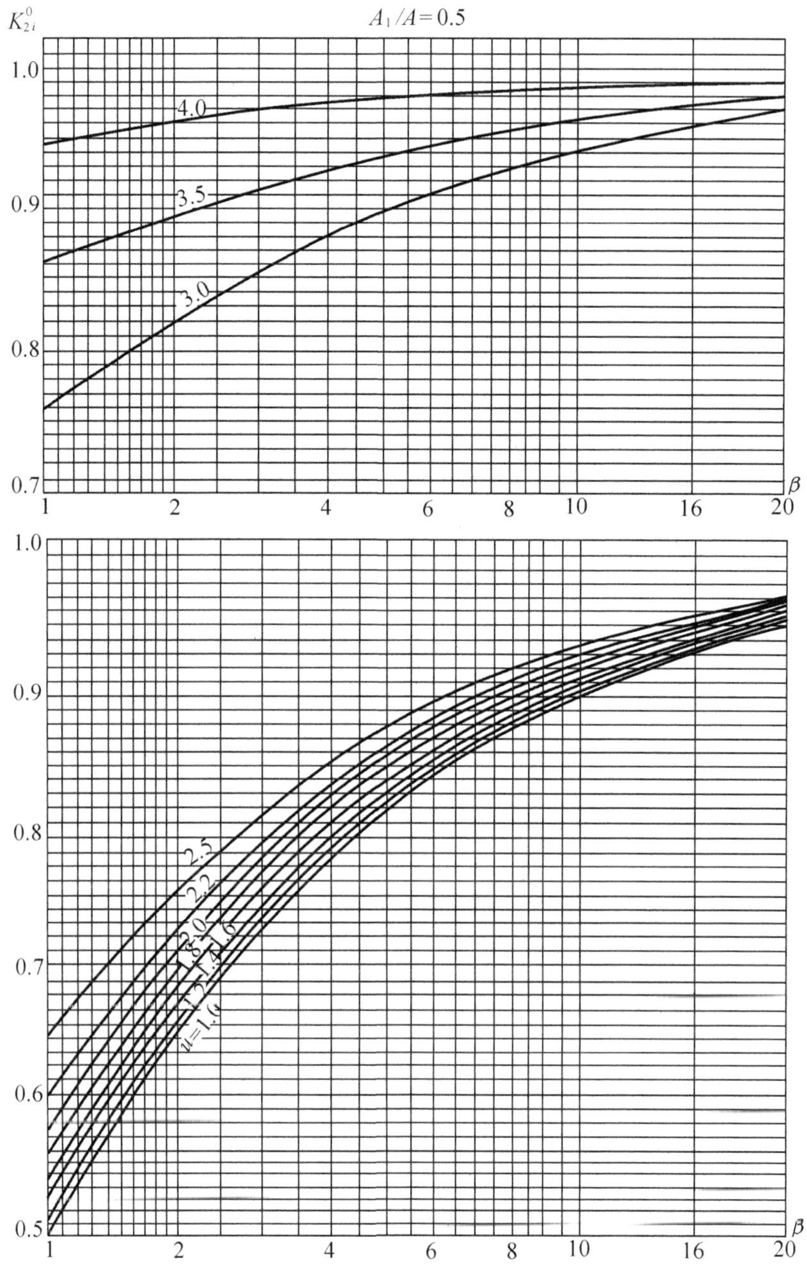
K_{2i}^0
$A_1/A=0.5$
1.0
0.9
0.8
0.7
4.0
3.5
3.0
β
1
2
4
6
8
10
16
20
1.0
0.9
0.8
0.7
0.6
0.5
2.5
2.2
2.0
1.8
1.6
1.4
1.2
u=1.0
β
1
2
4
6
8
10
16
20

图 A－9

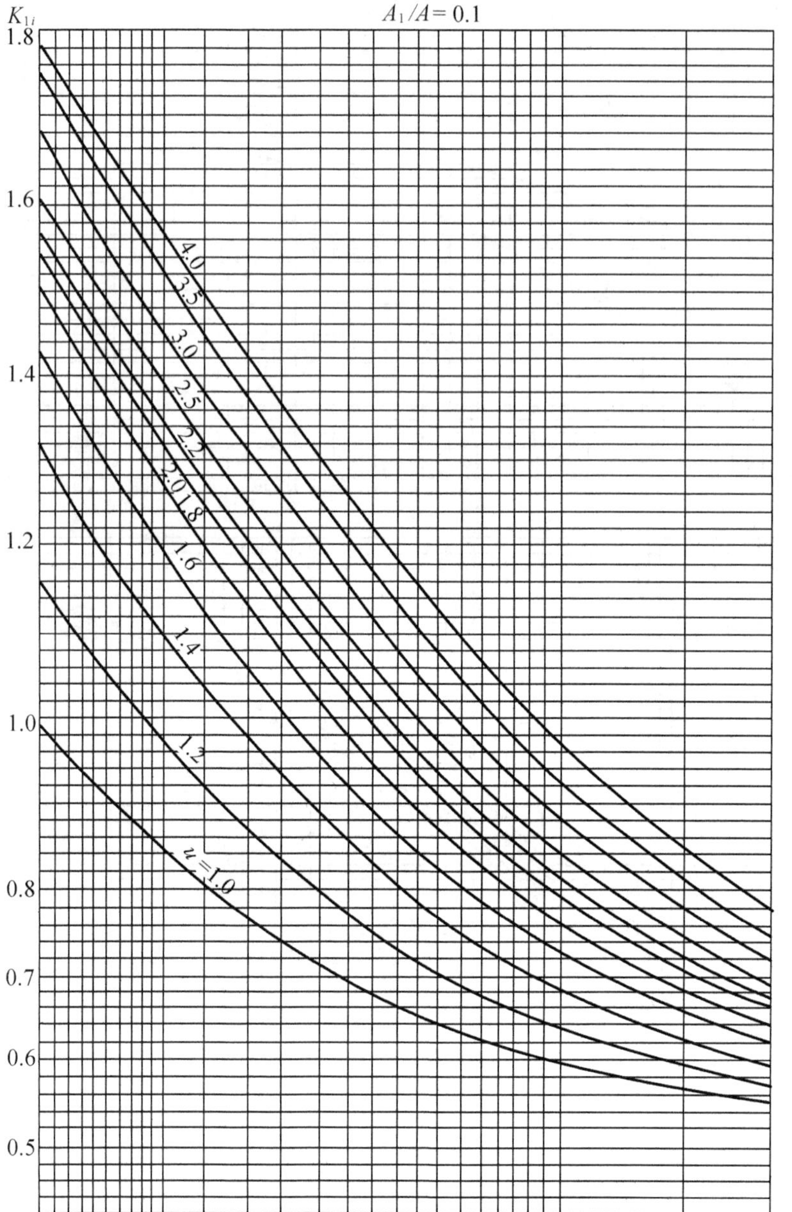
K_{1i}
$A_1/A=0.1$
1.8
1.6
1.4
1.2
1.0
0.8
0.7
0.6
0.5
0.4
4.0
3.5
3.0
2.5
2.2
2.0
1.8
1.6
1.4
1.2
$u=1.0$
β
1
2
4
6
8
10
16
20

图 A-10

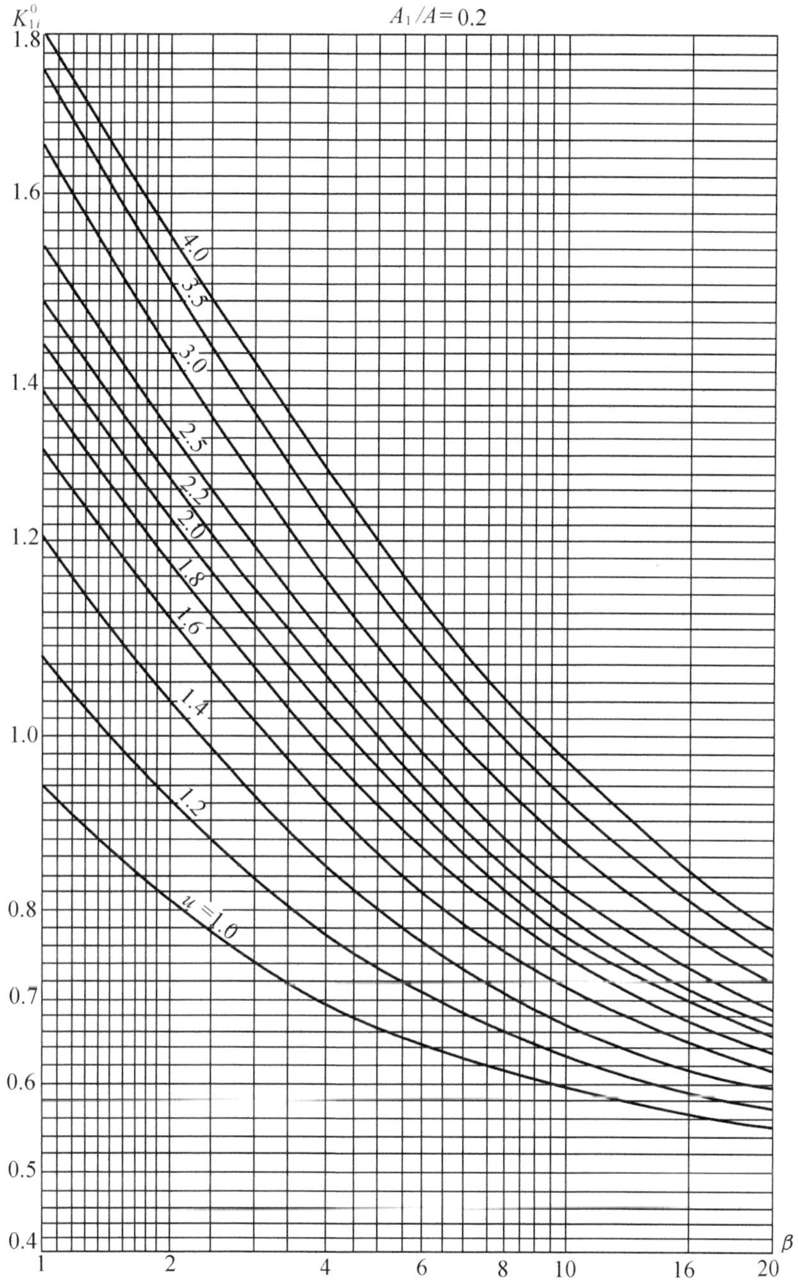
K_{1i}^0
$A_1/A = 0.2$
1.8
1.6
1.4
1.2
1.0
0.8
0.7
0.6
0.5
0.4
4.0
3.5
3.0
2.5
2.2
2.0
1.8
1.6
1.4
1.2
u = 1.0
β
1
2
4
6
8
10
16
20

图 A－11

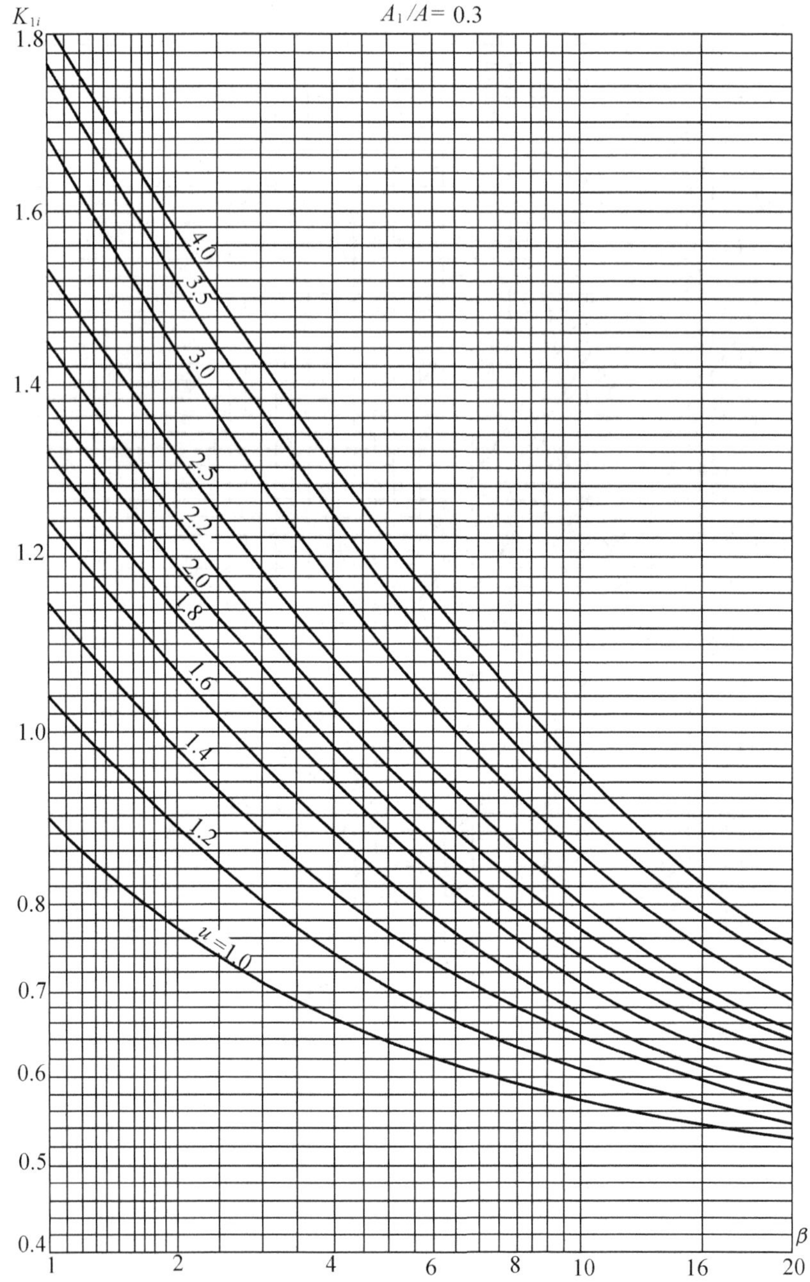
K_{1i}
$A_1/A = 0.3$
1.8
1.6
1.4
1.2
1.0
0.8
0.7
0.6
0.5
0.4
4.0
3.5
3.0
2.5
2.2
2.0
1.8
1.6
1.4
1.2
u=1.0
β
1
2
4
6
8
10
16
20

图 A－12

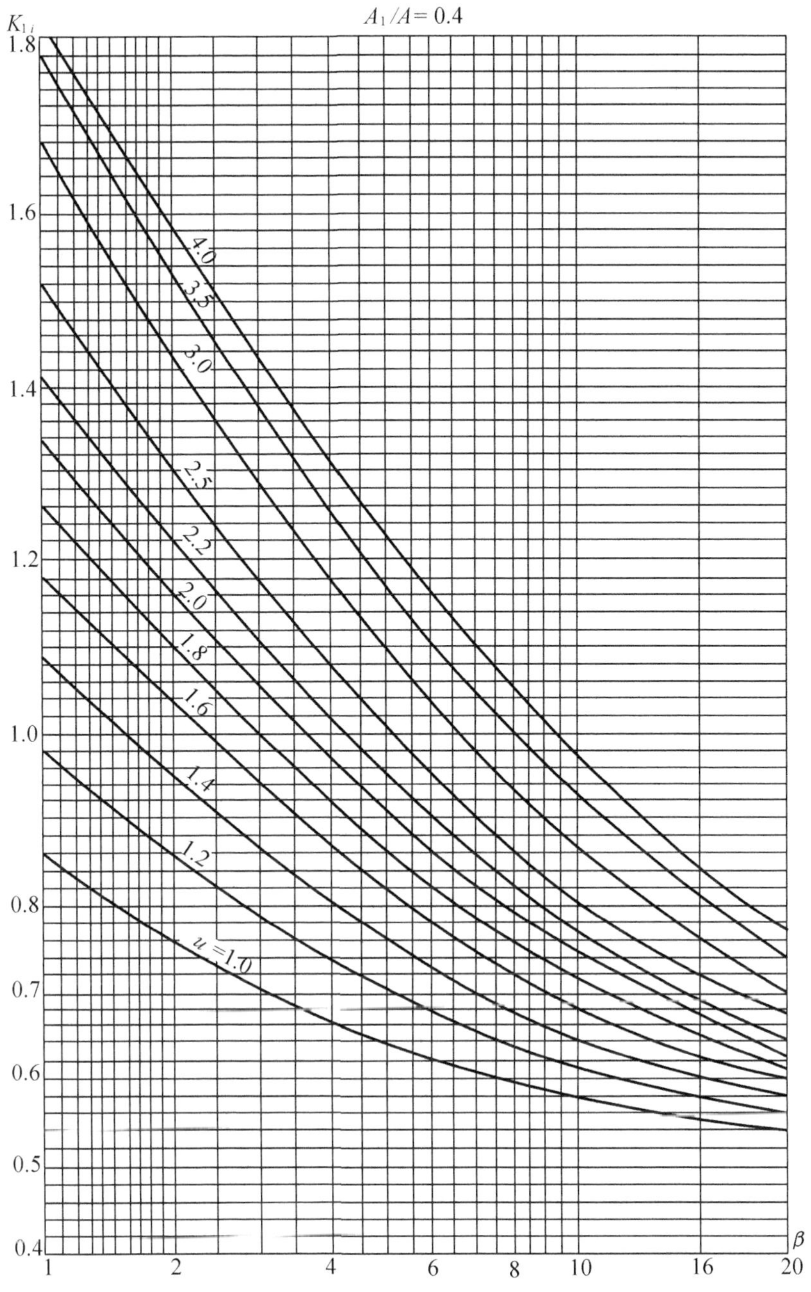
$A_1/A = 0.4$
K_{1i}
1.8
1.6
1.4
1.2
1.0
0.8
0.7
0.6
0.5
0.4
4.0
3.5
3.0
2.5
2.2
2.0
1.8
1.6
1.4
1.2
u =1.0
β
1
2
4
6
8
10
16
20

图 A－13

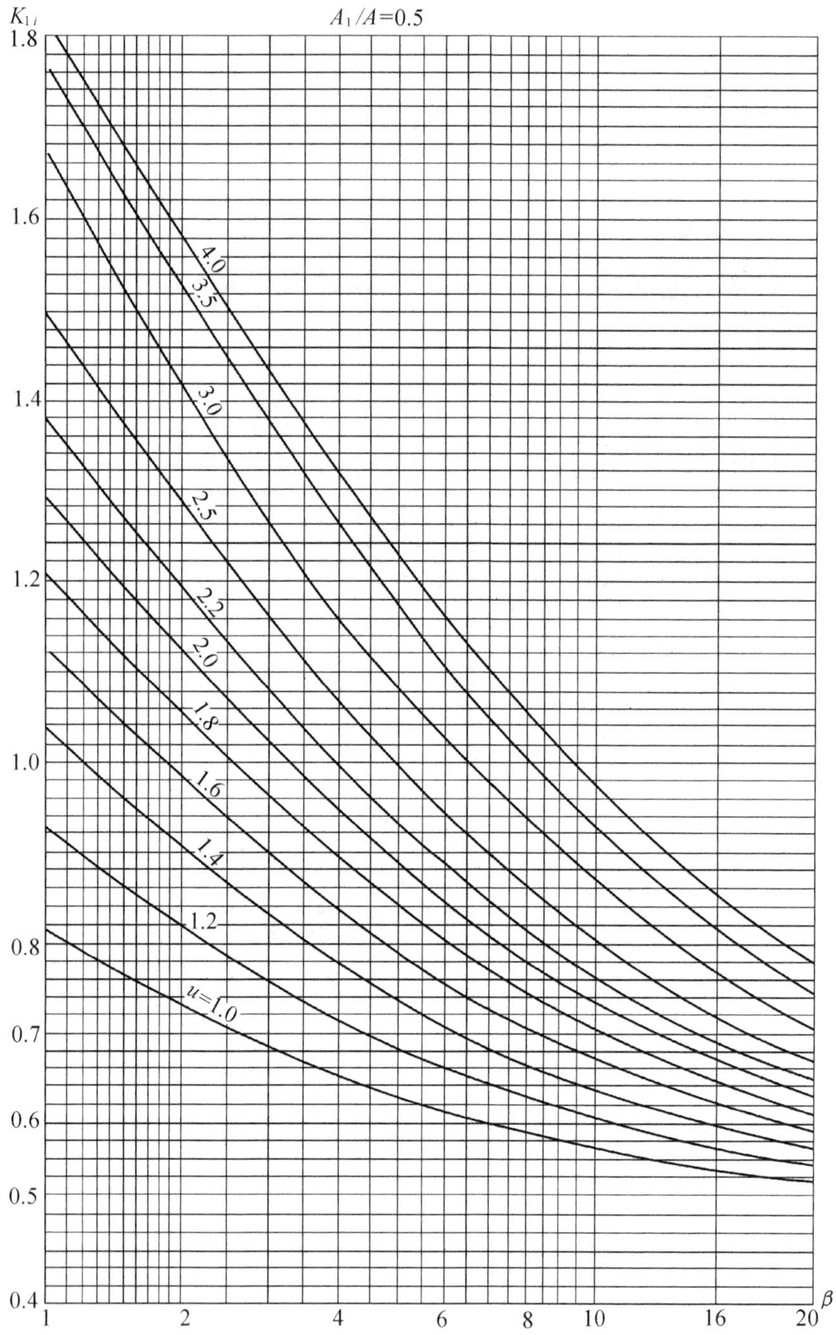
K_{1i}
A_1/A=0.5
1.8
1.6
1.4
1.2
1.0
0.8
0.7
0.6
0.5
0.4
4.0
3.5
3.0
2.5
2.2
2.0
1.8
1.6
1.4
1.2
u=1.0
1
2
4
6
8
10
16
20
β

图 A－14

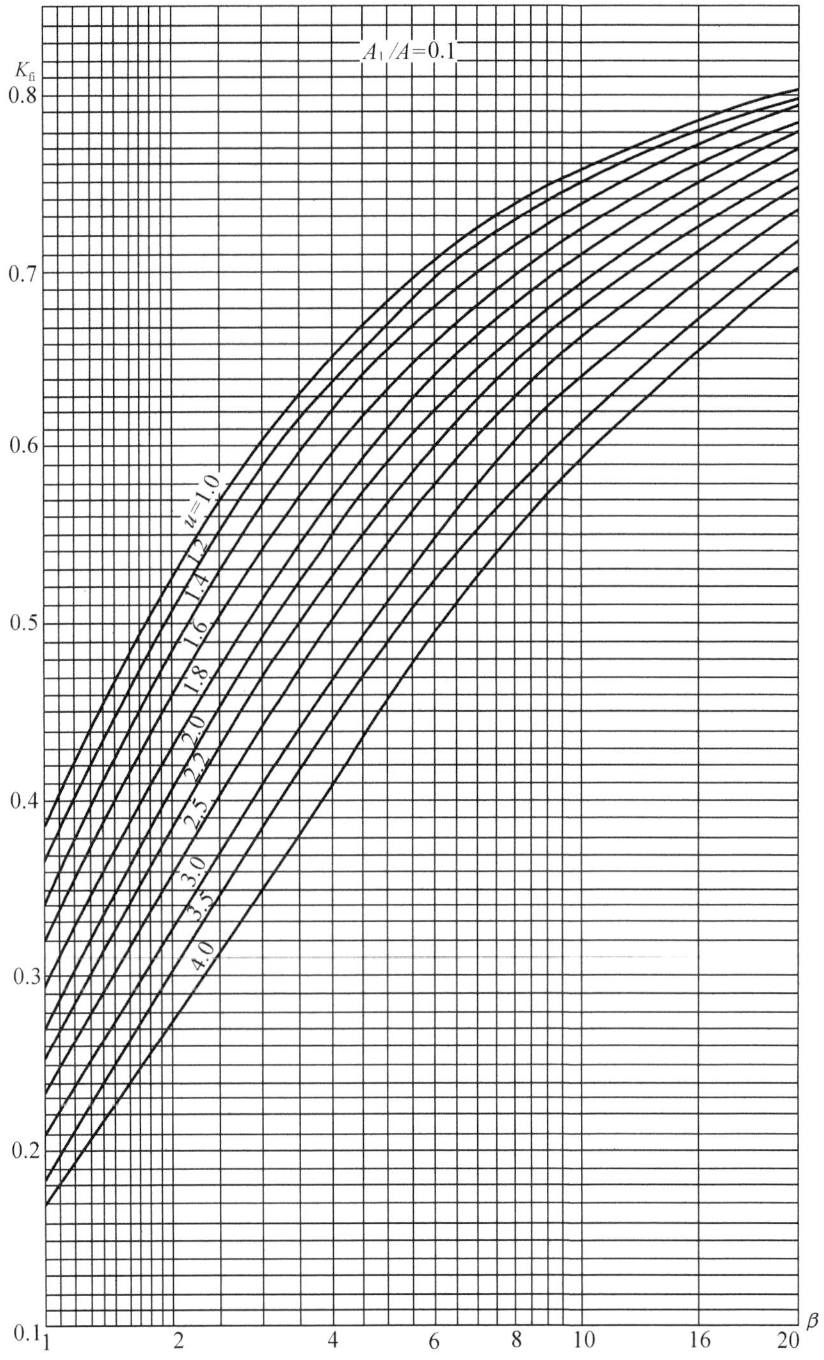

$A_1/A=0.1$
K_{fi}
0.8
0.7
0.6
0.5
0.4
0.3
0.2
0.1
u=1.0
1.2
1.4
1.6
1.8
2.0
2.2
2.5
3.0
3.5
4.0
1
2
4
6
8
10
16
20
β

图 A－15

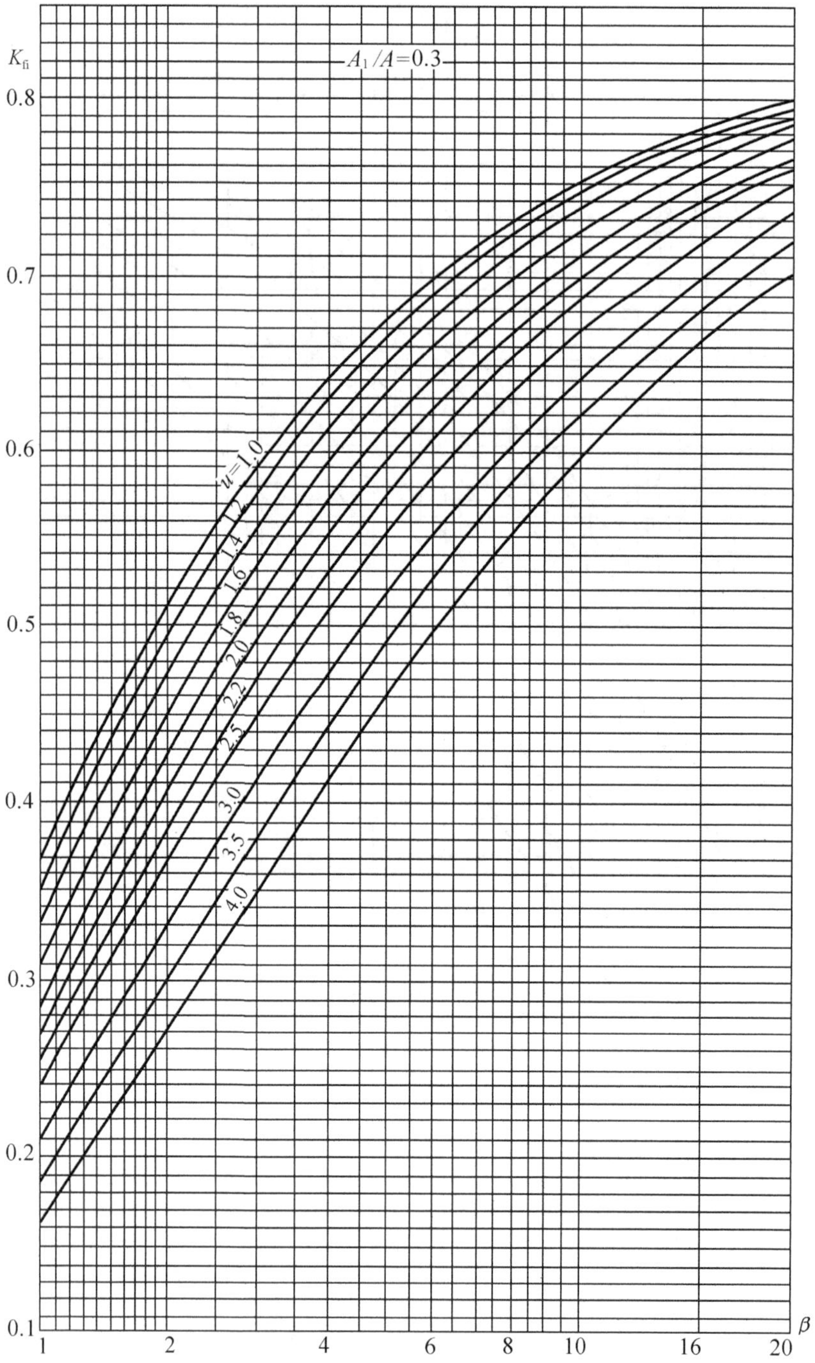

K_{fi}
$A_1/A=0.3$
0.8
0.7
0.6
0.5
0.4
0.3
0.2
0.1
$u=1.0$
1.2
1.4
1.6
1.8
2.0
2.2
2.5
3.0
3.5
4.0
β
1
2
4
6
8
10
16
20

图 A－16

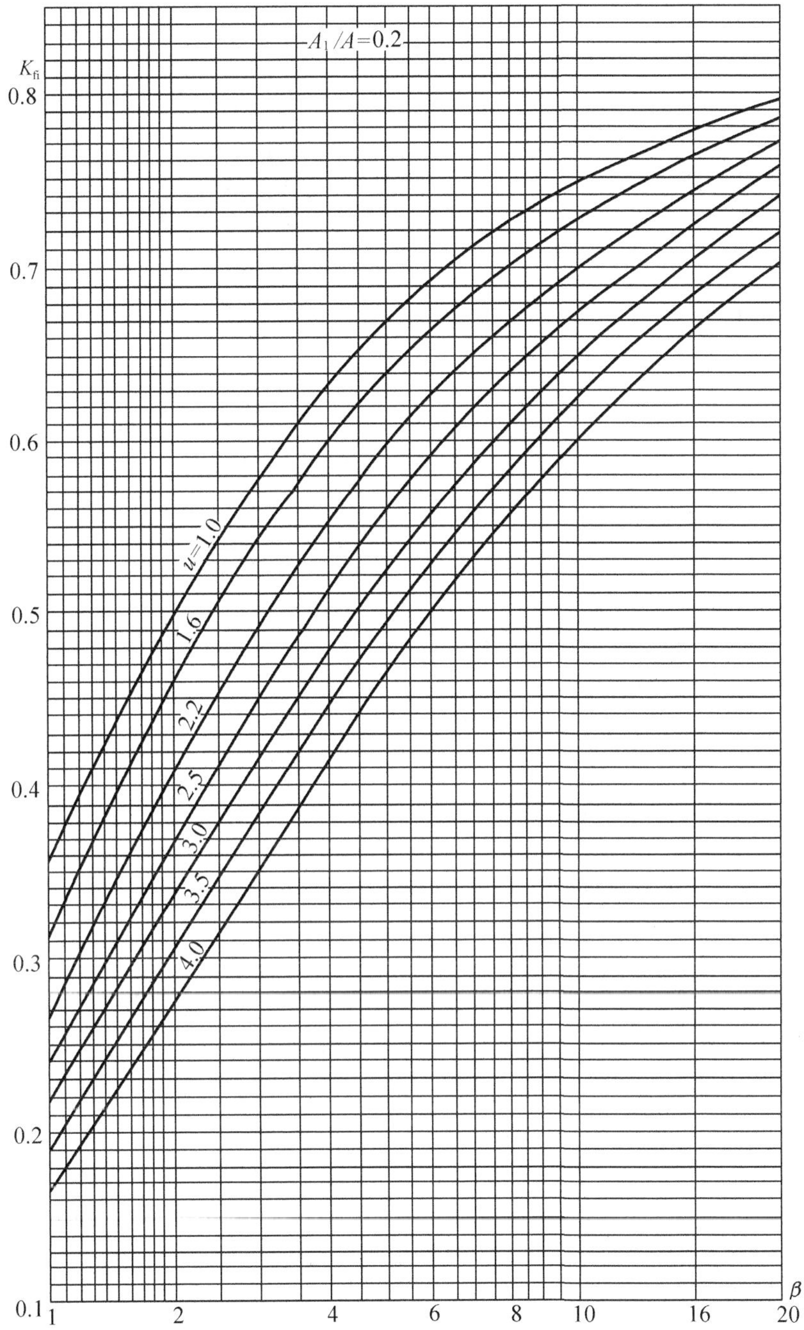
A_1/A=0.2
K_{fi}
0.8
0.7
0.6
0.5
0.4
0.3
0.2
0.1
u=1.0
1.6
2.2
2.5
3.0
3.5
4.0
β
1
2
4
6
8
10
16
20

图 A－17

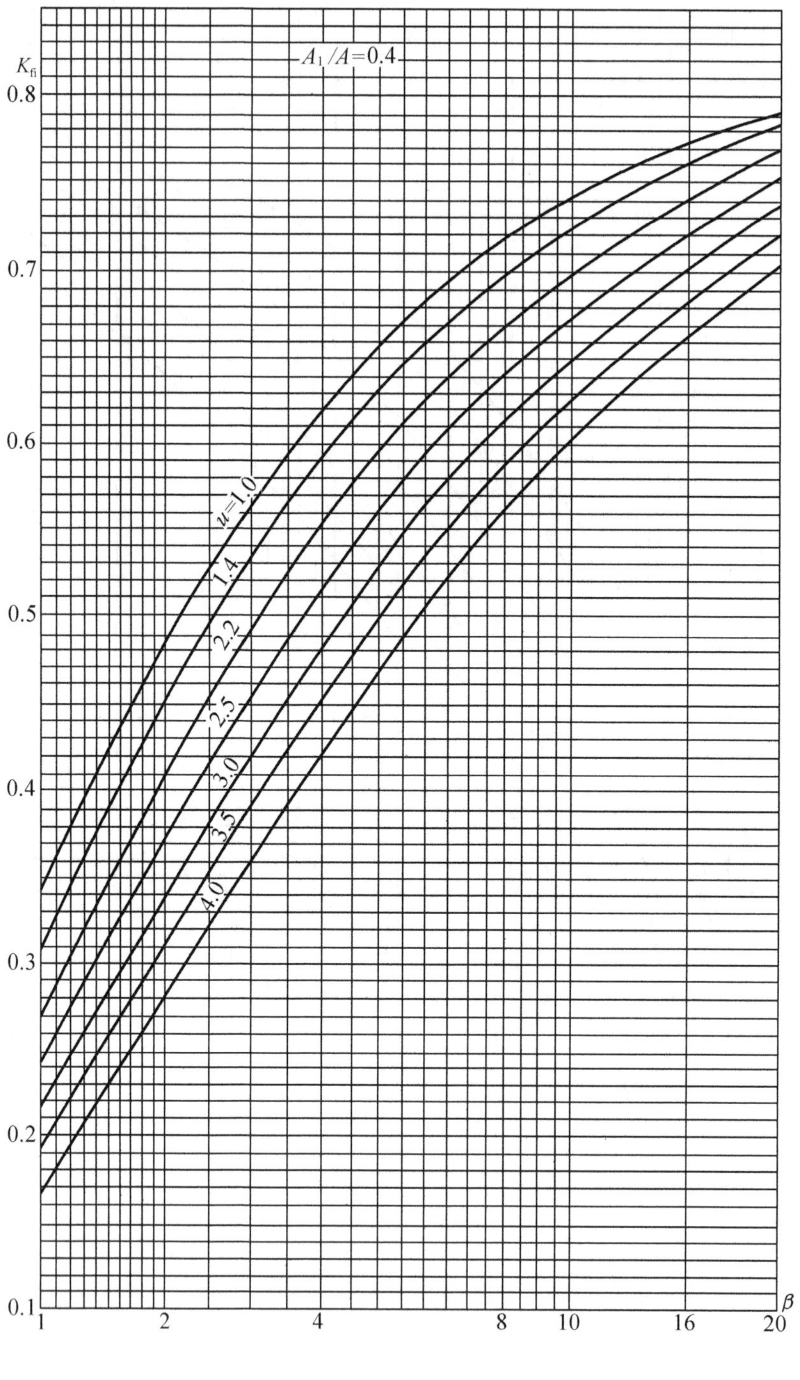
$A_1/A=0.4$
K_{fi}
0.8
0.7
0.6
0.5
0.4
0.3
0.2
0.1
u=1.0
1.4
2.2
2.5
3.0
3.5
4.0
1
2
4
8
10
16
20
β

图 A-18

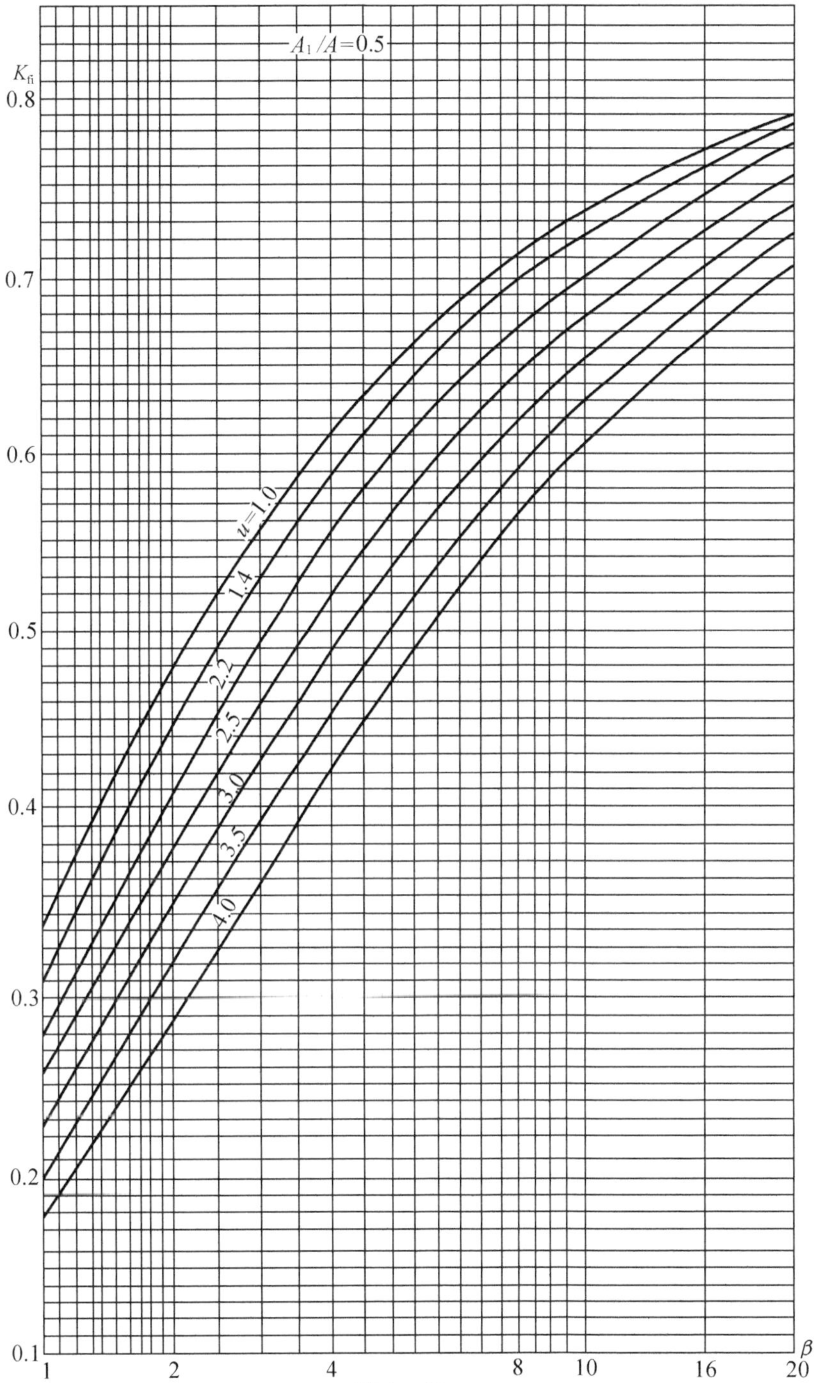

A_1/A=0.5
K_{fi}
0.8
0.7
0.6
0.5
0.4
0.3
0.2
0.1
u=1.0
1.4
2.2
2.5
3.0
3.5
4.0
β
1
2
4
8
10
16
20

图 A－19

附录 B

表 B-1　$\nu,\Phi(\nu)$ 之数值表

ν	Z	$\Phi(\nu)$	ν	Z	$\Phi(\nu)$
0.10	0.063 66	1.639	2.60	44.56	0.073 8
0.20	0.159 5	1.350	2.70	50.10	0.068 3
0.30	0.295 5	1.120	2.80	56.14	0.063 3
0.40	0.480 2	0.937 1	2.90	62.70	0.058 8
0.50	0.723 2	0.790 1	3.00	69.82	0.054 7
0.60	1.035	0.674 1	3.10	77.52	0.051 0
0.70	1.426	0.574 7	3.20	85.84	0.047 6
0.80	1.909	0.495 4	3.30	94.81	0.044 5
0.90	2.497	0.429 7	3.40	104.8	0.041 6
1.00	3.200	0.375 0	3.50	114.8	0.039 0
1.10	4.036	0.329 1	3.60	125.9	0.036 7
1.20	5.020	0.290 3	3.70	137.9	0.034 4
1.30	6.166	0.257 3	3.80	150.5	0.032 1
1.40	7.492	0.229 1	3.90	164.1	0.030 5
1.50	9.014	0.204 8	4.00	178.6	0.028 8
1.60	10.75	0.183 8	4.10	194.0	0.027 2
1.70	12.75	0.165 6	4.20	210.3	0.025 7
1.80	14.95	0.149 7	4.30	227.7	0.024 3
1.90	17.45	0.135 7	4.40	246.1	0.023 1
2.00	20.25	0.123 5	4.50	265.7	0.021 9
2.10	23.77	0.112 6	4.60	286.3	0.020 7
2.20	26.82	0.103 0	4.70	308.2	0.197
2.30	30.65	0.944	4.80	331.2	0.018 8
2.40	31.86	0.868	4.90	355.5	0.017 8
2.50	39.49	0.079 9	5.00	381.2	0.017 0

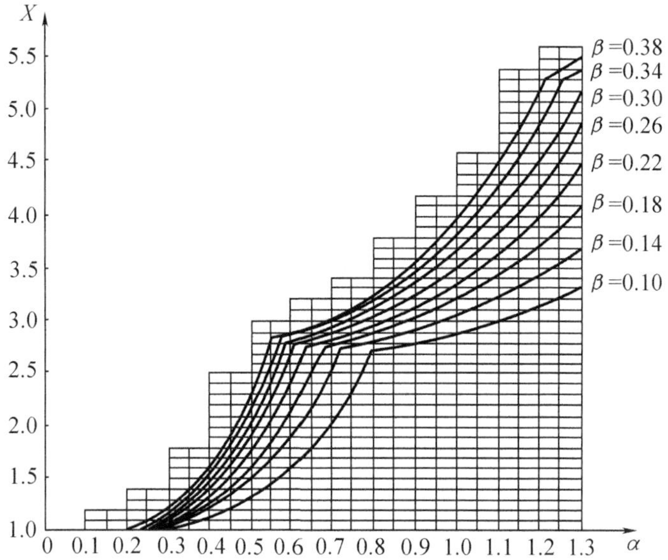
X
5.5
5.0
4.5
4.0
3.5
3.0
2.5
2.0
1.5
1.0
0
0.1
0.2
0.3
0.4
0.5
0.6
0.7
0.8
0.9
1.0
1.1
1.2
1.3
α
β=0.38
β=0.34
β=0.30
β=0.26
β=0.22
β=0.18
β=0.14
β=0.10

图 B－1

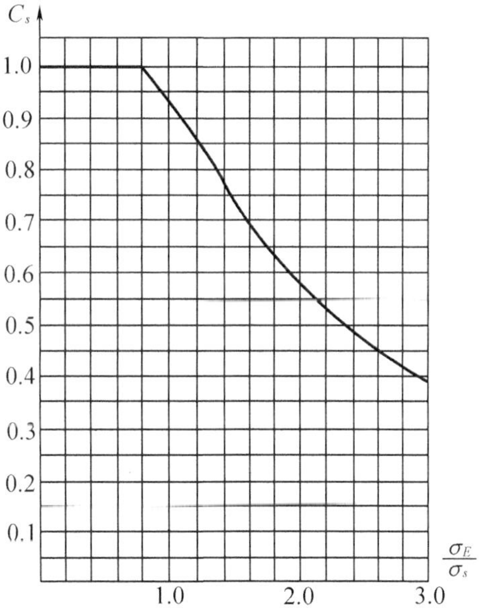
Cs
1.0
0.9
0.8
0.7
0.6
0.5
0.4
0.3
0.2
0.1
σE/σs
1.0
2.0
3.0

图 B－2

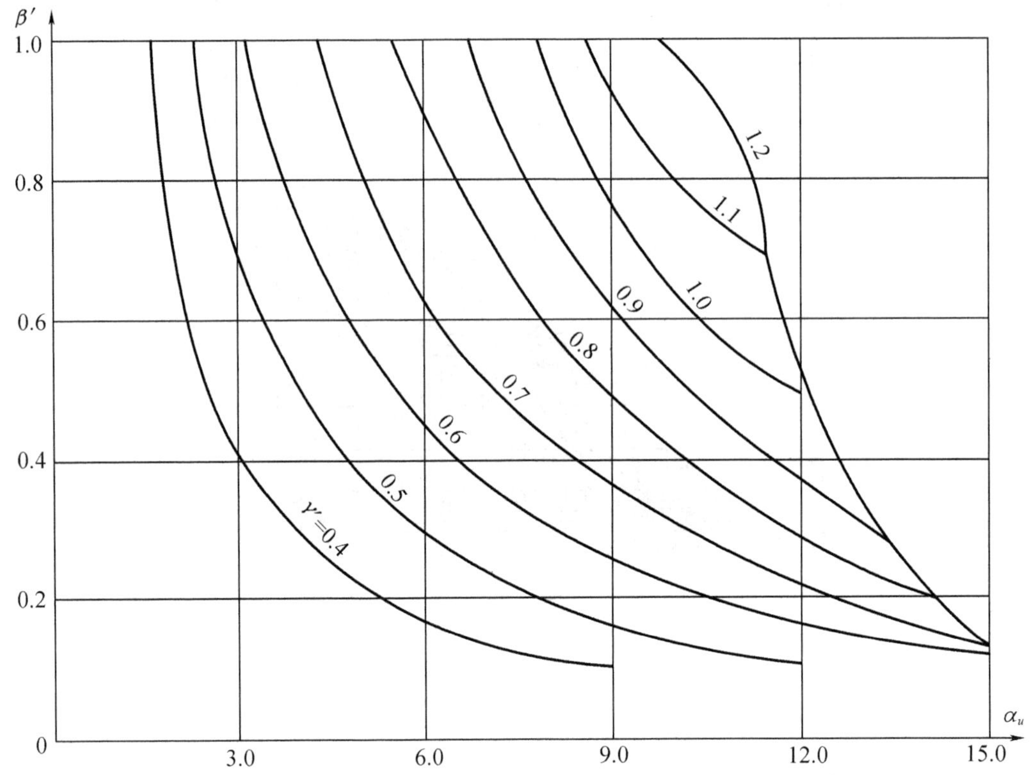

图 B-3

参考文献

[1] 许辑平. 潜艇强度[M]. 北京:国防工业出版社,1980.

[2] 考罗特金 ЯИ. 板与圆筒形壳的弯曲及稳定性[M]. 陈铁云,等译. 北京:高等教育出版社,1958.

[3] 弗留盖 W. 壳体中的应力[M]. 薛振东,龙驭球,叶耀先,等译. 北京:中国工业出版社,1965.

[4] 顾宏鑫. 潜艇中间支骨应力计算[J]. 北京:舰船科学技术,1979(4):13 - 16.

[5] 诺沃日洛夫 B B. 薄壳理论[M]. 北京石油学院材料力学教研组,译. 北京:科学出版社,1959.

[6] 沃哥密尔 A C. 柔韧板与柔韧壳[M]. 卢文达,等译. 北京:科学出版社,1959.

[7] 邓可顺. 截顶斜圆锥壳在静水外压作用下的弹性稳定性[J]. 大连工学院学报,1979(4):113 - 129.

[8] 周承倜. 薄壳弹塑性稳定性理论[M]. 北京:国防工业出版社,1979.

[9] 陈铁云. 杆件与杆系之弯曲及稳定性[M]. 北京:高等教育出版社,1955.

[10] 铁摩辛柯 S P,盖莱 J M. 弹性稳定理论[M]. 张福范,译. 2 版. 北京:科学出版社,1965.

[11] 王晓天,高艳,许辑平. 大型潜艇稳定计算中出现异常特性的研究[J]. 中国造船,1990(3):36 - 46.

[12] 王晓天,许辑平. 在环肋圆柱壳上设置中间支骨的作用[J]. 中国造船,1993(4).

[13] 王晓天,许辑平. 环肋圆柱壳应力计算中某些问题的研究[J]. 应用科技,1990(1):1 - 7.

[14] 施丽娟,谢祚水. 肋骨对环肋圆柱壳壳板稳定性影响的初步研究[J]. 华东船舶工业学院学报. 1999(5).

[15] 高艳. 环肋圆柱壳总稳定反常机理和工程实际意义的探讨[D]. 哈尔滨:哈尔滨工程大学,1989.

[16] 王晓天,许辑平. 跨距对环肋圆柱壳应力强度及稳定性的影响[J]. 哈尔滨船舶工程学院学报,1990,11(2):111 - 118.

[17] 石德新,王晓天. 潜艇强度[M]. 哈尔滨:哈尔滨工程大学出版社. 2007.

[18] 郭耀杰. 钢结构稳定设计[M]. 武汉:武汉大学出版社. 2003.

[19] 王建,庞永杰,程妍雪,等. 近似模拟在非均匀环肋圆柱耐压壳优化中的应用研究[J]. 船舶力学,2014,18(11):1331 - 1338.

[20] 高灵芝. 大型深潜潜艇耐压船体结构设计研究[D]. 哈尔滨:哈尔滨工程大学,2003.

[21] 王晓天,谢祚水,许辑平. 短粗薄环肋圆柱壳总稳定特性的研究[J]. 哈尔滨船舶工程

学院学报,1986,7(2):1 – 13.
[22] 国防科学技术工业委员会.潜艇结构设计计算方法 军用标准:GJB/2 21A – 2011[S].北京:中国标准出版社,2001:3.
[23] 阮俊杰.长舱段耐压圆柱壳结构稳定性研究[D].哈尔滨工程大学,2019.